Heike Borufka, Udo Scheu
Tatort Frankfurt!

Heike Borufka
Udo Scheu

Tatort Frankfurt!

Was wo wirklich passierte

Abbildungen: © Andrey Burmakin - Fotolia.com

Alle Rechte vorbehalten • Societäts-Verlag
© 2014 Frankfurter Societäts-Medien GmbH
Satz: Julia Bohl, Societäts-Verlag
Umschlaggestaltung: Nicole Ehrlich, Societäts-Verlag
Umschlagabbildung: © miket - Fotolia.com
Druck und Verarbeitung: freiburger graphische betriebe
Printed in Germany 2014

ISBN 978-3-95542-075-8

Inhalt

Vorwort	7
Des Sängers Fluch (A66, Hofheim)	8
Der tödliche Stich des Höllen-Engels (Westend)	25
Wenig Licht, viel Schatten (Kunstraub, Schirn)	43
Sechs Tote im Edelbordell (Westend)	61
Marias Katze (Ostpark, Höchst)	74
Asiatische Spielart in der Bundesliga (Wettmafia)	85
Von Stimmen bedroht (Stadtwald und Oberursel)	99
Tragödie am Heiligen Abend (Enkheim)	109
Dr. Schneider oder die Kunst, Milliarden zu erschwindeln (Königstein)	120
Die verlorene Ehre des Andreas Türck (Osthafen)	158
Im Bett der Kommissarin (Bahnhofsviertel)	172
Hui Buh, das traurige Gespenst am Geldautomat (Sachsenhausen)	184
Verbrecher aus Leidenschaft (Rödelheim)	198
Jenseits der Schmerzgrenze (Sachsenhausen)	218
Aneinander gefesselt (Gerbermühle)	234
Wenn der Leuchtturm im Morast versinkt (Fechenheim)	245
In die Haut gebrannt (Nieder-Eschbach)	257
Danksagung	263
Die Autoren	264

Vorwort

Frankfurt am Main wird in Deutschland gerne die Hauptstadt des Verbrechens genannt. Fragwürdig, denn dieses Etikett hat die Stadt nicht verdient. Die Kriminalstatistik der Polizei lässt einen solchen Schluss nicht zu. Im Gegenteil: Frankfurt am Main unterscheidet sich danach in keiner Weise von anderen deutschen Großstädten. Allenfalls durch den internationalen Flughafen. Weil er als europäisches Drehkreuz täglich für eine Verdoppelung der Einwohnerzahl sorgt. Und sich nicht jeder Fluggast an Recht und Gesetz hält.

Deshalb sind die in Frankfurt begangenen Straftaten vielfältig und spiegeln auch die Aktionspalette einer globalisierten Welt. Diese Besonderheit haben wir in unserer Sammlung einzufangen versucht. Die Zusammenstellung will in erster Linie unterhalten und dabei gleichermaßen an Verbrechen erinnern, die Frankfurt und die Region bewegt haben. Deshalb orientiert sich die Auswahl nicht vorrangig an der besonderen Brutalität der Täter oder Tatbegehungen. Neben einigen ungewöhnlichen Tötungsdelikten haben wir Wert auf ausgefallene Taten und Abläufe gelegt. Naturgemäß kommen dabei auch prominente Beteiligte und kuriose Geschehnisse vor.

Sämtliche Fälle haben sich wirklich so zugetragen, in Frankfurt und Umgebung. Nur das Randgeschehen wurde hin und wieder ein wenig angereichert. Daneben sollen gelegentliche Exkurse zum jeweiligen Zeitgeist oder zu gesellschaftspolitischen Fragen dem besseren Verständnis dienen. Schließlich sind auch kritische Bewertungen eingeflossen. Insgesamt bietet das vorliegende Buch damit einen repräsentativen Querschnitt der Frankfurter Kriminalität aus der jüngeren Vergangenheit und Gegenwart.

Heike Borufka, Udo Scheu
Frankfurt am Main, im Juni 2014

Des Sängers Fluch
(A66, Hofheim)

Als Kevin Richard Russell gegen 9 Uhr die Bühne betritt, wird es im Publikum totenstill. Es ist nicht die Bühne, auf der er sich heimisch fühlt. Auf der ihn seine Anhänger sehen wollen. Aber er hat keine Wahl. Den Saal des Landgerichts Frankfurt, den größten, den es dort gibt, betritt Kevin Russell mit unsicheren Schritten. Ein vorzeitig gealterter, schwer kranker Mann kommt da. Russell verläuft sich fast auf dem Weg zur Anklagebank. Dann findet er seinen Platz für die nächsten Tage doch noch. Er lässt sich in den Stuhl sinken, fängt an zu wippen und glotzt ins Leere. Minutenlang. Die Kameras klicken. Plötzlich kommt etwas Leben in den Mann. Russell lächelt wie blöde ins Blitzlicht, dann dringt es heiser und halblaut aus ihm heraus: „Eins für Mama, eins für Papa, eins für Onkel ..." Er nuschelt. Lallt ein bisschen. Das Frankfurter Landgericht hat schon viele gespenstische Momente erlebt. Dies ist der wohl Gespenstischste seit Langem. Oben auf der Tribüne, wo Platz für 50 Journalisten ist, herrscht ebenfalls Stille. Alle starren auf diesen Mann dort unten.

Kevin Russell, 46 Jahre alt und Ex-Sänger der Böhsen Onkelz, hat zum Prozessauftakt seine langen Haare abgeschnitten. Das strähnige Haar ist zurückgekämmt. Die Sonnenbrille hat er hochgeschoben. Die Richter betreten den Saal: zwei Berufsrichter, zwei Schöffen. Die Zuschauer vergessen, aufzustehen. Sie schauen weiter gebannt auf den Mann, der mal ein böser Onkel gewesen sein will. Einer, der auf furchtlos machte, der vor Kraft kaum laufen konnte. Trotzig. Widerspenstig. Der Vorsitzende Richter schickt die Kameraleute und die Fotografen raus. Sie haben ihre Bilder. Bessere, als sie erwartet hatten.

Sie haben Fotos eines Mannes, der gefragt nach seinen Personalien stammelt: „Ich bin mehr oder weniger in Frührente." Seine Stimme ist brüchig. Dünn. Da röhrt nichts mehr. Russell, das tätowierte Kraftpaket von einst, das auf der Bühne seinen Zorn herausschrie. Ein Mann, der mit jeder Faser zu sagen schien: Je mehr ihr mich hasst, desto stärker werde ich. Der kultiviert hatte, wofür ihn seine Anhänger noch Jahre nach der Trennung der Onkelz verehrten: an den Rand gedrängt, Außenseiter und vor allem stolz darauf zu sein. Doch der Mann, der heute auf der Anklagebank sitzt, ist nur noch der Schatten eines bösen Onkels. Nichts dringt mehr durch. In keine Richtung. Seine Miene ist versteinert. Er wirkt vollkommen abwesend. Mit letzter Kraft hält er sich am Stuhl fest, erträgt die erstaunten Blicke, die auf ihm ruhen. Wenn er sie denn wahrnimmt. Noch vor wenigen Monaten sah er völlig anders aus. Dieser Mann ist binnen Wochen um Jahrzehnte gealtert.

Kevin Russell steht vorm Frankfurter Landgericht, wobei es so aussieht, als sei er schon von einem anderen Richter verurteilt worden. Dem gnadenlosesten, den es gibt: nämlich sich selbst. Dem einzigen, der es geschafft hat, ihn kleinzukriegen.

Kevin Russell, sagt der Staatsanwalt, hat sich der Unfallflucht, der fahrlässigen Straßenverkehrsgefährdung und der fahrlässigen Körperverletzung schuldig gemacht. Er hat, glaubt der Ankläger, am Silvesterabend 2009 um 20.25 Uhr einen Unfall mit verheerenden Folgen verursacht. Er saß an diesem letzten Abend im Jahr am Steuer eines geliehenen Sportcoupés, eines Audi R8. Russell stand unter Drogen: Kokain, Methadon und Diazepam. Das soll gegen Angst helfen und ist ein Schlafmittel. Junkies wie Russell greifen gerne dazu, um sich zu beruhigen, wenn die Wirkung des Rauschgiftes nachlässt. Mit diesem Cocktail im Leib jedenfalls raste er über die viel befahrene Autobahn zwischen Frankfurt und Wiesbaden. Mit 230 Sachen. Dabei streifte er mit seinem Sportwagen auf der rechten Fahrspur ein Auto, das mit etwa Tempo 100 vor ihm fuhr. Ein Kleinwagen. Russells Auto kostet dagegen gute 120.000 Euro. Beide Autos prallten zusammen und schleuderten in die Leitplanke. Der Opel, in dem zwei junge Männer saßen, fing an zu brennen. „Der Fahrer trug Verbrennungen an mehreren Körperstellen, eine Leberblutung, eine Milzruptur sowie eine Verletzung der linken Niere davon", sagt der Staatsanwalt in seiner Anklageschrift. Und fährt fort: Der Beifahrer hat Verbrennungen erlitten. Ihm musste außerdem eine Hand amputiert werden.

Kevin Russell dagegen stieg beinahe unversehrt aus dem Sportwagen, schaute kurz auf das brennende Fahrzeug und lief davon. Es waren andere Autofahrer, die den beiden schwer verletzten Männern das Leben retteten. Sie zogen sie aus dem brennenden Opel. Kevin Russell war da schon auf den Feldern Richtung Frankfurt-Höchst unterwegs. Ziel: Bahnhof.

Der Rocksänger ist laut Anklage erst geflüchtet, als bereits Helfer an der Unfallstelle waren. „Daher musste er nicht davon ausgehen, dass er die Unfallopfer in einer hilflosen Lage zurückgelassen hatte", formuliert es der Ankläger in Juristenlogik. Und meint damit, dass jemand da war, der den Opfern geholfen hat. Das hat Russell wahrgenommen und ist deshalb nicht wegen versuchter Tötung durch Unterlassen und unterlassener Hilfeleistung angeklagt worden. Allerdings: Wegen der besonderen Bedeutung des Falles hat die Staatsanwaltschaft Anklage vor dem Landgericht und nicht wie sonst üblich vor dem Amtsgericht erhoben. Besonders deshalb, weil klar war: Hier kommt viel Publikum. So viel, dass ein Amtsrichter möglicherweise überfordert wäre, der auf Wachtmeister verzichten muss, wenn der Angeklagte nicht in Haft sitzt. Und Kevin Russell lief frei herum. Ein einzelner Richter wäre wohl auch überfordert gewesen, wenn renitente Onkelz-Fans erschienen wären. Und damit war zunächst gerechnet worden. Es hatte versteckte Drohungen gegeben. Vor allem im Netz gegen den Staatsanwalt.

Kevin Russell besitzt keinen Führerschein. Er hat keine gültige Fahrerlaubnis für Deutschland. Die verlor er bereits 2004 wegen Gefährdung des Straßenverkehrs. Er hat sie nie wieder erlangt. Auch damals saß er betrunken hinterm Steuer und ist danach abgehauen. Das Amtsgericht in Königstein hat ihn damals zu einer Geldstrafe von 2.275 Euro verurteilt.

Am Morgen nach dem verheerenden Unfall auf der Autobahn 66 stand die Polizei im Foyer des 5-Sterne-Hotels Villa Rothschild, wo es Zimmer ab 300 Euro gibt. Kevin Russell lebte hier. Die Beamten wollten wissen, ob er am Steuer des Unfallautos saß. Er verneinte. Sie nahmen ihn trotzdem mit. Sein Manager kam auch. Der Rocksänger erklärte, der Manager sei am Abend zuvor gefahren. Der Manager bestätigte das. Aber die Spuren waren eindeutig. Am Airbag des Sportwagens sind DNA-Spuren von Kevin Russell entdeckt worden. Sein Gebiss lag im Fußraum, sein Körper zeigte die typischen Zeichen eines Unfalls. Dort, wo der Gurt saß, waren blaue Flecken. Und die Überwachungskamera der nahe gelegenen Autobahntankstelle zeigte, wie Russell Minuten vor dem Unfall in der Nähe vom Tatort einkaufte. Es sei ihm dort speiübel geworden, er habe sich übergeben, sei nicht mehr ins Auto eingestiegen, sagte Russell den Polizisten. Doch die glaubten ihm nicht und fanden an der Tankstelle auch keine Hinweise für seine Version. Kevin Russell hinterlegte 50.000 Euro als Sicherheitsleistung. Damit kaufte er sich von der Untersuchungshaft frei. Und blieb auf freiem Fuß.

Während die Ermittler Beweise und Indizien sammelten, es öffentlich wurde, dass wohl Kevin Russell der Unfallfahrer aus der Silvesternacht war, sprach seine Mutter Karin mit der Presse. Die 73-Jährige, die in einem Reihenhaus in Bayern wohnt, erzählte den Journalisten, sie habe regelmäßigen Kontakt zu ihrem Sohn gehabt. Doch nach dem Unfall habe er sich nicht gemeldet. Wo er wohnt, wisse sie auch nicht. Aber dass er jeden

Monat 500 Euro an sie überwies. Beleg dafür, dass er eben doch ein guter Sohn sei. „Kevin hat oft eine Weltuntergangsstimmung, alles ist schlecht, jeder ist sein Feind", diktierte die Mutter den Journalisten. Und zeigte ihnen einen Brief, in dem er sie Mumsken nannte. Und alte Sumpfkeule. Die Probleme ihres Sohnes, sagte die 73-Jährige, habe sie immer im Blick behalten. Sie wisse von seiner schweren Drogensucht, davon, dass er nach einem heftigen Rückfall lange im künstlichen Koma gelegen hatte. Und das Sorgerecht für Sohn Julian entzogen bekommen habe. „Kevin", sagte seine Mutter, „hatte sehr viel für seinen Sohn übrig, aber erzieherisch hat er versagt. Er dachte immer, mit Geld kann man alles kaufen, auch Glück."

Fahdi hat am Silvesterabend drei Finger der rechten Hand verloren. Aber was schwerer wiegt, er hat an diesem Abend auch sein Selbstwertgefühl verloren. Das bisschen, was er hatte. „Ich bin im Krankenhaus aufgewacht als Krüppel", sagt er als erster Zeuge im Prozess. Er sagt das immer und immer wieder: das Wort „Krüppel". Aber eigentlich sagt er es nicht, er speit es aus. „Ein Behinderter bin ich jetzt, er hat mich zum Krüppel gemacht. Wie kann ein Mensch einem anderen so etwas antun?" Er finde keine Arbeit mehr, könne sich nicht allein die Hose zumachen, werde immer aggressiver, sei lieber tot, als so weiterzuleben: als Krüppel. Er streckt Russell anklagend die Linke entgegen. Der glotzt ins Leere. An den Abend kann sich Fahdi kaum mehr erinnern. Er weiß nur noch: „Ich wollte feiern gehen und bin als Krüppel im Krankenhaus aufgewacht." Dann schaut er zu Kevin Russell. Und sagt wieder voller Hass und Wut: „Du hast mein Leben kaputt gemacht, ich wäre lieber gestorben."

Die Opfer Fahdi (22) und Jamal (20) sind durch den Unfall gezeichnet. Sie erlitten schwerste Verbrennungen und wurden mehrfach operiert. In Kleidern sieht man den beiden, die als Nebenkläger auftreten, kaum etwas an. Niemand würde sich nach ihnen auf der Straße umdrehen.

Auch der Schüler Jamal hat keine Erinnerung mehr – weder an den Unfalltag noch an den langen Aufenthalt in der Klinik. Sein Gedächtnis ist völlig hinüber. Wegen der massiven Kopfverletzungen, die er bei dem Unfall erlitten hat. Er hat Gedächtnis- und starke Konzentrationsstörungen. Er sagt, er könne sich nicht mehr alleine anziehen, weil er im Schrank die Hosen nicht mehr finde. Die Mutter müsse helfen. Wie bei einem Kleinkind. Sein Verhalten vor Gericht lässt diese Aussage mehr als glaubhaft erscheinen.

In der Verhandlungspause sieht man die Onkelz-Fans. Einige tragen Shirts der Band. Sie sind schweigsam und nachdenklich. Einer gibt einem Fernsehteam ein Interview. Er stehe zu Kevin, „in guten wie in schlechten Zeiten", und es sind für Kevin Russell verdammt schlechte Zeiten. Doch der Fan gehört nicht mehr zur Mehrheit von Kevin Russells Anhängern. Vor allem im Internet werden sie sehr deutlich, äußern klar ihre Wertevorstellungen. Eine davon ist: Schwerverletzte lässt man nicht am Unfallort zurück, schon gar nicht, wenn man den Unfall selbst verursacht hat. Dazu steht man. Erst recht als Onkel.

1980 hatten sich die Onkelz als Punkband gegründet. Sie spielten in der rechten Skinhead-Szene die führende Rolle, waren stilgebend für das, was später Rechtsrock genannt wurde. Ihr Debut-Album „Der nette Mann" erschien 1984. Es gilt bis heute als eines der wichtigsten in der deutschen Skinhead- und Rechtsrock-Musik. Das Album kam 1986 auf den Index. Es sei jugendgefährdend, entschied die Bundesprüfstelle. Das verhalf den Böhsen Onkelz zum Kultstatus. Hauptmerkmal der frühen Böhsen Onkelz war aber nicht eine ausgefeilte politische Ideologie, sondern eine hohe persönliche Gewaltbereitschaft gegenüber denen, die ihnen nicht passten. Beim Fußball etwa. 1984 vor der Europameisterschaft in Frankreich sangen sie: „Deutschland, Deutschland ist die Macht. Ja, wir sehen uns in jedem Fall im Sommer 84 zum Frankreich-Überfall." Nachhaltig hat den Ruf der Band der Song „Türken raus" geprägt, veröffentlicht auf einem autorisierten Mitschnitt noch vor dem ersten offiziellen Album der Band. Darin heißt es: „Türkenpack, Türkenpack, raus aus unserm Land! Geht zurück nach Ankara, denn Ihr macht mich krank!" In einem anderen frühen Lied heißt es: „Jetzt gibt es einen Aufruhr in unserem Land. Die Kids von der Straße haben sich zusammengetan. Skinheads im Zusammenhalt gegen euch und eure Kanakenwelt." Doch trotz aller wüsten rassistischen Ausfälle liegen Welten zwischen den einschlägig harten NS-Bands wie Landser oder Stahlgewitter und den Böhsen Onkelz. 1987 verließen die Onkelz die rechtsextreme Skinhead-Szene, ließen die Haare lang wachsen, blieben aber ihrer anarchischen Lust auf Saufen, Party und Provokation treu. Seit Anfang der 90er Jahre distanzierten sie sich auch öffentlich vom Rechtsextremismus, spielten auf Konzerten gegen rechte Gewalt. Aber ihren Ruf wurden sie nicht los. Auch nicht, als sie 1993 nach den Angriffen auf Flüchtlinge in Rostock und Hoyerswerda sangen: „Ich sehe blinden Hass, blinde Wut, feige Morde, Kinderblut. Ich sehe braune Scheiße töten. Ich sehe Dich." In der rechten Musikszene wurde ihnen das übel genommen. Die Verkaufszahlen ihrer Alben schossen dagegen nach oben.

Trotz aller Abgrenzung zu Rechtsextremen sahen sich die Böhsen Onkelz auch weiterhin von den Journalisten bekämpft. Sie empfanden sich als unverstandene Underdogs. Das kam gut an, vor allem bei jugendlichen Fans, die selbst Schwierigkeiten mit Lehrern und Eltern hatten, die Intellektuellen misstrauisch begegneten, die sich betrogen und belogen fühlten. Sie erhoben ihre Lieblingsband zum Kult und hielten mit ihnen an einem eher tradierten Männerbild fest. Die Tatsache, dass die Böhsen Onkelz trotz ihres Ausstiegs aus der Nazi-Szene weiterhin als berüchtigte rechtsradikale Band bezeichnet wurden, verfestigte die Beziehung zwischen den Musikern und ihren Anhängern nur noch mehr. Das Lebensgefühl, gegen die Autoritäten gemeinsam zu rebellieren, und ein Gefühl von Anarchismus einten sie.

Ende Mai 2004 kündigten die Böhsen Onkelz ihren Rückzug aus dem Musikgeschäft an. Und schrieben dazu: „Aber – seien wir ehrlich zu uns – das ist die logische Konsequenz aus allem. Aus den vergangenen 24 Jahren, aus dem Keller in Hösbach und der ausverkauften Festhalle in Frankfurt. Die Onkelz hatten nie die Ambition, als Rockeremiten mit ergrautem Haar auf dem Rockolymp anzukommen, sondern wenn, mit vollem Elan und nicht schon auf dem absteigenden Ast sitzen." „Adios" hieß das letzte Studioalbum. Es sprang an die deutsche Chartspitze. Am 5. August traten sie noch einmal beim Wacken Open Air, dem größten Heavy-Metal-Festival der Welt in der 2.000-Seelen-Gemeinde in Schleswig-Holstein, auf. Dann folgte die ausverkaufte Tournee La Ultima. Und das Abschieds-Open-Air-Festival unter dem Namen Vaya con Tioz (Geh mit den Onkelz) am Euro Speedway in der Lausitz. Rund 200.000 Anhänger kamen, 120.000 hatten Tickets für das Konzert. Der Rest campierte drum herum. Am 16. Februar 2008 erhielten sie für die DVD dieses Konzerts den ersten und einzigen Echo, den Musikpreis der Deutschen Phono-Akademie.

Kevin Russell war der Frontmann und das Gesicht der Böhsen Onkelz. Am 12. Januar 1964 kam er als jüngstes von drei Kindern auf die Welt. Sein britischer Vater arbeitete als Pilot, seine Mutter trank viel. Russell arbeitete seit seinem 16. Lebensjahr in verschiedenen Jobs. Unter anderem fuhr er zur See. In den 80er Jahren begann er, als Tätowierer zu arbeiten. In Frankfurt lernte er Peter Schorowsky und Stephan Weidner kennen, mit denen er 1980 die Böhsen Onkelz gründete. Ein Jahr später stieß Matthias Röhr („Gonzo") dazu.

Doch das liegt lange zurück. Und spielt im Frankfurter Gerichtssaal jedenfalls für die Juristen keine Rolle. Die Onkelz-

Fans schreiben sich ihr Entsetzen und den Schock in den Internet-Foren von der Seele. In Worten wie diesen: „Krankheit, hin oder her, ein Mensch, der scheinbar einen solchen Schaden verursacht hat, muss Farbe bekennen, zumindest einer von Format", ist hier nun zu lesen. Oder: „Das Format scheint Kevin leider mit formatieren seiner Festplatte verwechselt zu haben." Oder: „Also ich mag ja den Kevin, aber der hat ja auch Mist gebaut, warum macht der sowas? Der könnte doch dazu stehen. Der Kevin ist schon cool. Aber trotzdem, Strafe muss sein. Immerhin sind zwei Menschen jetzt Krüppel."

Die Freunde und Angehörigen der Opfer sind lauter. Zumindest vor dem Gerichtssaal und im Zuschauerraum. „Steinigung wäre das Richtige für den", sagt einer seinem Freund. Der antwortet: „Bruder, der steht bald vor einem anderen Richter." Gegen Nachmittag entert an diesem ersten Verhandlungstag eine Frau den Presse-Balkon. „Kevin, du bist nicht allein", ruft sie dem Angeklagten zu. Und der sieht kurz wie aus einem Nebel nach oben, scheint das erste Mal zu registrieren, wo er sich überhaupt befindet, und sagt den dritten und letzten Satz des ersten Verhandlungstages: „Aber ich bin allein hier unten."

Doch nicht nur dort. Nun distanzieren sich erstmals öffentlich auch die anderen ehemaligen Onkelz von ihm. Sie schreiben auf ihrer Homepage: „Der Kevin, der dieser Tage auf der Anklagebank sitzt, ist nicht mehr der Kevin, mit dem wir gemeinsam all die Jahre durch dick und dünn gegangen sind." Dieser Kevin, der sich alt, gelb im Gesicht und als Wrack vor seinen irdischen Richtern verantworten muss, hat – so glauben jedenfalls seine früheren Bandkollegen – auf Einflüsterungen gehört, die ihm nicht gut taten. „Dabei sind Dinge passiert und auch nicht passiert, die irreparable Schäden hinterlassen haben", heißt es in dem vom früheren Schlagzeuger Peter Schorowsky und Stephan Weidner, dem Bassisten und Kopf der Band, unterzeichneten Brief.

Damit ist nun klar, was jahrelang gemunkelt wurde, aber nicht zum Bild der Böhsen Onkelz passte: Die Fassade fing schon an zu bröckeln, als Gonzo mit seinem Buch „Meine letzten 48 Stunden mit den Böhsen Onkelz" (2006) seine persönliche Schlammschlacht in den Medien startete. Erschüttert wurde dies nun um so mehr, als Kevin Russell im Drogenrausch den verheerenden Autounfall verursachte. Und die Onkelz-Fans vergeblich auf ein paar klärende Worte und vor allem eine Entschuldigung ihres Idols warteten. Und so schreiben nun die anderen: „Es obliegt uns nicht, über Recht und Unrecht zu urteilen und schon gar nicht wollen wir hier dem vorgreifen, was heraus kommt, was in der Silvesternacht 2009 geschehen ist. Dafür gibt es Richter, Staatsanwälte und Ermittler und letztendlich liegt es auch an Kevin, Aufklärung zu leisten … Ohne alte Klischeevorstellungen bedienen zu wollen: Die Wahrnehmung der Onkelz in der Öffentlichkeit war uns immer egal und veranlasst uns auch jetzt nicht, die Artikel zu kommentieren, zumal wir die Berichterstattung in der Breite als gar nicht mal unfair empfunden haben. Dass wir, ausgelöst durch Kevins Verhalten, zur Zielscheibe der Presse wurden, müssen wir uns wohl gefallen lassen. Wer wie wir die Morallatte dermaßen hoch gelegt hat, darf sich jetzt nicht wundern, wenn nun Spott und Häme allgegenwärtig sind. Dass aber auch ihr durch alles, was gerade vor unser aller Augen passiert, unsere Glaubwürdigkeit und unser Lebenswerk in Frage stellt, darüber gilt es zu reden." Die Ex-Onkelz sprechen von Tragik und Tragweite dessen, was rund um Kevin passiert, und reinem Wein, den sie ihren Anhängern nun einschenken müssten. „Kevins Krankheit und Drogenproblematik war schon immer allgegenwärtig und wurde nicht durch das Ende der Onkelz ausgelöst, sondern war maßgeblich dafür verantwortlich, dass es zur Trennung kam." Denn: „Wir haben uns damals konsequent für das Ansehen der Band entschieden und gegen eine damals schon absehbare mögliche Demontage. 25 Jahre ehrliche und glaubwürdige Arbeit an und mit den Onkelz sollten nicht in einem Desaster enden. Wir wollten erhobenen Hauptes das Schlachtfeld verlassen." Und sie betonen weiter: „Wir wollten Kevin schützen – vor sich selbst und davor, die Öffentlichkeit an seinem Zerfall teilhaben zu lassen." Von Herzblut, Widerständen und Größe reden sie wie in den besten Zeiten der umstrittenen Rockband. Und wie immer von den wahren Werten mit der Illusion, diese reflektieren zu können. Mit Sätzen wie diesen: „Habt ihr euch schon einmal gefragt, ob die Menschen, die ihr so verehrt, allen voran Kevin, nicht einfach nur eine Projektion eurer Vorstellungen und Idealisierungen sind?" Und dann geht's um Stärken, Schwächen und Ängste. Um Probleme, Dämonen, Zerrissenheit, die Hölle und Auseinandersetzungen. Eben ums Kerngeschäft von Bands wie den Böhsen Onkelz. Und ein bisschen auch um Selbstbeweihräucherung: „Stephans Texte waren auch immer Therapie und Durchhalteparolen, für Kevin und uns selbst. Leider wenden sich die Dinge nicht immer zum Besten und sind nicht immer ganz Ideal." Und am Ende die Einsicht: „Dass man beste Freunde war, ist leider keine Garantie, dass es immer so bleibt. Freundschaften und Beziehungen sind keine Einbahnstraßen, und wenn die gegenseitigen Bedürfnisse nicht mehr erfüllt werden, die Ansichten und Werte nicht mehr übereinstimmen, hilft auch das ganze gemeinsam Erlebte nicht weiter."

Der Brief endet mit den Sätzen: „Unsere Gedanken sind nach wie vor bei den Opfern. Wir wünschen den Beiden von ganzem Herzen alles erdenklich Gute." Und die Anhänger können endlich wieder jubeln: „Hochachtung an Stephan und Pe, dass sie jetzt noch einmal Größe bewiesen und die Karten auf den Tisch legten. Das zeugt von Respekt und das war eines der Dinge, die die Onkelz jahrelang vermittelt haben. Schön, dass immerhin zwei der Onkelz noch für all die Werte einstehen, die wir Fans über Jahrzehnte in Stephans Texten für wertvoll empfanden."

Auch an den folgenden Verhandlungstagen entschuldigt sich Russell nicht. Mittags gibt's ein Stück Kuchen in der gerichtsnahen Bäckerei. Da wirkt dann auch der drogenkranke Angeklagte etwas lebendiger. Danach stiert er aber wieder vor sich hin. Und lässt die anderen reden. Oder schneidet Grimassen, wenn morgens vor Aufruf seines Falles die ortsansässige Presse da ist. Nur einmal, da redet er für alle überraschend. Oder grunzt eher. „Ich will nur noch für meinen Sohn da sein", sagt er plötzlich, als es im Prozess um seine Drogensucht und den sichtlichen körperlichen Verfall des 46-Jährigen geht. Phasenweise lallend, mit heiserer Stimme spricht er. Sein Verteidiger muss Übersetzungshilfe leisten. Er will nun braver Papa werden, lässt der ehemalige Böhse Onkel mitteilen und krächzt: „Ich habe aus meinen Fehlern gelernt." Er wolle sich eine Wohnung im Taunus, im Speckgürtel Frankfurts, nehmen, um dort mit seinem elfjährigen Sohn zusammenzuleben. Schließlich die Gretchenfrage für Russell: Wie steht es mit der Drogen- und Alkoholsucht, fragt ihn der Vorsitzende Richter. „Ich war vor 25 Jahren heroinabhängig, dreimal", sagt Russell. „Aber nicht in der Silvesternacht, das schwöre ich beim Leben meines Sohnes." Auch zum Thema Medikamente, von denen etliche im Unfall-Audi R8 gefunden wurden, sagt Russell etwas. Medikamente nehme er nie vor dem Autofahren. Alkohol trinke er auch nicht mehr, wiederholt Russells Anwalt einen der kaum verständlichen Sätze des Angeklagten.

Dem Rechtsmediziner fallen zu diesem Thema ganz andere Sachen ein. Er hat die Blutprobe untersucht, die Kevin Russell am Nachmittag des Neujahrstages 2010, 19 Stunden nach dem Unfall auf der Autobahn, entnommen wurde. Gefunden hat er beachtlich viel in zum Teil beachtlichen Konzentrationen: Kokain, Methadon, Diazepam, Paracetamol, und das sind nur die wichtigsten Substanzen. Vor allem Diazepam. Jeder, der nicht an diesen Stoff gewöhnt ist, wäre bei der Dosis, die bei Russell nachgewiesen wurde, tot umgefallen, mindestens aber auf der Stelle eingeschlafen, sagt der Toxikologe. Schon ein Jahr zuvor war ihm Blut entnommen worden und er hatte denselben Cocktail intus. „Russell hat sein Drogenkonsumverhalten beibehalten", sagt der Rechtsmediziner. Die Steuerungs- und Schuldfähigkeit des Angeklagten zum Zeitpunkt des Unfalls hält er für gering eingeschränkt.

Und dann kommt der Tag der Entscheidung. Auch darüber, ob Kevin Russell die Chance erhält, dem Sohn nun – wie angekündigt – der gute Vater zu werden. Erstmal nicht, sagen die Richter und verhängen zwei Jahre und drei Monate. Wegen fahrlässiger Körperverletzung, fahrlässiger Straßenverkehrsgefährdung, unerlaubten Entfernens vom Unfallort und Vortäuschen einer Straftat. Das bewegt sich durchaus im Rahmen dessen, was Gerichte in ähnlichen Fällen verhängen. Und doch war in diesem Prozess alles anders.

Das liegt an der Persönlichkeit des Angeklagten, dem ehemaligen Sänger einer Rock-Band, deren Mitglieder nach frühen Kontakten zur Skinhead-Szene ständig gegen den schlechten Ruf kämpfen mussten, Nazi-Rocker zu sein. Auch der Vorsitzende Richter macht keinen Hehl aus seinem desaströsen Eindruck, den er in nur wenigen Tagen von Kevin Russell gewonnen hat, dem Mann, der sich so weit runtergerockt hat, wie das einem Menschen nur möglich ist. Russell führe im Grunde das Leben eines obdachlosen Trinkers, das aber auf höchstem Niveau. Statt zwischen Brücken pendelt er zwischen seiner Suite in einem Nobelhotel im Taunus und seiner Dubliner Wahladresse, statt mit Fusel richtet er sich mit Kokain zugrunde.

„Wie ein dunkler Blitz" – so schilderte es eine Zeugin und so zitierte es der Vorsitzende im Urteil – raste Russell in der Silvesternacht 2009 in den Kleinwagen der beiden jungen Männer. Die nur dank Helfern überlebten, während Russell zu Fuß flüchtete, im Nacken eine Bewährungsstrafe wegen Drogenschmuggels.

Er leugnet bis zuletzt. Auf sein letztes Wort vor dem Urteil hat er verzichtet. Und die Chance nicht genutzt. Seine ehemaligen Band-Kollegen haben sich längst von ihm distanziert – aber Freunde kann er sich kaufen. Der Frührentner, wie er sich vor Gericht bezeichnet hat, verfügt immer noch über monatliche Einkünfte aus Tantiemen und Merchandising von rund 10.000 Euro.

Die Indizien sprechen gegen Russell. Seine Zahnprothese im Beifahrerraum, die Videokamera an der Tankstelle, an der Russell kurz vor dem Unfall eingekauft hatte und deren Aufnahmen beweisen, dass er allein mit dem Wagen unterwegs war. Die einschlägigen Verletzungen, die er hatte, vor allem aber die Blut- und Speichelreste, die von der Polizei am Fahrer-Airbag gefunden wurden, identifizieren Russell als Täter. Zumindest mit einer Wahrscheinlichkeit von „zehn Milliarden zu eins", was dem Vorsitzenden Richter und seinen Kollegen genügt.

Zwei Jahre, drei Monate. Den Opfern und ihren Angehörigen dürfte das zu wenig sein. Einigen Fans der Böhsen Onkelz dürfte es zu viel sein, obwohl sich diese – im Gerichtssaal und auch im Internet – erstaunlich reflektiert zeigen und mit einer Bande pöbelnder Rechtsradikaler (diese Befürchtung gab es vor dem Prozess) offenbar so wenig gemein haben wie Russell mit den Wiener Sängerknaben.

Gegen Russell sprach viel. Für ihn fast nichts. Bis auf die Tatsache, dass er ob seines Gesundheitszustandes unter der Haft, die wegen der vergeigten Bewährung länger als das Strafmaß sein wird, mehr leiden dürfte als ein gesunder Gleichaltriger. „Mit Verlaub, Herr Russell, Sie scheinen ein Stück weit vorzeitig gealtert", drückte der Vorsitzende Richter das euphemistisch aus. Und wer Russell erlebt hat, kann nur bestätigen, dass dies wohl tatsächlich des Sängers Fluch ist. Auch das kann man als Strafe sehen.

Kevin Russell wehrt sich zunächst dagegen, ins Gefängnis zu gehen. Er sei zu krank. Der Kompromiss: Nach einer amtsärztlichen Untersuchung muss er ins Gefängniskrankenhaus nach Kassel. Es folgen vier Monate im Knast, danach Therapie. Denn die hat Vorrang vor der Bestrafung. Dies ist die Chance für Kevin Russell. Wenn er die Therapie packt, bleiben ihm die restlichen Monate im Gefängnis erspart. Und er packt es. Er schreibt sogar einen Brief an die Opfer des von ihm verursachten Unfalls. Zum ersten Mal bekennt er sich dazu.

Zwei Jahre nach seiner Verurteilung und dem verheerenden Eindruck, den er in Frankfurt vor Gericht hinterlassen hat, schreibt Kevin Russell zudem einen „Brief an Euch", in dem es um brennende Luft, einen tobenden Bären und eine neue Ära gehen soll. Die soll ihn zurück auf die Bühne bringen. Ein „kleines Wunder", wie Russell schreibt, nach 30 Jahren Drogenkarriere. Mit den früheren Onkelz-Kollegen rechnet er ab. Die seien offenbar „satt mit Gott und der Welt" und nicht bereit zu einem „versöhnlichen, wohlbemerkt nüchternen Abschied". Und dann geht es um das „Thema Unfall", um die „alleswissenden Besserwisser" bei den Medien, die ihn, Kevin Russell, als „ehrloses und feiges Arschloch an den Pranger" stellten. Er schreibt: „Tatsache ist, ich habe mich keinesfalls einfach von der Unfallstelle verpisst, sondern mich überzeugt, dass die beiden ‚Opfer' aus ihrem brennenden Fahrzeug draußen waren! Das wurde im Gericht bestätigt, sonst wäre ich noch ein paar Jahre im Knast. Als ich dann im Knast war, bemühte ich mich ehrlich und leidenschaftlich ‚Kontakt' mit den Opfern und ihren Familien aufzunehmen."

Doch die Sozialarbeiter und die Leitung des Gefängnisses hätten das verhindert, sagt er. Russell schreibt von der Zivilklage eines Knebelanwalts auf Schmerzensgeld und Journalisten, die ihn in der Therapie aufsuchten. Dennoch wolle er keinesfalls etwas schönreden und bietet an, sich „aus eigenem Bestreben, mit meiner exzessiven Vergangenheit und Erfahrung, Drogensüchtigen, kranken Menschen zu widmen." Außerdem liege ihm viel daran, sich um „Schwerstunfallbeteiligte jeglicher Art" zu kümmern.

Zweieinhalb Jahre nach dem Urteil gibt Kevin Russell auch wieder Interviews. Darin erzählt er vom Loch, in das er nach dem Abschiedskonzert der Onkelz gefallen sei. Gewaltig sei es gewesen. Und er ohne Perspektive, ohne Zukunft. Noch exzessiver zerstörte er sich selbst. Kevin Russell spricht vom schicksalhaften Unfall, der ihm half, den Weg aus dem permanenten Rausch zu finden. Dennoch: Eine Wiedervereinigung der alten Böhsen Onkelz schließt er aus. Von Dissonanzen spricht er. Und davon, dass er beim Abschied auf dem Lausitzring so zugedröhnt war, dass er nichts mitbekommen hat.

30 Jahre Drogensucht haben ein Drittel der rechten Hirnhälfte zerstört. Das ist ihm 2006 rausgenommen worden. Vier Wochen lag er im künstlichen Koma. Seitdem hat er Titanplatten und Nieten im Kopf. Das Kokain hat die Nebenhöhlen zerschossen. Er kann nicht mehr riechen und auch nicht mehr schmecken. Außerdem leidet er mit knapp 50 an chronischer Lungenentzündung und Bronchitis. Seine Nervenstränge sind so kaputt, dass er jeden Tag Krämpfe hat.

Im Knast will er aufgewacht sein. Von Selbstreinigung spricht der exzentrische Sänger. Und wie damals werden Kalendersprüche zu Merkversen und Leitbildern in seinem Leben. Nur ein bisschen anders interpretiert als früher. „Der Wille ist der Weg" ist so einer. Oder: „Wenn du an etwas glaubst, kannst du es auch schaffen." Nein, sagt Russell, religiös sei er nicht geworden, aber tief gläubig. Und von der riesengroßen Ehrfurcht vor dem Leben spricht der Mann, der fast zwei Leben ausgelöscht hat und das nicht zugeben konnte. Der zwanzigste

Entzug in seinem Leben hat zu diesen Weisheiten geführt. Mit dem letzten Geld seiner Lebensgefährtin hat er ein Haus mit elf Katzen, zwei Hasen und zwei Ratten gekauft. Ein Haus, in dem auch der 13-jährige Sohn lebt. Die neue Freundin war der Briefkontakt aus dem Gefängnis nach draußen. Sie kannte ihn aus den Artikeln über seinen Prozess. Ist kein Onkelz-Fan gewesen. Sie hat ihn im Bau oft besucht. Da ist es passiert. Mit den alten Songs der Onkelz steht er wieder auf der Bühne und sagt: „Ich bin das Gesicht der Onkelz gewesen." Das will er jetzt genießen. Nicht im Nebel. Sondern bei klarem Verstand.

Der tödliche Stich des Höllen-Engels (Westend)

Die Nacht ist eigentlich schon rum. Der Morgen graut. Es ist Spätsommer im Jahr 2006, zwanzig nach fünf. Lars und Thorsten wollen noch nicht schlafen gehen. Warum auch? Die Stimmung ist noch gut. Und wozu jetzt Schluss machen? Thorsten geht sowieso keiner sinnvollen Beschäftigung nach. Jedenfalls nicht im bürgerlichen Sinne. Ein bisschen Randale machen am Rande von Eintracht-Spielen. Aber das ist eher ein Wochenend-Job. Für Lars sind Vorlesungen allenfalls Kür. Pflicht jedenfalls nicht. Lars studiert Volkswirtschaft. Die Eltern sind stolz darauf. Oder zumindest erleichtert. Der Weg bis zum Abitur war mühsam. Er ist ein paar Mal sitzen geblieben. Er war nie fleißig. Und der Hellsten einer auch nicht. Interessiert sowieso nicht. Jedenfalls nicht an der Schule. Feiern, die Kumpels, Partys zählten mehr in seinem Leben. Sein Sport: das Boxen. Vier bis fünf Mal in der Woche stand er im Ring. Ansonsten trieb er sich bei den Bones, einer stadtbekannten Rockergang, rum. Täglich auf dem Weg zur Schule kam er an ihrem Clubhaus vorbei. Die Motorräder gefielen ihm. Das Rotlichtmilieu sowieso. Er knüpfte Kontakt und hing viel hier herum.

Mit 18 bekommt er endlich ein eigenes Motorrad und macht sogar noch das Abitur. Ein durchschnittliches, aber es reicht, um sich für Volkswirtschaftslehre einzuschreiben. In seinem Leben zählen aber andere Werte: Ehre, Respekt, Treue und kollektive Freiheit, die des Clubs eben. Bis zur Fusion der Bones mit den Hells Angels 1999 verbringt er seine Freizeit vor allem bei den Jungs. Solche wie ihn brauchen sie. Er fragt nicht, macht, was man ihn heißt. Längst hat Lars für sich entdeckt, was wirklich zählt – jedenfalls für ihn: echte Kameradschaft. Alte Männerrituale.

Wie schicksalhaft diese Werte an diesem frühen Morgen vor dem Club für ihn werden würden, ahnt er noch nicht. Die Vorlesung am gerade beginnenden Tag jedenfalls ist weit weg. Viel näher ist – wenn überhaupt in dieser schönen Nacht – der Job als Sicherheitsmann im FKK-Club. So nennt er sich offiziell. Tatsächlich ist er viel mehr, er, das jüngste Vollmitglied der Hells Angels, das zwar noch immer als kleines Licht gilt, aber die Kutte tragen darf. Lars hat früh den Weg ins Rotlicht gefunden. Als Wirtschafter: Rausschmeißer, Hausmeister und Chef in einer Person. Schon vor dem Abitur war er dort angekommen, wonach er immer gesucht hatte.

In dieser Nacht zieht es Lars und seinen Kumpel in eine ihrer Stamm-Diskotheken. Der Club galt in den 90er Jahren mal als ganz besonders angesagt. Weniger bei den harten Jungs in Kutte mit Hang zum Halbseidenen. Hier tanzte vielmehr ein Szene-Publikum, das sich für die Avantgarde hielt. Der Club in der Nähe des Frankfurter Goethe-Hauses hat aber spätestens seit dem Einzug der Hells Angels mehr durch Drogen, Schlägereien und Größen aus der Halbwelt als durch ein progressives Publikum auf sich aufmerksam gemacht. An diesem Abend würde das wieder so werden. Das aber ahnen Lars und sein Kumpel noch nicht.

Lars, der seit zwei Jahren mit einer rumänischen Prostituierten verheiratet ist, hat seine derzeitige Gespielin mit dabei: Tänzerin Irina aus einer Table Dance Bar, die den Hells Angels gehört. Offiziell betreibt den Laden seit 2009 der Pforzheimer Metzger Marcus Eberhard, der sich Dank Adoption Prinz Marcus Eberhard Edward von Anhalt, Herzog zu Sachsen und Westfalen, Graf von Askanien nennt. Ein Mann, dessen Lebensmotto Klotzen statt Kleckern ist, der häufig Bekanntschaft mit der Justiz macht, weil er etwa aus Versehen zu viel Bargeld auf dem Weg nach Dubai einstecken hat oder weil er nicht ordentlich Steuern zahlt oder weil er als Zuhälter auffällt. Ihm jedenfalls wird eine gewisse Nähe zu den Hells Angels schon lange nachgesagt. Er war mit ihnen gut im Geschäft. Doch dann bekam er Ärger mit den Rot-Weißen, wie Ermittler die Hells Angels gern wegen ihrer Farben nennen. Ärger bekam der Prinz, weil die ewige Hotel-Erbin Paris Hilton trotz Einladung und großer Ankündigung nicht in seiner Table Dance Bar erschienen war, obwohl dort schon der rote Teppich für sie auslag und das Publikum ihrer harrte. Weil sie nicht wusste, dass ihr Auftrittsort in Frankfurts gleißendstem Rotlicht liegen sollte, sagen die einen. Weil sie rotzbesoffen im Bett ihres Hotelzimmers lag, rechtfertigte sich dagegen der Prinz. Ein Mann, der eigentlich nichts gegen Frauen in Betten hat. Im Gegenteil. Ihnen verdankt er sein umfangreiches Vermögen, seine Sportwagen-Sammlung und den gekauften Titel. Diverse Bordelle im Bahnhofsviertel gehören ihm. 19 insgesamt in ganz Deutschland. Aber als die Hilton nicht wie angekündigt kam, die Presse lachte statt jubelte, da machte er keinen Stich mehr bei den Hells Angels. Es gab ordentlich Ärger. Denn in dem Laden, aus dem auch Lars an jenem Abend seine Begleitung rekrutiert hat, mengt ganz ordentlich der einstige Seargent at Arms – der Mann, der im Verein für die Club-Disziplin zuständig ist – des mächtigen Hells-Angels-Charters Westend mit. Er ist gut vernetzt, ist der Verbindungsmann der Rocker zur Polizei und zum Ordnungsamt. Er regelt es, wenn die Hells Angels zum Crime City Run, ihrer traditionellen Ausfahrt, laden, wenn gefeiert wird und Absperrungen nötig sind. Er gilt als Macher und derjenige, zu dem die Ermittler gehen, wenn es mal wieder eine sogenannte Gefährdetenansprache gibt und die Polizei mitteilt, wen sie im Auge hat. Der Kontakt zur Polizei ist wichtig für die

Hells Angels, denn eine frühe Warnung hilft, Ärger zu vermeiden. Und davon gibt's traditionell zuhauf. Probleme mit den Rockern hat seit jenem verkorksten Paris-Hilton-Auftritt auch der Prinz. Denn die waren nicht amüsiert ob des lachenden Publikums.

Aber das passiert lange, nachdem Lars vor der Discotür den Aufstand probt. Wie ein Gockel benimmt er sich, wird später eine Zeugin über ihn sagen. Der Sohn eines Niederländers und einer Deutschen haut an diesem Abend ziemlich auf den Putz. Wohl auch, weil er Thorsten beeindrucken will. Und Irina, die schöne Tänzerin an seiner Seite. Thorsten hätte besser auf den Putz hauen können, denn der ist Lars körperlich weit überlegen – wie die meisten. Der Mann ist einer von denen, die von der Polizei als „Gewalttäter Sport" bezeichnet werden. Er gehört zur Brigade Nassau 1996. Ist Fußballschläger in der berüchtigten Hooligan-Truppe, gewalttätige Anhänger von Eintracht Frankfurt, die in der sogenannten Kategorie C laufen. Freundschaft mit den Hells Angels wird ihnen nachgesagt. Seinerzeit werden die ersten zarten Bande geknüpft. Für Thorsten lohnt sich das, er wird später selbst Mitglied im Charter Frankfurt. Da passt er gut hin, denn hier tummeln sich gescheiterte Existenzen, zählen Muskeln mehr als Hirn. Aber zu dieser Zeit ist der Junge aus schwierigen Verhältnissen noch nicht so weit. Eine Voraussetzung jedoch hat er längst: häufige Begegnungen mit der Justiz. Das gehört zum Geschäft. Wegen gefährlicher Körperverletzung, Bedrohung und Rauschgifthandels gab es zweimal Bewährungsstrafen.

In der Disco, in der Lars an diesem Abend Einlass begehrt, ist er bekannt. Weil er ein Hells Angel ist. Und weil er der Hells Angel mit den blonden Locken ist. Sie lassen ihn ein wenig weich aussehen. Das hört er nicht gerne, aber die Mädels stehen drauf. An diesem Abend geht's allerdings weniger um seine Locken. Heute ist er Rocker. Dass er das ist, steht auf seinem

Sweatshirt, das er in jener Nacht trägt. AFFA heißt es da (Angels forever, forever Angels). Daran glaubt er auch. Das wird in den nächsten Stunden für ihn noch wichtig werden. Denn Lars und Thorsten kommen heute in den Club nicht rein. Die Türsteher Danyel und Anrij weisen sie ab. Vor allem Danyel ist auf die Hells Angels nicht gut zu sprechen. Erst kürzlich hat er sich mit dem „Schweden" geprügelt. Der kam von Nordhessen nach Frankfurt, als sich die Hells Angels dort oben auflösten. Auch er ist Wirtschafter im Bordell. Auch ihn ließ Danyel nicht rein, das führte zu Ärger. Das hat sich Danyel gemerkt. Auch er war sichtbar ein Mitglied der Rockergruppe.

Es mag auch am Sweatshirt von Lars liegen, das so deutlich zeigt, wo er hingehört. Denn in vielen Clubs sind zwar Mitglieder der Hells Angels präsent, dürfen aber nur rein, wenn sie ihre Insignien nicht tragen. Die Kutten und Abzeichen schüchtern Gäste ein und ramponieren den Ruf. Danyel sagt nicht, ob das der Grund dafür ist, dass Lars und Thorsten heute draußen bleiben müssen. Oder ob es noch die Wut auf den Schweden ist. Danyel ist furchtlos. Und hat einen harten Schlag. Er kennt die Jungs. Heute redet er nicht lange. Mit einem Stoß gegen die Brust weist er Lars ab.

In dem kocht die Wut. Er lässt sich nicht abweisen. Er nicht. Und schon gar nicht vor Irina. Lars und Thorsten tauschen sich kurz aus. Dann gibt es einen kurzen Disput mit Danyel. Der nennt Lars einen Rassisten. Auch der Türsteher lässt sich nicht lumpen. Der Mann ist schon zweimal wegen Körperverletzung verurteilt worden. Berufsrisiko auch in seinem Job. Die Berufung gegen die zweite Verurteilung läuft noch. Sorgen macht ihm das nicht. Das gehört zum Geschäft. Und mit einem Würstchen wie Lars wird er locker fertig. Ebenso wie Kollege Andrij, der Mann mit dem unbeweglichen Gesicht, der blassen Haut und den harten Zügen. Auch er ist schon einschlägig verurteilt worden. Natürlich wegen Körperverletzung.

Lars, Vollmitglied der Hells Angels, trollt sich erst einmal. Aber dann besinnt er sich, greift zum Mobiltelefon. Er ruft Eddy an. Den Mann kennt jeder in der Frankfurter Szene. Ein Lebemann, dessen Interesse vor allem dem Geld, Frauen und Kokain gilt. Viele fürchten Eddy. Jedenfalls in der Subkultur. Denn Eddy war mal Chef der Bones und später, als es die nicht mehr gab, kam er in den Vorstand des einflussreichen Charters im Westend. Bis ihm die heftige Kokserei die Karriere etwas ruinierte. Eddy saß früher gerne an den Theken der Frankfurter Clubs und spendierte viel Champagner. Schon früh machte er sich einen Namen im Nachtleben der Stadt. Auch wenn Eddy heute nicht mehr ganz das ist, was er mal war, so ist er immer noch einflussreich, beliebt, aber auch gefürchtet. Er gilt als Größe im Frankfurter Rotlicht, das sich der Charter Westend weitgehend unbehelligt einverleibt hat, als Polizei und Staatsanwaltschaft noch damit beschäftigt waren, jugoslawische Hütchenspieler zu vertreiben. Und mit ihnen die Jugo-Banden, die ohne lange zu fackeln aufeinander schossen. In deren Windschatten etablierten sich die Hells Angels, auf die keiner so recht achtete. Sie übernahmen die Clubs, die Bordelle und die Türen. Sie schickten Strohleute in die Verkaufsverhandlungen, um unbehelligt zu bleiben. Denn wer die Tür hat, der hat auch die Macht. Darüber, wer reinkommt, wer die Drogengeschäfte macht. Hier war Eddy dick dabei. Der stets schwarz gekleidete Rocker mit der goldumrandeten Sonnenbrille, der immer ein Bündel größerer Scheine in der Hosentasche stecken hat, war einer der maßgeblichen Männer, als die Hells Angels in der Nacht zum 7. November 1999 mit den Bones fusionierten. Er ebnete den Weg. Und sorgte dafür, dass die Skeletthand der Bones von den Jacken verschwunden war, noch bevor die Sonne am nächsten Morgen wieder aufging. Ersetzt vom geflügelten Totenkopf, dem Symbol der Hells Angels. Für die Polizei- und Sicherheitsbehörden bedeutete die Fusion der beiden

Rocker-Vereine Alarm. Denn sie fürchteten, dass die rund 600 Mann starke, bewaffnete Truppe der Hells Angels in Deutschland nun die Macht im kriminellen Milieu der Städte übernehmen wolle. Für die Polizei sind die Rocker nichts anderes als eine Räuberbande. An ihrem Expansionsdrang lassen die Hells Angels auch keinen Zweifel. Ihr Motto: The world is not enough (die Welt ist nicht genug) – wie der gleichnamige James-Bond-Film. Im deutschen Szeneblatt „Bikers News" haben sie kurz nach der Fusion ihr Motto klargestellt: „When in doubt knock them out" (Im Zweifel zuschlagen).

Seit Bomberpiloten der US Air Force 1948 die Hells Angels in Kalifornien gegründet haben, leben sie nach ihren eigenen Regeln. Obwohl die heutigen Angels damit nichts zu tun haben wollen: Ihr Name geht auf die 303. Bombardment Group der amerikanischen Luftwaffe zurück. Diese Einheit nannte sich Hells Angels. Ihre Maschinen hatten Hells-Angels-Symbole auf der Nase. Die berühmteste war die B-17 Flying Fortress. Am 13. Mai 1943 war sie zum ersten Mal alle 25 Einsätze, die sogenannte Tour geflogen. An diesem Tag bombardierte die 8. US-Luftflotte deutsche Ziele in Frankreich: Meaulte, St. Omer/Longuenesse und St. Omer/Ft. Rouge. Die B-17 mit dem Namen Hells Angels flog diese Tour erfolgreich, wird es später heißen, obwohl die meisten Soldaten die Tour nicht überlebt haben. Diejenigen, die überlebten, waren anschließend schwer gestört. Heute würden sie wegen posttraumatischen Belastungsstörungen behandelt. Damals fragte danach noch niemand.

Die Veteranen der Einheit nennen sie Lucky Bastards. Sie selbst nennen sich: Angels, Flak-Angels oder Hells Angels. Sie waren Todgeweihte. Daraus wurde ein Mythos. Die 100. Bombardments Group, Nachfolger der 303., hatte ein Verbandswappen, das rechts und links den Flügel trug, der später Teil des Hells-Angels-Symbols Dead-Head werden würde. Die Gruppe hieß The Bloody Hundred, weil diese Einheit die meisten Verluste hatte. Die heutigen Lederjacken der Hells Angels erinnern stark an die Fliegerjacken jener 8. US Air Force. Und die Abzeichen auf den Kutten an deren Schriften. Schon die Ur-Angels fuhren Harley Davidson. Sie kannten sie bereits aus ihrer Dienstzeit auf den Flugfeldern, wo sie – wie später die Rocker – Formationen fuhren. Die Maschinen wurden nach Kriegsende unter der Hand an ihre ehemaligen Fahrer verkauft. Noch heute sind diese Motorräder, die fast baugleich mit den BMW-Motorrädern der Wehrmacht waren, extrem gesuchte Sammlerstücke. Die Ausfahrten der heutigen Rocker erinnern ebenfalls an die Ursprungs-Angels, denn die Jungs von der 8. US Air Force flogen in Formationen. In Formationen treten auch die Hells Angels gerne auf, jedenfalls dort, wo sie noch nicht verboten sind – zur Machtdemonstration.

Einige wenige Veteranen leben noch. Sie mögen es nicht, wenn sie als die ersten Hells Angels bezeichnet werden. Das sei rufschädigend. Sie seien noch Männer ohne Fehl und Tadel gewesen. Das sagen die Rockerclubs auch über sich.

Aber davon wissen Lars und Thorsten nichts. Wozu auch? Sie wissen nur: Sie müssen heute draußen bleiben. Weil es der Türsteher so will. Und das wurmt. Deshalb telefoniert Lars mit Eddy. Weil sich mit Eddy niemand anlegt. Das weiß er. Eddy fackelt auch nicht lange, ruft den Betriebsleiter des Ladens an und nennt die beiden abgewiesenen Gäste „ganz brave Jungs", die gefälligst reingelassen werden sollen. Der Betriebsleiter ruft Danyel und Andrij zu sich. Er gibt die Anweisung, den Jungs den Einlass nicht weiter zu verwehren. Lars und Thorsten gehen rein.

Keine Stunde später kommen sie schon wieder raus. Lars ist getroffen. Die Nacht versaut. Er kann die Abweisung nicht auf sich sitzen lassen. Nicht mit ihm, denkt er. Er winkt den Türsteher herbei. Die Überwachungskamera hält alles fest. Danyel kommt, Kollege Andrij, der mit dem unbeweglichen Gesicht und dem ordentlichen Punch, gleich mit. Lars baut sich drohend vor ihm auf. Er nennt Danyel einen Hurensohn. Dann schlägt er zu. Es wird bei diesem einen Schlag von ihm bleiben. Denn Lars ist unterlegen. Und wie. Die Türsteher kommen über ihn wie Naturgewalten. Schlagen, treten. Lars geht zu Boden, kassiert dort weitere Hiebe und Tritte. Spätestens jetzt ist der Kampf vorbei. Ein Gast, der eingreifen will, bekommt von Danyel auch gleich einen Nasenstüber. Der Türsteher haut ihm die Brille weg. Der Mann ist eingeschüchtert. Er trollt sich. Alles festgehalten von den Überwachungskameras des Clubs.

Auch Lars will weg. Obwohl die beiden Türsteher kräftig an seinem AFFA-Sweatshirt ziehen, gelingt es ihm sogar, sich loszureißen. Er taumelt ein paar Meter weg. Will flüchten, schafft es aber nicht. Andrij sprintet hinter ihm her. Der Hells Angel hat längst den Rückzug angetreten. Ganz offensichtlich. Doch der Türsteher schlägt noch zweimal zu. Er verpasst Lars, der ohne Deckung ist, zwei fürchterliche Kopftreffer. Der ist jetzt schwer angeschlagen und taumelt auf die andere Straßenseite – und damit aus dem Bereich der Videokamera. Auch Danyel läuft ihm hinterher. Was nun geschieht, wird nicht mehr aufgezeichnet. Lars zieht ein Messer und sticht zu. Ein Stich trifft den Türsteher in den Hals. Andrij hat sich in Sicherheit gebracht. Das nächste Bild, das es aus dieser Nacht gibt, zeigt einen schwer verletzten Mann, der sich in den Eingang der Diskothek schleppt. Und es zeigt einen Beschäftigten des Clubs, der dort das Blut vom Tresen wischt, während Danyel um sein Leben ringt. Die Verletzung, der Stich in den Hals, ist tödlich. Der Türsteher, Vater einer minderjährigen Tochter, stirbt vier Tage später im Krankenhaus.

Lars wird später vor Gericht sagen, er habe das Messer aus Notwehr gezogen. Aus Furcht zugestochen. Weil er unterlegen war, weil die Türsteher viel stärker gewesen seien als er. Das immerhin belegen die Bilder. Weil er Angst vor einem weiteren Angriff hatte, habe er sich nicht mehr anders zu helfen gewusst, wird er sagen. Das aber glauben ihm die Richter nicht. Auch nicht, dass er sich einfach nur gewehrt hat. Er habe nie beabsichtigt, lässt er über seinen Anwalt ausrichten, Danyel in den Hals zu stechen, ihn gar zu töten. Die Richter nehmen ihm das nicht ab, verurteilen ihn zu neun Jahren und sechs Monaten wegen Totschlags. Auch, wenn sie einen Grundsatz verinnerlicht haben: Im Zweifel wird zugunsten des Angeklagten entschieden. Aber hier sahen sie nicht das, was der Jurist „vernünftige Zweifel an der Schuld des Angeklagten" nennt. Aus Notwehr, sagen sie ihm, steche man keinem in den Hals, aus Notwehr steche man vielleicht in den Unterarm. Aber nie in die Nähe des Kopfes oder in die Brust. Schon gar nicht mit einer solchen Wucht, dass der Stich die Schlagader durchtrennt. Lars, werden sie ihm ins Urteil schreiben, habe genügend Zeit gehabt, zu verschwinden, einfach wegzugehen. Doch er habe dem Türsteher einen Denkzettel verpassen und den Platz als Sieger verlassen wollen. Denn: Ein Hells Angel verlässt einen Kampf nicht. Und schon gar nicht als Verlierer. Das sagen sie ihm, als sie ihn ins Gefängnis schicken. Als der Verteidiger das hört, nimmt er die Hände vors Gesicht. Lars hingegen entlockt die Aussicht auf Jahre im Knast keine äußerliche Regung. Dennoch lässt er das Urteil vom Bundesgerichtshof prüfen. Die dortigen Richter verwerfen seine Revision.

Bis zum Prozess dauert es allerdings noch. Lars flüchtet vom Tatort. Und telefoniert wieder. Er türmt und sucht in Holland Unterschlupf, wo sein Vater herkommt. Die Polizei weiß längst, sie sucht nach einem Hells Angel. Das AFFA-Sweatshirt war zu verräterisch. Sie weiß nur nicht, wo Lars ist. Sie nimmt, wie sie es nennt, sämtliche Häuser der Hells Angels „unter Wind". Und beobachtet auch die Autos. Am Tag nach der Tat kontrolliert eine Zivilstreife einen Wagen, der auf dem Gelände der Hells Angels zwischen Hauptbahnhof und Frankfurter Messe steht. Im Hof des Angels Places, dem Clubhaus des Charters Westend, einer Gründerzeitvilla. Es gehört Peter, einem angesehenen Mitglied der Angels. Darin auf der Rückbank: eine Tasche mit Kleidungsstücken, ein neues Handy und ein Brief von „deinem Bruder Peter" mit „Anweisungen für deine Reise". Lars soll, heißt es darin, Kontakt mit einer Vertrauensperson aufnehmen, am Zielort mehrere Fotos machen. Die Ermittler vermuten später, die Fotos sollten ihm zu neuen Papieren verhelfen. Außerdem gibt ihm Peter die Handynummern zweier Anwälte, die das Vertrauen der Frankfurter Hells Angels haben. Sozusagen ihre Stammanwälte. Im Zielland, so heißt es in seinem Brief, solle sich Lars bei Eddy melden. Und die neuen Fotos einer Fahrerin mitgeben. Außerdem solle er sich auch optisch verändern, rät ihm der Bruder. Die Haare schneiden, einen Schnurrbart wachsen lassen. Und vor allem die Kutte im Koffer lassen. Peter teilt ihm außerdem mit: „Mit deinen Hühnern hat Marcus gesprochen, der kümmert sich um den Fluss." Die Richter werden Eddy später danach fragen, was damit gemeint sei. Der erzählt was davon, dass er mit Landwirtschaft nichts zu tun habe. Lars selbst verweigert die Antwort auf die Frage, ob das nicht eher bedeute, dass er eigene Prostituierte habe. Der Brief an ihn, der kurz nach der Tat geschrieben wird und den er nie selbst in den Fingern halten wird, endet mit dem Satz: „AFFA, wir sind immer für dich da." Peter wird deshalb wegen Strafvereitelung zu acht Monaten verurteilt. Und wegen Kokainhandels später zu viereinhalb Jahren.

Im Zielland ist Lars nie angekommen. Jedenfalls nicht in seinem Wunsch-Zielland. Aber in dem der Ermittler: im Gefängnis. Ein Vierteljahr nach seiner Flucht vom Tatort stellt sich Lars im Beisein seines Verteidigers bei der Polizei. Sie hätten ihn sowieso irgendwann gefunden. Es sollte nicht das Ende seiner Hells-Angels-Karriere sein. Im Gegenteil. Er stieg auf.

Zumindest in der Achtung. Der Vorstand des Clubs kümmerte sich fortan persönlich um den Bruder im Knast, der bewiesen hatte, dass er weiß, was die Werte der Hells Angels sind, was echte Treue heißt: schweigen. Eine der wichtigsten Hells-Angels-Regeln lautet: keinerlei Zusammenarbeit mit dem Staat, vor allem nicht mit Polizisten und Staatsanwälten.

Wenn er aus dem Knast wieder rauskommen wird, dann wird es die beiden Frankfurter Vereine der Hells Angels in der früheren Form nicht mehr geben. Denn während Lars die ersten Jahre im Gefängnis verbringt, wird in Frankfurt um das Amt des Oberbürgermeisters gekämpft. Das macht das Leben der Hells Angels etwas unkomod. So erklären viele, warum der damalige, christdemokratische hessische Innenminister Boris Rhein, der auf den Posten des Frankfurter Oberbürgermeisters aus ist, plötzlich massiv gegen die Rocker vorgeht. Fest steht, sie haben von nun an ständig Besuch von der Polizei. Noch öfter als sonst. Viele Razzien machen die Nächte kurz und das Leben anstrengend. Gefunden wird nicht viel. Die Presse lacht über die spärlichen Ergebnisse der aufsehenerregenden Polizeiaktionen. Denn zu den Rockern kommen nur die Spezialeinheiten. Die aber wussten längst Bescheid. Ihre Kontakte in die Polizei- und Ordnungsbehörden hinein sind traditionell gut und in diesen Fällen sehr von Vorteil. Sie begrüßten die Beamten mit Willkommensschildern. Dass sie sich nachts Handy-Nachrichten mit Warnungen schickten, ihre Häuser und Wohnungen aufräumten, alles verschwinden ließen, wonach die Beamten suchten, hatten auch die Ermittler bereits mitbekommen, aber die Maschinerie war angelaufen und ließ sich nicht mehr stoppen.

Hinter den Durchsuchungen steckte ein großer Plan: Die Hells Angels sollten verboten werden, noch bevor sie selbst davon Wind bekommen. Die Angst war groß, sie könnten vorher einen neuen Verein gründen und all die monatelange, akribische Beweisarbeit zunichte machen. Monate, in denen Akten gelesen, die kriminellen Biografien von allen 90 Mitgliedern der beiden Frankfurter Charter geprüft worden waren, jede Tat aufgelistet und ausgewertet worden war, um am Ende mehr als 100 Leitzordner zu füllen, in denen minutiös aufgelistet war, warum Innenminister Rhein sagt, dass es sich bei dem Rockerverbund um eine kriminelle Organisation handele. Die Clubs dienten allein dem Zweck, kriminelle Energie zu entfalten und durchzusetzen, wird er später dazu sagen. Und die Gründung von Ersatzorganisationen untersagen.

Damit er das sagen kann, treffen sich unmittelbar nach den verratenen Razzien im Ministerium Experten, die einen neuen Schlachtplan entwickeln. Einen zweiten Fehlschlag darf es nicht geben. Und so rücken am 29. September 2011 etwa 150 Fahnder an und schrauben vom Clubhaus des Charters Westend die Schilder ab. Diesmal hatte offenbar niemand geplaudert. Am nächsten Morgen verkündet der Innenminister: Die beiden Frankfurter Charter sind verboten. Zum ersten Mal schlagen die Behörden im Kampf gegen die Hells Angels einen vollkommen neuen Weg ein. Im Gegensatz zu Schleswig-Holstein und Baden-Württemberg nutzt Hessen kein Kapitaldelikt als Anlass. Sondern Fleiß an der Aktenfront sorgt schließlich für das Verbot der Rocker in Frankfurt.

Mit dem Verbot der Frankfurter Vereine wird die Outlaw-Landschaft getroffen. Gerade das Charter Westend, dessen Präsident als einer der wichtigsten deutschen Hells Angels gilt, ist mächtig und reich – aufgrund der schon erwähnten Kontrolle im Frankfurter Bahnhofsviertel.

Das Verbot hält allen Unkenrufen der politischen Gegner und Medienschaffenden zum Trotz durch alle Instanzen. Die Rocker scheitern überall mit ihrer Klage. In der Klageschrift argumentieren sie mit dem Grundgesetz, dem Artikel 9: „Alle Deutschen haben das Recht, Vereine und Gesellschaften zu bilden", steht es da in Absatz eins. Im zweiten Absatz heißt es aber auch: „Vereinigungen, deren Zwecke oder Tätigkeiten den Strafgesetzen zuwiderlaufen, sind verboten." Und darauf bezieht sich der Innenminister. Er glaubt: Die Hells Angels haben sich zwischen Absatz eins und Absatz zwei gut eingerichtet. Zumindest wirkt das beim Gang durchs Frankfurter Bahnhofsviertel so. In den Eingängen mancher Bordelle lehnen sie hier, halb Lude, halb Ordnungsmacht, die tätowierten, muskulösen Arme vor der Brust verschränkt und signalisieren: Das ist mein Revier.

Deshalb entscheiden die deutschen Innenminister: Es wird nicht länger tatenlos zugeschaut. Mit Bildern von Blutlachen auf dem Pflaster, von verwüsteten Lokalen, beschlagnahmten Pistolen und Messern illustrieren sie die Machtkämpfe zwischen verschiedenen Rockerbanden und ihre Überzeugung, sie seien eine Gefahr für die öffentliche Sicherheit. In ganz Deutschland werden nach und nach die Vereine verboten, ihre Räume durchsucht, viel Geld beschlagnahmt. Das Schlimmste für die Rocker aber ist: Ihre Kutten mit dem Totenkopf unter dem Engelsflügel werden konfisziert. Mit den Verboten sollen ihre Machtdemonstrationen ein Ende haben.

Die deutschen Hells Angels sind mittlerweile in zwei Gruppen gespalten: in die Traditionalisten, angeführt vom Frankfurter Westend-Hells-Angels-Boss, und die jungen Wilden, bei denen ein deutsch-türkischer Geschäftsmann das Sagen hat, der das Kölner Rotlichtmilieu seit Jahren kontrolliert. 2010 war er Präsident der „Hells Angels MC Nomads Turkey". Mittlerweile soll er von Izmir aus seine illegalen Geschäfte betreiben und mehr Macht denn je haben. Auch er gilt als einer der einflussreichsten Rocker in Deutschland.

Am 30. September 2011, als Hessens Innenminister Rhein die beiden Frankfurter Charter verbietet, spricht er vor der Presse von „lupenreiner organisierter Kriminalität" und präsentiert, was das Hessische Landeskriminalamt fünf Jahre lang gesammelt hat: mehr als 200 Ermittlungsverfahren, die gegen einen Großteil der rund 90 Mitglieder der beiden Charter anhängig sind und später die Verwaltungsrichter auch überzeugen werden. Die Hells Angels, die das Frankfurter Rotlichtviertel kontrollieren und verantwortlich sind für Menschen- und Drogenhandel, Vergewaltigung, Körperverletzung und Totschlag, stellen sich über das Gesetz.

Als die Richter am Verwaltungsgerichtshof in Kassel noch darüber sinnieren, wer nun recht hat, der Innenminister oder der Anwalt der beiden Frankfurter Hells-Angels-Clubs, stehen jede Menge austrainierte Polizisten in Zivil mit schwarzen Knöpfen in den Ohren ums Gebäude herum. Sie halten Wacht. Es gilt erhöhte Sicherheitsstufe. Die Furcht ist groß. Aber die Rocker zeigen sich nicht. Krawall gibt es hier nicht. Das gehört nicht zu ihrer Verteidigungsstrategie, im Gegenteil. Die Hells Angels haben das Mandat einem Rechtsanwalt übertragen, der Seriosität, Beharrlichkeit, Wissen und Eloquenz ausstrahlt. Und Ruhe. Auch optisch steht er nicht im Verdacht, Kuttenträger zu sein. Er trägt vor, wie seine Klienten gesehen werden wollen: als Kreis von Freunden, die in der Not füreinander einstehen. Zur „Not" gehörten eben auch Situationen, in denen mal ein Mitglied festgenommen oder wie Lars verurteilt werde. Das Recht, sich zu verteidigen, werde ja wohl auch nicht dadurch außer Kraft gesetzt, dass man Mitglied der Hells Angels sei, sagt der Rocker-Anwalt. Ebenso wenig sei es anrüchig, Freunde finanziell zu unterstützen, wenn sie einen Anwalt brauchten oder im Gefängnis säßen. Die Straftaten, die der Minister aufzählt, seien alle individuell begangen worden, nicht mit Billigung oder gar im Auftrag der Clubs. Und Prostitution habe der Gesetzgeber längst als Gewerbe anerkannt. Das sei also auch kein Grund, den Verein zu verbieten.

Von einem Zerrbild der brutalen Wirklichkeit spricht der Vertreter des Ministeriums. Tatsächlich gehöre es zum Wesen der Clubs, schwere Kriminalität nicht nur zu dulden, sondern sie auch noch zu unterstützen. Diese brutale Realität belegten die aufgelisteten Straftaten. Darunter auch die mutmaßliche Strafaktion im Oktober 2009 gegen einen Abweichler in den Reihen der Frankfurter Hells Angels. Ihm wurde aus einem vorbeifahrenden Auto heraus in den Arm geschossen. Der Tatverdächtige stieg damals sehr schnell vom Anwärter (Prospect) zum Mitglied (Member) auf. Aber es gab keine Anzeige, die Ermittlungen verliefen im Sande. Auch über den Angriff eines Rockers auf einen Polizisten bei Krawallen mit englischen Hooligans im Bahnhofsviertel während der Fußball-Weltmeisterschaft 2006 wird in Kassel gesprochen. Der Mann wurde identifiziert, letztlich aber freigesprochen. Und natürlich die tödlichen Messerstiche von Lars waren Thema vor dem Verwaltungsgerichtshof. Am Ende wird es vor allem diese Tat sein, die das Verbot seines Charters durch alle Instanzen rechtfertigen wird. Denn hier haben Funktionäre wie Eddy und Peter mitgewirkt. Und nicht nur ein einzelner außer Rand und Band geratener Rocker.

Auch die geheimen Regeln der Hells Angels beschäftigen die Richter. Denn die belegen den wahren Charakter der Gemeinschaft, sagt der Mann aus dem Ministerium. In diesen Regeln steht, nach einer Festnahme soll ein Member nur seinen Namen nennen und einen Anwalt verlangen. So wie Lars es getan hat. In der Satzung steht auch, die Mitglieder sollten pünktlich und ehrlich sein. Englisch-Kenntnisse sind erwünscht, die Mehrheit entscheidet, wenn Beschlüsse zu fassen sind. Regel Nummer 31 etwa heißt: Bei Versammlungen seien „Old Ladies" tabu und meint: Keine Frau darf jemals mitreden.

Das überzeugt die Richter zwar nicht. Solche Regeln, sagen sie, stünden auch jedem Kegelclub gut. Vielmehr überzeugt die Juristen in Kassel und später auch die Leipziger Richter am Bundesverwaltungsgericht: All die vielen Straftaten der Mitglieder, die in den Verbotsverfügungen aufgelistet sind, seien der

Organisation Hells Angels zuzurechnen. Sie sind für ihren Charakter prägend. In den Clubs herrsche eine Infrastruktur, die Mitglieder vor Strafverfolgung schütze: Bedingungslose Solidarität ohne Rücksicht auf die Schwere der Taten.

Wie bei Lars. Dessen Karriere begann wie die der meisten Mitglieder der Outlaw Motorcycle Gangs. Denn die Rockerclubs suchen ihren Nachwuchs sorgsam aus und prüfen ihn lange. Im Schnitt braucht der Supporter (Unterstützer) drei Jahre, bis er es zum Full Member wie Lars geschafft hat. Bei ihm hat es sogar noch viel länger gedauert. Bis dahin, also bis zum Full Member, muss der Handlanger oder Anwärter Theken putzen, im Angels Place den Boden schrubben, stets zu Diensten sein und sich bewähren. Mal mithelfen, Mitgliedern verfeindeter Gruppen wie den Bandidos oder kleineren Vereinen wie den südhessischen Outlaws oder den Black Souls Angst einzujagen. Nur, wer es bis oben hin geschafft hat, muss sich nicht mehr schlagen. Aber der Weg dorthin ist weit. Denn die einzelnen Clubs der Hells Angels sind streng hierarchisch strukturiert. Es herrschen Präsident und Vizepräsident. Wer sich viel in der Nähe der Rocker aufhält, bekommt vielleicht die Chance, Handlanger zu werden, ein Hangaround. Wenn das klappt, kann er Anwärter, in der Hells-Angels-Sprache Prospect, werden. Und nach vielen Bewährungsproben, geputzten Theken und Böden am Ende Full Member. Mit Kutte wie Lars. Der hatte bis dahin Jahre gebraucht, die Fusion der Bones mit den Hells Angels erlebt. Erst danach ist er so anerkannt, dass er zum jüngsten Hells-Angels-Mitglied des Vereins im Westend wird und damit wie jedes andere Mitglied eine lebenslange Verbindung eingeht. Ausstieg gibt's nicht. Die Treue der Brüder ist Grundregel. Und die hält gerade, wenn einer von ihnen im Knast sitzt. Der Besuchsdienst ist organisiert, für jeden Bruder im Gefängnis ist einer in der Freiheit zuständig. Selbstverständlich auch für die Familie, so er eine hat.

Immerhin: Auch im Gefängnis ist ein Hells Angel wer. In der Knast-Hackordnung steht er nicht gerade ganz unten. Lars ist das allerdings nicht nur, weil er ein Rocker mit guten Kontakten und äußerst respektablen Besuchern ist. Sondern wohl auch, weil er wegen Totschlags sitzt. Begangen an einem Türsteher. Hätte er sich an Kindern vergangen, dann wäre es schwieriger geworden in der Welt der Ganoven und Kriminellen mit der Anerkennung und der Macht. So aber hat es etwas Gutes, die Kutte im Keller zu haben und die Brüder, die bei Gericht um Besuchserlaubnis bitten. Das macht die Sache für Lars etwas erträglicher. Und die alten Rockerkumpel kommen ihn sogar regelmäßig im Knast besuchen.

Wenig Licht, viel Schatten (Kunstraub, Schirn)

Ganoven schreiben keine Quittung. Erst recht nicht Hehler. Das ist ein großes Problem für Rechtsanwalt Edgar L. Denn der Mann, der als Meister seines Faches gilt, muss nachweisen, dass er in einem nicht ganz legalen Geschäft in Vorlage getreten war und dennoch Anspruch auf sein Geld hat. Er sitzt zum ersten Mal in eigener Sache vor Gericht. Und er wird am Ende dieses Verfahrens Rechtsgeschichte schreiben: Er wird der Erste sein, der die Zahlung von Lösegeld und damit Geld aus krummen Geschäften erfolgreich eingeklagt hat. Und die Hamburger Kunsthalle wird als Unterlegene den Gerichtssaal verlassen. Denn, das lehrt die Geschichte von Edgar L. auch: Kunstraub ist eine Art von Geiselnahme. Und kann zum Krimi werden. Oder zum Desaster. Je nach der Seite, auf der man steht.

Die Geschichte von Edgar L., die ihn nach Hamburg in den Gerichtssaal gebracht hat, zeichnet ihn als Helden aus. Glaubt er. Denn der Anwalt hat den größten Kunstraub der deutschen Nachkriegsgeschichte glücklich beendet. Hat sein Leben dafür riskiert. Hat Werke von unersetzlichem Wert zurückgebracht, darunter zwei der größten britischen Nationalschätze. Er hat Gemälde der Londoner Tate Gallery und der Hamburger Kunsthalle wiederbeschafft, Leihgaben, die 1994 aus der Ausstellung „Goethe und die Kunst" in der Frankfurter Kunsthalle Schirn gestohlen worden waren. In vielen Nacht- und Nebelaktionen hat der Anwalt die schon verloren geglaubte Kunst zurückgeholt. Ihre Namen: „Schatten und Dunkelheit" (William

Turner), „Licht und Farbe" (William Turner) und „Nebelschwaden" (Caspar David Friedrich). Ihr Versicherungswert: rund 40 Millionen Mark.

Die Nacht zum 28. Juli 1994 ist heiß. Es kühlt kaum ab. Am Tag war das Thermometer auf mehr als 30 Grad gestiegen. Und auch am Abend fällt es nicht nennenswert. Es ist kurz vor 22 Uhr, als die letzten Besucher die Kunsthalle Schirn auf dem Frankfurter Römerberg verlassen. Ein Wachmann kontrolliert, ob keiner mehr in den Ausstellungsräumen ist. Er verriegelt die Türen, will seine Runde drehen, wie üblich die Block-Sicherung einschalten. Sie schützt nachts das Gebäude wie ein unsichtbarer Schirm und löst bei der kleinsten Bewegung Alarm aus. Zur selben Zeit fahren vier Männer im Kleintransporter vor. Sie parken vorm Lieferanteneingang an der Seite des klotzigen Baus auf dem Römerberg. Keiner von ihnen redet. Jeder weiß, was er zu tun hat. Sie laufen auf die Schirn zu. Ohne Spuren zu hinterlassen, öffnen sie die Notausgangstür, als der Wachmann gerade die Block-Sicherung aktivieren will. Das Quartett ist schneller, überwältigt ihn, zieht ihm eine Kapuze über, klebt sie fest. Der Wachmann stöhnt auf. Er hat Angst, traut sich aber nicht zu schreien. Die Räuber fesseln den Mann. Sie nehmen ihm das Funkgerät ab, den Zentralschlüssel. Sie sperren ihn in einen kleinen Betriebsraum. Mit den Worten „Du bist jetzt ganz ruhig, sonst passiert was", lassen sie ihn zurück. Kauernd sitzt er in einer Ecke an der Wand und rührt sich nicht. Wenige Tage später wird er das vor einer laufenden Kamera nachspielen – für ein Polizeivideo.

Während er verängstigt im Betriebsraum sitzt, gehen die vier Männer in die Galerie Ost ins erste Obergeschoss. Einer von ihnen nimmt eines der Gemälde von der Wand. Dann zwei weitere. Sie hängen die drei Meisterwerke, den Caspar David Friedrich und die beiden Turner-Bilder ab. Dann werden sie gestört. Über Funk melden sich die Kollegen des Wachmannes.

Sie seien, teilen sie ihm mit, auf dem Weg zur Kunsthalle. Er hört es nicht, aber die Räuber. Hektisch wickeln die Täter die gestohlenen Werke in die mitgebrachten Decken, schaffen sie im Lastenaufzug ins Erdgeschoss. Sie schleppen die Bilder zum Lieferantenausgang an der Seite des Gebäudes, dorthin, wo sie reingekommen waren.

Es ist kurz vor 23 Uhr. Irmgard und Axel G. kommen aus der Oper. Sie lieben die Kunst. Vor allem jede Form von Musik. Wie passend wäre es gewesen, wenn sie an jenem Abend aus der Alten Oper, dem unter der Intendanz von Ulrich Schwab am 28. August 1981 mit Mahlers achter Sinfonie wiedereröffnetem Konzerthaus, gekommen wären. Wenn sie dort Modest Mussorgskis „Bilder einer Ausstellung" gehört hätten, das Musterbeispiel für Programmmusik, dessen einzelne Sätze Gemälde und Zeichnungen seines toten Freundes Viktor Hartmann beschreiben. Doch sie zogen das Opernhaus der Städtischen Bühnen vor, das in diesem Jahr zum zweiten Mal seit dem Zweiten Weltkrieg den kompletten Ring des Nibelungen, diesmal unter der Leitung von Opernchef Sylvain Cambreling, inszeniert hat. Das Ehepaar kommt vom Main, läuft über den Römerberg an der alten Nikolaikirche vorbei Richtung Domplatz. Es ist nicht mehr viel los, obwohl es immer noch so warm ist. Die beiden sehen den weißen Lieferwagen neben der Schirn stehen. Sie sehen, dass die Hintertüren geöffnet sind. Zwei Männer schieben ein verpacktes Bild hinein. Einer steht daneben. Der vierte sitzt hinterm Steuer. Später sagt Irmgard G., die Atmosphäre sei ihr gleich so seltsam vorgekommen. Sie habe gespürt, dass da etwas nicht stimme. Irmgard und Axel G. laufen weiter, tauschen sich kurz aus, drehen dann um. Sie wollen schauen, was da los ist. „Kollege Müller, mach mal schneller", sagt einer der Männer. Komisch, sagen Irmgard und Axel G. Was machen die dort? Was laden sie ein? Mitten in der Nacht. Sie gehen weiter, wollen die Polizei rufen. Doch just an diesem Abend sind in der

Innenstadt viele falsch geparkte Autos abgeschleppt worden. Vor der Telefonzelle stehen deshalb Dutzende Menschen, die klären wollen, wo ihre Fahrzeuge hingekommen sind. Das schreckt das Ehepaar ab. Es geht nach Hause. Aber: Es schreibt sich das Kennzeichen des Transporters auf.

Die Männer beladen ihren Kleinlaster und verschwinden mit den drei wertvollen Gemälden. Irmgard und Axel G. haben sie zwar wahrgenommen, sie aber nicht als gefährlich eingeschätzt. Der Wachmann kann sich selbst befreien. Er streift die Fesseln ab. Alles ist ruhig. Er wagt sich aus dem Verschlag, findet sein Funkgerät wieder und meldet den Überfall. Die Polizei sichert Fingerabdrücke. Und stellt schnell fest: Sie stammen von Kurierfahrer Stephan Peter W. und von dem Elektriker Yusuf T., der nebenbei im Dorfladen von Berkersheim am Rande Frankfurts der Familie beim Verkauf hilft. Stephan Peter W. und Yusuf T. sind Klein-Ganoven. Die Polizei kennt sie. Die Beamten durchsuchen ihre Wohnungen und finden dort die Telefonnummer von Stefan Arnold H.

Stefan Arnold H. soll die Bilder zum Verkauf anbieten, ermittelt die Polizei schnell. Auftraggeber sei Stevo V., eine bekannte Größe der Jugoslawien-Mafia im Rhein-Main-Gebiet. Ein gefürchteter, mächtiger Mann. Später werden die Strafverfolger sagen, sie seien diesen Hinweisen gegen Stevo sofort nachgegangen, handfeste Beweise aber seien keine gefunden worden. Dem Mafioso sei einfach nichts nachzuweisen gewesen – jedenfalls nichts im Zusammenhang mit dem Kunstraub. Dass Stevo genau gegenüber von dem Laden wohnt, den die Familie von Yusuf betreibt, dass Yusuf etwas mit dem Kunstraub zu tun zu haben scheint, fällt der Polizei offenbar zunächst nicht auf.

Immerhin, sie findet rasch den Lieferwagen der Kunsträuber. Und dank des Hinweises des Ehepaares auch schnell heraus, dass er von einem Autoverleiher stammt. Bei ihm war der

Kastenwagen gemietet worden. Die Beamten stellen ihn sicher und entdecken in dem Fahrzeug Fingerabdrücke. Der Abgleich meldet Treffer. Die Fingerabdrücke stammen von Stephan Peter W. und Yusuf T. Ebenso wie die Spuren aus dem Museum. Die Kleinkriminellen, die bis dato immer nur mit Wohnungseinbrüchen, Diebstählen oder Schlägereien aufgefallen waren, scheinen nun in eine größere Nummer verwickelt zu sein. Weil es pressiert und der Mediendruck groß ist, müssen Ermittlungserfolge her. Die beiden Männer werden verhaftet.

Stefan Arnold H., der offenbar für den Verkauf der Bilder zuständig ist, behält die Polizei weiter im Auge. Sie hofft, über ihn an die Raubbeute heranzukommen. Monate später klingelt bei ihm das Telefon. Ein verdeckter Ermittler gibt vor, er interessiere sich für die gestohlenen Bilder, kenne einen potenziellen Käufer. H. freut sich, hofft aufs große Geld. Ein erstes Treffen wird vereinbart. In einer Kaschemme unweit der Konstablerwache treffen sie sich. Direkt an der Einkaufsstraße Zeil, dort, wo sie nicht mehr sehr attraktiv ist. Wo die Massen aus den großen Kaufhäusern nicht mehr hinkommen. Verabredetes Erkennungszeichen: eine blaue Mappe aus Pappe. H. trinkt eine Tasse Kaffee, der angebliche Interessent für die große Kunst bestellt sich eine Cola. Sie wechseln ein paar Worte. Stefan Arnold H. erklärt, er wolle für die beiden Turner je 2,3 Millionen Mark. Der Caspar David Friedrich sei nicht verfügbar. Der angebliche Kunstvermittler gibt vor, er wolle nachdenken. So geht das noch zweimal. Beim vierten Treffen und dem vierten gemeinsamen Getränk schlägt er vor: In einem geschlossenen Kastenwagen soll eines der Gemälde auf einem Parkplatz abgestellt werden. Dort könne der Kaufinteressent dann das Bild prüfen. Zeitgleich soll in einem Hotel das Geld auf seine Echtheit kontrolliert werden. Wenn das klappe, Geld und Gemälde echt seien, könne am nächsten Tag das zweite auf dieselbe Art und Weise übergeben werden. H. stimmt zu. Sie verabreden das nächste Treffen.

Doch dann ändert Stefan Arnold H. kurzfristig seine Anweisungen. Beide Bilder sollen nun nur noch gleichzeitig verkauft werden. Der verdeckte Ermittler stimmt zu. Damit nicht genug, sollen die Werke außerdem nicht mehr im Kastenwagen übergeben werden, sondern in einem Hotelzimmer. Nun merkt auch der verdeckte Ermittler: Stefan Arnold H. ist zwar ein Krimineller, aber keiner, der die wertvolle Kunst beschaffen kann. Die Kripo observiert den Gauner weiter. Irgendwas, so glauben die Polizisten, hat er mit dem Kunstraub zu tun. Nur was? Er wird verhaftet. Er und die beiden schon geschnappten Männer werden angeklagt. Der vierte, der Mann, der nach Aussage des Ehepaares hinterm Steuer gesessen haben soll, wird nicht ermittelt. Und Stevo, der eigentliche Planer und Drahtzieher des großen Kunstraubs, wird nicht angeklagt.

Viereinhalb Jahre sind mittlerweile vergangen seit dem spektakulären Verbrechen. Die Werke sind immer noch verschollen, die Hintermänner nicht ermittelt oder jedenfalls nicht angeklagt.

Die drei Männer, die sich vor dem Frankfurter Landgericht für den Kunstraub verantworten müssen, schweigen im Prozess. Als der Vorsitzende Richter Wochen später das Urteil verkündet, ist ihnen die Überraschung über das hohe Strafmaß deutlich anzusehen. Mit gesenkten Köpfen, zum Teil mit hektischen roten Flecken im Gesicht und am Hals, hören sie der Urteilsbegründung zu. Die Hände auf dem Tisch gefaltet, die Blicke ins Leere schweifend – auch die drei Rechtsanwälte sind schockiert über die hohen Strafen: Acht Jahre Haft für den 29 Jahre alten Elektriker und Aushilfsverkäufer Yusuf T., elf Jahre für den 31 Jahre alten Kurierfahrer Stephan Peter W. wegen Beteiligung an dem spektakulären Kunstraub in der Frankfurter Kunsthalle Schirn. Und zweieinhalb Jahre für den 33 Jahre alten Dreher Stefan Arnold H., der die Polizei gefoppt hatte. Milde, sagt der Vorsitzende, seien sie mit dem Wachmann umgegangen. Sonst wären die Strafen noch viel höher ausgefallen. Die Männer wandern in den Knast. Die Kunstwerke aber bleiben weiter verschwunden.

Die Eigentümerin der beiden Turner-Bilder, die Londoner Tate Gallery, bekommt 24 Millionen Pfund von der Versicherung für den erlittenen Schaden. Die Bilder gehören nun zunächst der Versicherung, doch für acht Millionen Pfund kauft die Tate die Eigentumsrechte zurück. Am Ende wird es ein gutes Geschäft für das renommierte Kunstinstitut werden. Aber noch kann keine Rede davon sein. Das Museum beschließt: Die wertvollen Werke sollen zurück. Sie gehören nach London. Die Tate Gallery, die mittlerweile Tate Britain heißt und die weltweit größte Sammlung britischer Kunst vom 16. bis zum 21. Jahrhundert beherbergt, engagiert zwei ehemalige Scotland-Yard-Polizisten. Sie sollen helfen. Der eine, Mick, war mal ein hohes Tier bei der britischen Kriminalpolizei, der andere, Rocky – sein Undercover-Agent – der Mann für die gefährlichen Aufträge. Im Sommer 1999 bekommen sie den Auftrag, die beiden Turner-Gemälde zurückzuholen.

Schnell stellen die britischen Ermittler fest: Die eigentliche Hauptperson dieses Krimis, Denker und Planer, ist Stevo. Der Mann, den sie in der Unterwelt nur den „alten Stefan" nennen, wohnt im beschaulichen Frankfurter Vorort Berkersheim. Im dörflichsten Stadtteil der Großstadt. Hier heißt er nur Stefan und ist beliebt. Seine Nachbarn mögen ihn. Stefan ist immer fröhlich, hilfsbereit und gastfreundlich, sagen sie. Im Geschäft gegenüber ist er häufig zu sehen. Hier verkaufte Yusuf Obst und Gemüse. Hier hat er ihn wohl auch angeworben. Selbst als den Nachbarn klar wird, dass Stefan wohl mit krummen Geschäften sein Geld verdient, stören sie sich nicht an ihm. Längst ist ihnen aufgefallen, dass er gerne zum nahen Flüsschen Nidda runtergeht. Nicht, weil er die Natur so liebt, auch nicht, weil er joggen oder radeln will. Hier, darüber reden sie oft im Dorf, verkauft er wohl Drogen. Vermutlich im großen Stil. Aber das hat nichts mit ihnen zu tun. Sie kennen ihren Stefan als den Mann in der grauen Jogginghose, der für die Kinder immer Bonbons dabei hat und selbst gerne Süßes isst. Jeden Morgen liegt im zweiten Geschäft am Ort ein Schoko-Croissant für ihn bereit. Wenn er mal weg muss, vergisst er nie, ihn abzubestellen, damit der Ladenbetreiber nicht auf den Kosten sitzen bleibt. Stefan ist korrekt. Er haut seine Nachbarn nicht übers Ohr. Dass er ständig beobachtet wird, das bekommen sie alle mit. Aber auch das stört die Nachbarn wenig. Sie sehen, wie die Polizei in den Nachbarhäusern auf der Lauer liegt. Wie sich Beamte rund um die Scheune im Feld postieren, damit sie die Abkürzung in die Nachbardörfer im Blick haben und mitbekommen, ob Stevo wieder unterwegs ist. Die Berkersheimer sind durchaus fasziniert von ihrem Mitbewohner. Denn offenbar kann ihm keiner was.

Stefan, der für die Polizei stets der gefürchtete Stevo bleibt, hatte vor der Tat einen spanischen Sammler für die bedeutenden Turner-Werke an der Hand gehabt. Carlos F., eine Unterweltgröße aus Marbella. Erst jetzt bemerkt er, wie viel wertvoller und begehrter die Beute aus der Schirn ist. Auch, weil in der Zeitung der Wert mit 300 Millionen Mark angegeben worden war. Das macht das Geschäft gefährlicher. Es gibt auf einmal Verteilungskämpfe. Auch das bekommt die Polizei mit, die ständig das Telefon des 39-Jährigen abhört. Nach Spanien, erfährt sie, werden die Werke jedenfalls nicht mehr gehen. Die Polizei belauscht, wie Stevo erzählt, dass die wertvollen Gemälde in einer Garage am Rande Frankfurts gelagert sein sollen. Aber es passiert trotzdem nichts. Die Sache ist den Beamten zu heiß. Dass in jener Autowerkstatt das Geheimnis des größten deutschen Kunstraubes zu lüften ist, das scheinen sie nicht zu kapieren. Oder sie wollen es nicht wissen.

Die beiden Ex-Scotland-Yard-Mitarbeiter Mick und Rocky finden heraus, dass hinter Stevo noch jemand steckt: der Frankfurter Pate der Jugoslawen-Mafia, Rade „Centa" Caldovic. Er ist die wichtigste Figur im Versteckspiel mit der wertvollen Kunst. Der Mann, der jahrelang beste Beziehungen zu städtischen Mitarbeitern pflegte und in exklusiven Saunen so manches Geschäft mit ihnen besprochen hat, ist aber schon tot. Er starb zwei Jahre zuvor in Belgrad. Am 14. Februar 1997 wurde der berüchtigte Mafioso in seinem Auto von zwei Vollstreckern erschossen. Er kann bei der Suche nach den Turner-Bildern also nicht mehr weiterhelfen.

Aber Stevo vielleicht, der Schoko-Croissant-essende Mann vom Land mitten in der Großstadt. Über ihn geraten die Ex-Scotland-Yard-Polizisten Mick und Rocky an Rechtsanwalt Edgar L. Der Jurist kennt sie alle, hat sich einen guten Namen in der Unterwelt gemacht, verfügt über beste Kontakte zur Jugo-Mafia. Stevo ist sein Mandant. Edgar L. hilft seit Jahren mit, dass Stevo unangreifbar bleibt. Im Privatleben hat Edgar L. ein Herz für die Kunst. Seine Wohnung gleicht einem Museum. Statuen und Büsten stehen im Flur. Im Wohnzimmer ein gläserner Tisch von Gianni Versace, dessen Füße stilisierte Leoparden sind. In der Ecke steht ein Klavier. Hier wird er später den gestohlenen Caspar David Friedrich verstecken. Überall in der Wohnung alte chinesische Teppiche. An den Wänden: Jugendstil-Malereien. Edgar L. ist der Sohn eines Philosophen und einer Bildhauerin. Ihre Skulpturen stellt er ebenfalls in seiner Wohnung aus. Der schillernde Anwalt sagt über sich, er verteidige alle, nur keine Nazis. Seine Kontakte ins Milieu sind bekannt. Im Laufe der Jahre hat er viele rausgehauen. Der ehemalige Frankfurter Bordellkönig Hersch Beker zählt ebenfalls zu seinen Mandanten. Und eben Stevo. Aber Edgar L. betont, dass er immer die nötige Distanz zur Unterwelt wahre.

Die Tate Gallery schickt dem Frankfurter Anwalt einen schriftlichen Auftrag: Er soll die Bilder wiederbeschaffen. Rocky und Mick sollen das Geschäft mit der Unterwelt überwachen. Rechtsanwalt L. spricht bei der Staatsanwaltschaft vor. Die gibt ihm schriftlich, dass er keine strafrechtlichen Folgen zu befürchten hat. Er bekommt ein umfassendes Auskunftsverweigerungsrecht, wird also niemals in dieser Sache aussagen müssen – egal, was auch passieren mag. Und: Er wird nicht observiert, sagen ihm die Strafverfolger ebenfalls zu. Schließlich befinde man sich in einem übergesetzlichen Notstand. Die Rückführung von Kunstwerken, die einen solch unschätzbaren Wert haben, sei höher zu bewerten als die Strafverfolgung, glaubt die Staatsanwaltschaft. Edgar L. kann sein Glück kaum fassen. Kein Wunder! Ist er doch qua Gesetz eigentlich Organ der Rechtspflege. Ähnlich wie ein Richter oder Staatsanwalt. Mit dem einzigen Unterschied: Er hat eine andere Rolle und darf einseitig Interessen vertreten. Nun aber darf er mit Erlaubnis des Staates mit Kriminellen dealen. Die wissen, sie werden von L. nicht verraten. Damit darf es der Rechtsanwalt, gefördert von der Staatsanwaltschaft, den Strafverfolgern ganz legal unmöglich machen, dieses Verbrechen jemals aufzuklären. Für die Ganoven bedeutet dies: Sie bleiben im Genuss ihrer Beute. Zunächst im Genuss der Raubkunst, später des Lösegeldes. Jedenfalls vorübergehend. Dank des Freibriefs der Strafverfolgungsbehörden.

L. verhandelt und feilscht von nun an mit den Kriminellen, mit der Tate und mit den Ex-Scotland-Yard-Männern. Zehn Millionen Mark, lässt L. wissen, wollen die Täter haben. Die Tate will das Geld zur Verfügung stellen. Von ihren Gremien und höchster richterlicher Stelle lässt sich das britische Museum den krummen Deal mit der Mafia absegnen. Es gilt strengste Geheimhaltung. Die Öffentlichkeit soll nichts davon mitbekommen. Es darf nichts durchdringen. Nicht einmal das Bundeskriminalamt wird informiert. Die „Operation Cobalt" läuft an. Ein großes Hotel vis-à-vis der Frankfurter Staatsanwaltschaft wird von nun an zum konspirativen Treffpunkt. Hier sitzen sie zusammen beim Kaffee, Tee oder Wein, je nach Laune und Tageszeit: der Rechtsanwalt als Mittelsmann und die beiden Ermittler aus England. Die Jugo-Mafia will die Bilder nur einzeln zurückgeben, sagt L. bei einem dieser Treffen. Nur Zug um Zug. Er soll Beweise dafür liefern, dass er überhaupt mit den richtigen Leuten verhandelt, fordern Mick und Rocky im Auftrag der Tate im Gegenzug.

Das kostet eine Million Mark, lassen die Täter ausrichten. Die Scotland-Yard-Männer schlagen ein, die Tate stellt das Geld zur Verfügung, beim nächsten Treffen wird es übergeben. Doch die Hintermänner verlangen nun eine weitere Million als Vorschuss von der Tate Gallery. Als der Anwalt ihnen das mitteilt, tauschen Rocky und Mick kurz Blicke aus, dann telefoniert Rocky mit der Tate. Die lehnt ab. Nachdenklich verlassen alle drei Männer das Hotel. Der Deal droht zu scheitern. Und L. beschließt: Er besorgt die fehlende Million selbst, und zwar in der Schweiz. Er verfügt über gute Kontakte, beschafft sich das Geld dort privat. Woher stammte die Million? Darüber schweigt er beharrlich bis heute. Mit Billigung der Frankfurter Staatsanwaltschaft.

Am nächsten Tag spricht der Anwalt erneut bei der Staatsanwaltschaft vor. Er hat Angst, sie könnte ihn wegen des Verdachts auf Geldwäsche verfolgen. Die Strafverfolger nicken auch diese dubiose Transaktion ab, sichern ihm Straffreiheit zu. Die Tate glaubt nicht mehr an ihn, sperrt die Millionen, die für Rocky auf einem Konto liegen, um die Bilder zurückzukaufen. Fast ein Jahr nach dem ersten konspirativen Treffen mit den ehemaligen britischen Polizisten kommt plötzlich Bewegung in die zähen Verhandlungen. Edgar L. gelingt es mit einem Mal, den ersten Turner zurückzuholen: „Schatten und Dunkelheit". Wie, das wird er nie erzählen. Auf einmal ist das Werk da und sechs Jahre nach dem Raub posieren Rocky, Mick und Edgar L. kurz darauf glücklich im Hotelzimmer jener Herberge, in der sie sich so viele Male getroffen hatten, im Wechsel mit dem brillanten Kunstwerk vor der Kamera.

Edgar L. kehrt in seine Kanzlei zurück. Er ist erschöpft. Er setzt sich an den Schreibtisch, schreibt an die Tate Gallery. Er sei enttäuscht, das Risiko für ihn sei sehr hoch gewesen, schließlich sei er mit verbundenen Augen an konspirative Orte nachts in den Wald geführt worden, habe um sein Leben gebangt, die Million vorgestreckt, monatelang mit den Verbrechern verhandelt. Die Rückführung des Meisterwerks habe er so zum großen Teil aus eigener Tasche finanzieren müssen. Er verlange nun sein Honorar: 376.623 Mark. Wenn er das Geld nicht bekomme, dann kümmere er sich auch nicht um den zweiten Turner. Er bekommt es.

Ende September 2000 soll der zweite Teil der „Operation Cobalt" beginnen. Die Frankfurter Staatsanwaltschaft weiß auch das. Nicht aber das Bundeskriminalamt oder die Polizei. Die bekommt einen vertraulichen Hinweis, dass Stevo, der Drahtzieher, zurzeit kein Interesse am Verkauf der geraubten Kunst habe. Aber es passiert wieder nichts. Monatelang. Rechtsanwalt L. trifft sich weiter mit Mick und Rocky. Aber ohne den gewünschten Erfolg. Im Februar 2002 sind die beiden ehemaligen Scotland-Yard-Mitarbeiter wieder in Frankfurt. Wieder im Hotel. Wieder auf der anderen Straßenseite, genau gegenüber von der Staatsanwaltschaft. Edgar L. berichtet, er habe die Gauner von drei auf zwei Millionen Mark Vorschuss runtergehandelt. Er trifft sich in diesen Monaten oft mit den Tätern. Meistens im Wald, immer nachts in einem Verschlag in der Nähe von Offenbach. Mick und Rocky sitzen derweil untätig im Hotel. Immer öfter gibt es Diskussionen und Streit mit Edgar L. Sie zweifeln an ihm. Auf welcher Seite steht er eigentlich? Müsste nicht er als Rechtsanwalt den Ganoven sagen, wo es langgeht? Stattdessen scheint es andersrum zu sein. Das Verwirrspiel wird immer unerträglicher. Es ist zermürbend. Die

Tate weigert sich, den Vorschuss zu bezahlen. Edgar L. aber sagt: Ohne ihn gibt es das Bild nicht zurück. Er schießt auch diese Millionen vor. Woher sie kommen, wird er nie verraten. Auch nicht, wo er sie übergibt, nur, dass er bezahlt hat. Die Mafiosi haben nun das Geld, doch von dem Turner keine Spur. Mick und Rocky sind stinksauer. Und misstrauisch.

Herbst 2002: Unweit von L.'s Kanzlei, in der Nähe des Frankfurter Zoos. Hier hatte Josef S., ein Kfz-Mechaniker, vor Jahren eine Garage gemietet. 1994 hatte er sie den Kunsträubern zur Verfügung gestellt. Dort waren die gestohlenen Bilder nach der Tat eingelagert worden. Er solle am Verkauf der Bilder beteiligt werden, haben sie ihm seinerzeit zugesagt. Doch er hat nie etwas bekommen. Nun aber, acht Jahre nach dem Versprechen, kommt nochmals Fahrt in die Geschichte. Stevo ist am Telefon. Er will ihn treffen. Josef S. weiß, mit wem er es zu tun hat. Die Männer treffen sich. In einer Kneipe am Tresen verspricht ihm Stevo 600.000 Euro, wenn er beim Verkauf des Bildes „Licht und Farbe" helfe. Es ist der zweite Turner, um den Edgar L., Mick und Rocky so ringen. In Josef S. wächst die Hoffnung, nun doch noch an sein Geld zu kommen. Er ist notorisch klamm. Seine amourösen Abenteuer sind kostspielig. Dennoch erscheint ihm der Auftrag eine Nummer zu groß. Er bietet seinem Bekannten Hartmut K. 200.000 Euro an, wenn er ihm hilft. Josef schuldet ihm eh noch Geld aus Autogeschäften. Die beiden Kleinkriminellen aus Erlensee bei Hanau haben denselben Anwalt wie Stevo: Edgar L. Sie besuchen ihn in seiner Kanzlei, bieten ihm das zweite Turner-Gemälde zum Rückkauf an. Doch Edgar L. reagiert misstrauisch. L. fragt nach, sein Kontaktmann versichert, er habe das Bild noch immer. Der Anwalt bleibt skeptisch. Josef S. und Hartmut K. bleiben hartnäckig.

Ein Dreivierteljahr, nachdem er aus der privaten Schatulle zwei Millionen Mark bezahlt hatte, trifft sich Edgar L. mit den

Männern. Er wird zu einem Wald bei Offenbach gelotst. Mitten in der Nacht. Vor Gericht wird der Jurist später sagen: „Ich habe mich gefragt, ob ich anschließend als Zeuge beseitigt werde." Jahre danach sagt er, die Leute wirkten nicht wie Gewaltverbrecher. Er nennt ihr Vorgehen eher stümperhaft. Angst hat er trotzdem.

Edgar L. wird zu einer einsamen Hütte gebracht. Was haben diese Leute für einen Auftrag? Liegt in der Hütte nun endlich der zweite Turner? Soll ihm hier etwas angetan werden? Wartet ein weiterer Krimineller auf ihn? Kommt hier endlich die Erlösung nach all den Anstrengungen? Oder ist es eine Falle? Er muss als erster die Hütte betreten. Er hat ein Tuch über dem Kopf, soll später nichts wiedererkennen können. Dann ziehen ihm die Männer das Tuch vom Kopf und L. kann nicht glauben, was er sieht: Nicht nur Turners „Licht und Farbe" befindet sich – in eine Decke gewickelt – in dieser Hütte, sondern auch Caspar David Friedrichs „Nebelschwaden".

Edgar L. übersteht seinen nächtlichen Ausflug unbeschadet. Er nimmt Kontakt zu Rocky auf. Er solle, sagt der Mittelsmann, die Tate dazu bewegen, das Geld für den Rückkauf bereitzustellen. Die aber besteht darauf, dass sich zunächst Rocky das Bild anschaut. Vorher zahlt sie nicht. Der Ex-Ermittler ist gerade auf einem Segeltörn. Er bricht ihn ab. Am 3. Dezember 2002 fahren Edgar L. und Rocky zu einer Wohnung in der Nähe von Erlensee. Sie treffen sich dort mit zwei Männern. Es ist Mitternacht. Als Rocky das Gemälde von Turner sieht, stößt er einen Jubelschrei aus. Der Ex-Scotland-Yard-Mann lässt sich mit dem Bild fotografieren. Auf dem Foto strahlt er. Er holt sein Handy raus und ruft seinen Vertrauten bei der Tate Gallery an. Edgar L. hat nun Vertrauen zu Josef S. und Hartmut K. Sie bringen die Kunstwerke nach Bruchköbel östlich von Frankfurt in eine Wohnung. Warum sie den Turner nicht einfach mitgenommen haben, wird L. später gefragt. Weil er dann nicht überlebt hätte, glaubt er. Er erreicht schließlich, dass die beiden Ganoven ihm das Gemälde überlassen.

Zwei Tage später liegen 2,5 Millionen Euro auf dem Konto bereit. Edgar L. holt das wertvolle Kunstwerk vor dem Scandic Crown Hotel in Offenbach ab. Es steckt in einer großen roten Tasche. Er fährt mit der wertvollen Raubkunst im Auto zurück nach Frankfurt. In dem Hotel, in dem sie sich so häufig getroffen haben in den vergangenen Jahren, übernehmen Mitarbeiter der Tate den zweiten Turner. Sie untersuchen das Bild, halten es für echt und schießen Erinnerungsfotos. Der Anwalt und Rocky gehen zur Deutschen Bank. Die nächste Filiale ist nur wenige Minuten entfernt, an der Konstablerwache mitten in der Frankfurter Innenstadt. Sie heben zweieinhalb Millionen Euro in kleinen, nicht registrierten Scheinen ab, stecken sie in eine Plastiktüte. Auch das passiert mit der Genehmigung der Frankfurter Staatsanwaltschaft, wissend, dass dieses Geld für immer verschwunden sein wird.

Edgar L. und Rocky fahren in die Kanzlei des Anwalts, telefonieren mit den Ganoven. Der Mittelsmann L. fährt anschließend nach Erlensee und übergibt zwei Millionen – das Lösegeld – an die Handlanger. Den Rest behält er. Josef S. bringt die zwei Millionen seinen Hintermännern. 600.000 Euro darf er davon behalten. Das Doppelte dessen, was vor Jahren mal vereinbart worden war. 200.000 Euro gibt er Hartmut K. ab. Doch Yusuf T., der wegen des Kunstraubs verurteilt worden war und jahrelang im Gefängnis gesessen hatte, macht Ärger. Er droht Josef S., er schneide ihm das Ohr ab. Also zahlt der Autoschrauber Josef S. 150.000 Euro an ihn, damit er seine Ruhe hat.

Inzwischen ist es Januar 2003 und kalt in Hamburg. Rechtsanwalt L. ruft den Geschäftsführer der Kunsthalle an und teilt ihm mit, ein japanischer Sammler sei an dem nur 32,5 mal 42,4 Zentimeter großen Gemälde von Caspar David Friedrich interessiert. Der Verkauf des Bildes drohe, wenn nicht schnell gehandelt würde. L. drängt. Der Geschäftsführer wird später davon sprechen, er habe das Gefühl gehabt, dass hier jemand ein Geschäft in einem konspirativen Umfeld abwickeln wolle. Er bittet um Bedenkzeit. Eigentlich war der Verlust des Gemäldes der Versicherung gemeldet und der finanzielle Schaden längst ersetzt worden. Von dem Geld waren andere Bilder gekauft worden. Außerdem hält der Geschäftsführer der Kunsthalle, wie angedeutet, den Anwalt für zwielichtig. Dann aber entscheidet er sich doch dazu, mit ihm den Pakt zu schließen. Kurz danach setzen er und Rechtsanwalt L. einen Vertrag auf. Die Frankfurter Staatsanwaltschaft weiß davon und billigt auch dieses seltsame Geschäft, eine Hehlerei. Wieder ist die Rede von übergesetzlichem Notstand. Edgar L. ist sicher, der Caspar David Friedrich wird noch immer in Erlensee bei Hanau versteckt. Ein befreundeter Jurist hilft ihm. Der Privatdetektiv der Versicherung mischt auch mit. Der Versicherungsagent fordert ein Foto, das die Täter mit den „Nebelschwaden" in den Händen und einer aktuellen Tageszeitung zeigt. Der Anwalt trifft sich mit den ungeduldigen Hehlern. Es entstehen die gewünschten Polaroid-Bilder – mit dem aktuellen Datum der Tageszeitung. Es ist wie im schlechten Krimi. Der Anwalt übergibt das Foto noch am selben Tag. Treffpunkt: eine Autobahnraststätte in der Nähe von Frankfurt-Höchst. Mitte 2003 soll die Höhe des Lösegelds ausgehandelt werden, aber die Kunsthalle hat kein Geld zur Verfügung. Sie findet jedoch einen Mäzen, sagt der Geschäftsführer.

Der Anwalt trifft sich mehrmals mit den Tätern. Er handelt sie runter. Ursprünglich wollten sie 1,5 Millionen Euro Lösegeld. Inzwischen beträgt die Forderung nur noch eine halbe Million. Die Situation spitzt sich zu. Die Täter drohen, das Bild zu verkaufen. Am 16. Juli 2003 um 16 Uhr erklärt Rechtsanwalt L. unvermittelt: „Ich hole jetzt das Bild." Drei Stunden später hat er das Kunstwerk: Es liegt im Kofferraum seines Autos unter einer Decke. Der Geschäftsführer der Kunsthalle aber kann das versprochene Geld nicht locker machen.

Er vertröstet den Anwalt. Der aber will das Gemälde loswerden. Er hat es bei sich zu Hause im Klavier versteckt. Und Angst. Am 22. August erreicht ihn ein Fax des Kunsthallen-Managers: „Tut mir leid, der Mäzen ist abgesprungen." Beide Seiten wenden sich nun an die Staatsanwaltschaft. Der Geschäftsführer will, dass das Bild beschlagnahmt wird. Der Anwalt bittet darum, es bei der staatlichen Stelle deponieren zu dürfen. Doch die Staatsanwaltschaft lehnt ab.

Der Rechtsanwalt der Kunsthalle setzt dem Anwalt ein Ultimatum, das Bild herauszugeben, ohne eine Zahlung. Edgar L. gibt auf. Als er am 26. August 2003 das Bild in die Frankfurter Kunsthalle Schirn zurückbringt, aus der es neun Jahre zuvor gestohlen worden war, ist er wütend und erleichtert zugleich. Doch er will sein Geld. Er klagt – und gewinnt.

Josef S. und Hartmut K. sind zu dieser Zeit schon seit einem Vierteljahr verschwunden. Sie sind nach Brasilien geflohen. Sie fürchten den Zorn und die Rache der Mafiosi. In Brasilien trennen sie sich. Josef S. wird sesshaft, heiratet zum dritten Mal. Vier Jahre später spüren ihn Fahnder auf. Anfang 2008 – 14 Jahre nach der Tat – finden sie auch Hartmut K. Beide Männer werden ausgeliefert, vor das Landgericht Frankfurt gestellt. Josef S. erhält vier Jahre und drei Monate, Hartmut K. drei Jahre und sechs Monate. Wegen der Begünstigung nie ermittelter Hintermänner des großen Kunstraubes von 1994 und Beihilfe dazu. Die Namen ihrer Auftraggeber nennen die Angeklagten nicht. Auch Edgar L. will sie als Zeuge nicht preisgeben. Mit ihnen sei nicht zu spaßen.

20. September 2012: Kinder finden am Rande eines Sportplatzes im Frankfurter Stadtteil Harheim eine Leiche. Die Polizei merkt schnell: Der Tote ist Stevo. Der gefürchtete Mafioso liegt erschossen zwischen Büschen. Er hat sich das Leben ge-

nommen, stellt der Gerichtsmediziner wenige Tage später fest. Seine ehemaligen Nachbarn glauben das nicht. Das passe nicht zum Stefan, sagen sie. Er hätte das Schoko-Croissant sonst doch abbestellt. Es ist an diesem Tag vertrocknet.

Edgar L., das lehrt die Geschichte vom größten deutschen Kunstraub der Nachkriegszeit, hat in vielerlei Hinsicht Erstaunliches erreicht. Ihm ist es gelungen, dass ihn eine große Strafverfolgungsbehörde aus der Pflicht genommen hat. Und dass ihm ein Landgericht Geld aus krummen Geschäften zugesichert hat.

Sechs Tote im Edelbordell (Westend)

Die Arbeit als Koch hat ihm nie gefallen. Sie war ihm zu anstrengend. Dieses ständige Stehen. Die Hitze. Die schlechten Arbeitszeiten. Der miserable Verdienst. Und ständig die Küchengerüche. Deshalb hält er nicht lange durch, entscheidet sich für einen anderen Weg und geht zur russischen Armee. Doch das ist es auch nicht, was er sucht. Das Leben als Soldat ist ihm zu mühsam und es widerspricht seinem Charakter, seinen Ambitionen. Er möchte keine Befehle empfangen, er erteilt sie lieber. Kaum aus der russischen Armee entlassen, lernt Boris Dunya kennen. Ihre Schwester ist mit seinem Bruder verheiratet. Boris verliebt sich in die blasse, schlanke Frau mit dem schüchternen Blick, der so undurchdringlich wirkt. Sie ist geheimnisvoll und schön. Und klug. Er verlässt seine erste Frau und das Kind. Für sie. Es ist ihm egal, ob der Sohn leidet. Dunya ist es wert. 1991 heiratet er sie und nimmt ihren deutschen Namen an. Der klingt viel besser. Er arbeitet fortan als Friedhofsgärtner und Fahrer. Aber das ist auch nicht das, wonach er sich sehnt. Zu wenig Lohn, zu viel Mühsal.

Dunya ist die Tochter einer Tartarin und eines deutschen Bauingenieurs. Sie interessiert sich für Kunst. Zu Hause stand ein deutsches Klavier. Davon spricht sie viel. Und auch von den deutschen Tugenden. Schon der Großvater hat so viel davon erzählt, schwärmte vom Fleiß, von der Disziplin, von der Ordnung. Sie mag Boris, weil er nicht trinkt und sauber ist. Das gefällt ihr besonders. Und sie schätzt an ihm, dass er mehr will, dass er nicht Knecht bleiben möchte. Sie macht Abitur, will Jura studieren, kommt aber zu spät zur Aufnahmeprüfung. Also studiert sie Elektrophysik. Aber Boris mag das nicht. Frauen gehören in die Familie, meint er. Sie müssten nicht arbeiten. Das sei Aufgabe des Mannes. Dunya schmeißt das Studium hin. Sie liebt ihn, merkt aber schnell, er bringt nicht genügend Geld nach Hause, um ein Leben in Luxus genießen zu können, wie sie es sich wünscht. Die Jobs werfen einfach nicht genügend ab. Das Paar lebt mal bei ihren Geschwistern, mal bei seiner Großmutter. Es ist eng. Es ist muffig. Kein Glanz, keine Perspektive. Kein Wohlstand. Und immer im Hinterkopf der Traum vom besseren Leben. Boris und Dunya wollen mehr, stellen einen Antrag, sie als Spätaussiedler anzuerkennen. Die Vorstellung, sich in Deutschland eine neue Existenz aufzubauen, ist verlockend. Ihr Vater hatte immer von dem schönen Deutschland gesprochen, von den prachtvollen Vierteln, den tollen Straßen, dem Fleiß der Menschen, den sauberen Städten, der Chance, die eigenen Träume verwirklichen zu können. Sie träumt von einem Mercedes, von einem Videogerät, hübschen Kleidern, einer Wohnung.

Als der Eiserne Vorhang fällt, werden die Grenzen plötzlich durchlässig, Perspektiven sind da. Bewegung entsteht. Die Wiedervereinigung und die Möglichkeit, im angeblich goldenen Westen ein neues Leben zu beginnen. Zumindest glauben sie das wie viele andere Osteuropäer auch. Mit einem Mal ist die Möglichkeit gekommen, Geld zu verdienen, rauszukommen aus dem Dorf, das arme Leben hinter sich zu lassen. Es ist ein bisschen wie bei der Völkerwanderung vor mehr als 1.500 Jahren. Auch damals waren im Nordosten Europas die Verhältnisse dramatisch schlecht geworden. Eine Wanderbewegung begann, eine, die anders als heutzutage jedoch mit Waffengewalt einherging. Die Slawen drängten nach Westen, die Germanen nach Westen und Süden. So sind die Vandalen, ein ursprünglich germanischer Stamm, bis nach Nordafrika gekommen. Wer an die Vandalen denkt, der denkt noch immer an Verwüstung und Zerstörung. An diese Mischung aus verschiedenen Völkergruppen, die unter dem Ansturm der Hunnen Anfang des 5. Jahrhunderts durch die damalige römische Provinz Gallien zog und weiter gen Afrika, um das berühmte und reiche Karthago zu erobern, die spätere Hauptstadt des Vandalenreichs. Die Vandalen gingen nicht zimperlich mit ihren Feinden um. Sie zogen schließlich nach Rom, zerstörten vieles und plünderten die Stadt aus. Dort, so glaubten sie, sei das Land, in dem Milch und Honig flossen. Im 20. Jahrhundert ist das nun Mitteleuropa geworden. Zumindest für Boris und Dunya.

Es ist ein Wintermorgen, als Boris die Anzeige liest: „Schöne Mädchen für gut bezahlte Arbeit in Deutschland gesucht". Er nimmt Kontakt auf, lernt Leonid kennen. Leonid ist einer, der die Chance der Grenzöffnungen erkannt hat. Die Chance, mit organisierter Kriminalität reich zu werden. Mit Mädchenhandel. Mit organisierten Bettlerbanden. Er weiß, was für einen Gewinn eine schöne Frau wie Dunya abwerfen kann. Ihm ist klar, dass mit osteuropäischen Dirnen in Deutschland viel Geld zu verdienen ist. Er kennt die Wege, wie naive, arme Mädchen mit dem Versprechen, Bardame, Tänzerin oder Haushälterin zu werden, ganz leicht nach Deutschland gelockt werden können. Wie sie dann, der Sprache nicht mächtig und unerfahren, den Ganoven ausgeliefert sind.

Über seine Vermittlung kommt Dunya nach Frankfurt ins noble Westend, in die Jugendstilvilla der Eheleute Gáspár und Galina. Aber Dunya ist nicht naiv. Sie erkennt ihre Chance, als sie das prächtige Haus in bester Lage sieht. Ein gewisser Igor holt sie am Bahnhof ab und bringt sie dorthin, in eines der besten Viertel Frankfurts. Dunya ist entzückt. Sie, die so sehr vom Mercedes und den schönen Kleidern träumt, scheint fast am Ziel angekommen zu sein. Gáspár und seiner Frau geht es finanziell prächtig. Er, ein gebürtiger Ungar, handelt mit allem, was Geld bringt: Holz, Flugzeuge, Ersatzteile, Mädchen. In den vergangenen Jahren vorzugsweise mit Frauen aus den GUS-

Staaten. Hier ist das große Geld zu holen. Wenn der Freizeitpilot Gáspár sich am Wochenende auf dem Flugplatz einer kleinen, südhessischen Gemeinde um seine einmotorige Piper Arrow kümmert, da erregt er immer Aufsehen. Denn Gáspár bringt immer seine eigene Putzkolonne mit. Seine Pilotenfreunde erinnern sich später an stets hübsche, leicht bekleidete Frauen. Dunya ist nun eine von ihnen geworden. Wochentags müssen die Damen etwas diskreter sein, wenn sie in der Mittagspause und nach Börsen- oder Büroschluss Herren verwöhnen. Die Liebesstunde im Westend-Bordell kostet bis zu 350 Mark. Manche verlangen eine Quittung. Die gibt's aus dem nahe gelegenen Schreibwarengeschäft, das Gáspár offiziell betreibt.

Die Polizei observiert ihn schon eine Weile. Der Verdacht: Menschenhandel. Seit Mitte 1994 ist er aktenkundig. Beim Frankfurter Ordnungsamt ist seine Ermittlungsakte schon prall gefüllt. Immer wieder gibt es Hinweise auf Prügeleien in einem Edelpuff im Westend. Es ist seines. Das hat die Kripo auf ihn aufmerksam gemacht. Sie hat den richtigen Verdacht, der sich jedoch nicht erhärten lässt, weil ihn die Polizei nie erwischt. Der Mann besitzt mittlerweile die Villa, ein Boot und das Flugzeug. Mit seinem Privatflugzeug im Hessischen und einer Cessna 401 in Budapest fliegt er heimlich russische Mädchen aus Ungarn ein. Zur Tarnung des Menschenschmuggels benutzt er zwei weiße Citroen BX 19 mit demselben Kennzeichen. Fliegt er an der Grenze auf, kann er immer behaupten, er habe mit der Sache nichts zu tun, denn sein Citroen stehe in Frankfurt vor seinem Haus. Erwischt wird er fast nie. Er kennt genügend Leute. Er schmiert sie. Sie leben gut davon und schweigen. Er ist gefürchtet.

Gáspár ist beinamputiert, seine Frau Galina, die Erbin eines bekannten Frankfurter Feinkostfabrikanten, leidet an Bronchialasthma. Immer wieder benötigt sie die mobile Sauerstofffflasche. Sie steht immer in ihrer Nähe. Sie wird auch neben ihr sein, wenn sie sterben wird.

In ihrem herrschaftlichen Haus betreiben die Eheleute ihr diskretes Bordell. Hier kommt nur her, wer es sich leisten kann und: wer empfohlen wird. Banker, Börsianer, Manager. Das weckt Erinnerungen. Erinnerungen an die bekannteste Frankfurter Dirne, das Glamour-Girl der 50er Jahre, an Rosemarie Nitribitt. Das Mädchen Rosemarie, das 1957 im Alter von 24 Jahren ermordet wurde. Wasserstoffblonde Haare, eine Erscheinung, die im Mercedes-Coupé am Kaiserbrunnen zu sehen war und gerne im Frankfurter Hof, dem ersten Haus am Platze, abstieg. Zweimal wurde das Leben der Nitribitt verfilmt, einmal mit Nadja Tiller, das zweite Mal mit Nina Hoss. Rosemarie Nitribitt war in ihrem Appartement am Eschenheimer Turm, unweit des alten Rundschau-Hauses, tot aufgefunden worden. Ihre Kundschaft war ein illustrer Kreis: Millionenerbe Gunter Sachs zählte dazu, Krupp-Sohn Harald von Bohlen und Halbach und Goebbels-Stiefsohn Harald Quandt. Auch sie empfing nur Herren, wenn sie auf Empfehlung kamen. Sie muss eine Weile gelegen haben, war teilweise schon verwest, als sie tot aufgefunden wurde. Das führte zu verhängnisvollen Fehlern. Ein Ermittler öffnete das Fenster, es stank ihm zu sehr. Den genauen Todeszeitpunkt konnte daraufhin niemand mehr feststellen. Das verhalf möglichen Tätern zu Alibis. Der Fall Nitribitt fasziniert auch nach so vielen Jahrzehnten noch immer. Vielleicht, weil die junge Frau es geschafft hatte, am Wirtschaftswunder nach dem Zweiten Weltkrieg zu partizipieren – wenn auch für einen hohen Preis. Auch seinerzeit hatte sich mit einem Mal die Situation geändert. Später noch einmal, zumindest für die Osteuropäer, als der Eiserne Vorhang fiel.

Im Westend-Bordell der Eheleute Galina und Gáspár muss der Gast bei dem Betreiber-Paar klingeln, sonst kommt er nicht rein. Es bewohnt den ausgebauten Keller. Im ersten und zweiten Stock arbeiten sechs Edeldirnen. Das Haus ist gut geführt, die Atmosphäre gediegen, die Gäste gut situiert. Das Etablissement floriert. Hausherrin Galina überwacht den Bordellbetrieb. Es herrscht Disziplin. Jede Woche kommt der Dermatologe und untersucht die Damen. Es gibt einen Schminkraum, eine Sauna, ein Anbahnungszimmer. Die Freier duschen gemeinsam mit den Liebesmädchen, dann dürfen sie für 350 Mark einein-halb Stunden mit der Dirne ihrer Wahl aufs Zimmer. 120 Mark davon erhält die Frau.

Hier arbeitet Dunya nun. Den Mercedes immer im Hinterkopf. Boris ist längst auch in Deutschland angekommen. Und wittert seine Chance. Beide, Boris und sie, werden als Spätaussiedler anerkannt. Sie gehören zu den letzten, denen das glückt. Sie verkaufen Auto und Hausstand in der Heimat. Ein bisschen Geld bringen ihre Habseligkeiten noch. Viel ist es nicht. Aber es reicht für die Reise. Ihre wirtschaftliche Lage ist schwierig, die Eingliederungshilfe ist nicht hoch. Das Geld reicht hinten und vorne nicht. Sie bemühen sich um einen Kredit. Vergeblich. Die Stütze reicht jedenfalls nicht für einen Mercedes, sondern nur fürs Nötigste.

Boris und Dunya brauchen Geld. Ihnen ist klar, legal kommen sie nicht an das, wovon sie träumen. Deshalb planen sie einen Raub. Und sie wissen, wo was zu holen ist. Dunya fertigt eine Skizze der Räume in der Villa der Eheleute an. Sie kennt sie mittlerweile gut, kennt auch die Abläufe genau. Die Skizze wird später in Boris Gepäck gefunden. Sie wird den Ermittlern helfen, die Tat zu rekonstruieren und ihnen helfen, sechs Morde aufzuklären. Boris kauft ein Elektroschockgerät für 100 Mark und einen Gasrevolver. Am 14. August 1994 feiert Dunya mit vier Kolleginnen in der Villa ihren Geburtstag. Es ist ihr 25er.

Einen Tag später, an einem Montag um kurz vor elf Uhr, klingelt ein Geschäftsmann an der Haustür der Westend-Villa. Der Mann ist kein Unbekannter in der Stadt. Er ist Chef einer großen städtischen Gesellschaft. Übers Wochenende war er mit der 19-jährigen Swetlana unterwegs. Zur Spritztour nach Straßburg hatte er die Dirne eingeladen. Der Mann, der gerne Fliege trägt, ahnt nicht, dass er Swetlana damit das Leben gerettet, aber sich selbst letztlich um den Posten gebracht hat. Sein Abenteuer mit der jungen Russin wird kurz danach zum Partygespräch der Frankfurter Gesellschaft werden, der 62-Jährige später zum wichtigen Zeugen in einem Mordprozess. Auch wenn der Liebesdienst von Swetlana rechtlich nicht angreifbar ist. Er hatte ihn schließlich aus eigener Tasche bezahlt. Es ist das letzte Mal, dass er ihn in Anspruch nimmt. Aber das ahnt er an diesem Vormittag noch nicht. Es ist auch das letzte Mal, dass Swetlana als Edelhure ihr Geld verdient hat. Danach wird sie zurück in ihr Heimatland gehen, um in Russland als Krankenschwester zu arbeiten. Und er wird sich mit seiner Ehefrau in die Bretagne zurückziehen.

An diesem Morgen, als der Manager vergeblich dreimal klingelt, sind die Rollläden im Edel-Bordell herabgelassen. Das ist ungewöhnlich. Nichts rührt sich. Es ist auch nichts zu hören. Obwohl er angemeldet ist, öffnet niemand. Einige Minuten später wollen zwei junge Frauen in die Jugendstil-Villa. Sie hatten am Wochenende frei. Auch sie klingeln. Sie arbeiten hier. Aber auch bei ihnen rührt sich nichts. Nur der Pudel der Eheleute bellt hinter der Tür. Immer wieder. Der Geschäftsmann klopft gegen die Rollläden. Nichts tut sich. Er ist beunruhigt. Er ist häufiger da, auch er kennt die Gepflogenheiten und die Betreiber des Bordells. Er weiß, dass Galinas Mutter einen Zweitschlüssel hat. Und er weiß, sie wohnt nicht weit entfernt. Minuten später kommt der Kunde mit dem Schlüssel wieder. Er schließt die schwere Tür der Jugendstil-Villa mit dem floralen Muster auf. Eine der Dirnen geht nach unten. Und entdeckt drei Leichen: In der Sauna liegt Gáspár. Im Nebenraum seine Frau. Beide erdrosselt. Ebenso wie die 25 Jahre alte Prostituierte Nadija. Sie liegt in ihrem zerrissenen Kimono im Keller. Den Mund vollgestopft mit einem Knebel. Über ihrem Gesicht ein grauweißes Tuch.

Im ersten Stock ein ähnliches Bild. Hier liegt die Leiche der 18 Jahre alten Albina. Das Mädchen trägt einen roten Kimono. Neben ihm auf dem Fußboden liegt ihre Kollegin Irina. Auch sie ist tot. Der Unterkörper der 28-Jährigen ist nackt. Eine Daunendecke bedeckt ihn. Die Gesichter der Frauen sind kaum mehr zu erkennen. Sie sind aufgedunsen und tiefblau verfärbt. Im Todeskampf haben sie ihre Fingernägel ins Fleisch ihrer Handflächen eingegraben. Die sechste Leiche, die der 27-jährigen Marina, liegt im zweiten Stock. Auch sie ist nackt. Das Gesäß ist mit einem Handtuch bedeckt, in ihrem Mund steckt der Ärmel ihrer Bluse. Hineingestopft bis in den Rachen. Auch das Gesicht dieser toten Frau ist aufgedunsen, tief blau und kaum mehr zu erkennen. Der Hals blutunterlaufen. Sie hat ebenfalls Strangulationsmale wie die anderen Opfer.

Die Polizei identifiziert die sechs Toten. Sie stellt fest: Eine, die zum Stammpersonal gehört, ist nicht da: Dunya. Vier Tage später nehmen Beamte eines Spezialeinsatzkommandos Dunya und ihren Mann Boris fest. Sie liegen noch in ihren Betten im Aussiedlerheim im Allgäu und schlafen, als die Polizei kommt. Die beiden Dirnen, die dienstfrei hatten, haben den Ermittlern den entscheidenden Tipp gegeben. Auf den Observationsfotos der Beamten, die Gáspár im Blick hatten, war der klapprige Fiat Uno von Dunya zu erkennen. Er stand vor dem Edelbordell im Frankfurter Westend – wahrscheinlich zur Tatzeit.

Die Ermittler sammeln Indizien. Wie sie feststellen, hat Boris gerade für 22.500 Mark ein Auto gekauft. Er hat es bar bezahlt. Ein Mann, der von der Stütze lebt? Woher hatte er das viele Geld? Die Rolex von Gáspár trug er bei seiner Festnahme am Handgelenk. Wie war er an sie herangekommen? Auch die Radlerhose wird sichergestellt. Er hatte sie übers Gesicht gezogen, als er ins Bordell ging, um sechs Menschen zu töten, sagt der Oberstaatsanwalt. An der Radlerhose werden Fasern der Schlafanzüge, Bademäntel und Hemden der Opfer festgestellt.

In der Unterkunft finden die Beamten Handtaschen von Galina. Sie hatte viele. Sie liebte wie die meisten Frauen Taschen. Auch Dunya hat viele Taschen. Aber nur billige. Galina dagegen trug nur Markentaschen namhafter Designer. Wie kamen sie plötzlich ins Zimmer von Dunya? Außerdem fanden die Ermittler in ihrer Unterkunft: abgeschnittene Kabel, Kleidungsstücke mit Blutspuren, Fasern und die Pässe von Gáspár und Galina. Wollten sie deren Identität annehmen? Glaubten sie, das Bordell auf eigene Faust weiterführen zu können? Wollten sie Deutschland verlassen? Oder sich unter fremden Namen eine Existenz aufbauen?

Dunya spricht bei der Polizei. Aber sie ändert ständig die Versionen. Mal weiß sie gar nichts, hat nichts von den Raubmorden mitbekommen. Dann wieder hat sie Boris in der Nacht unbemerkt ins Haus geschleust, um mit ihm gemeinsam die Eheleute zu berauben. Sie selbst, erzählt sie, habe am Morgen unbemerkt das Haus verlassen, sei ins Allgäu zurückgekehrt. Als sie ging, sagt sie den Beamten, da hätten noch alle gelebt. Sie verstrickt sich in Widersprüche. Die Polizisten glauben ihr nicht. Der Staatsanwalt auch nicht. Die Beweise sprechen gegen sie und gegen ihren Mann. Aber bei ihr reicht es nicht für eine Mordanklage. Bei ihm dagegen schon.

Im Gerichtssaal sitzt Dunya da wie eine Fee. Das lange Haar rahmt ihr Gesicht ein. Ihr Blick ist weit. Verträumt. Versonnen. Sie redet nicht. Ab und zu wispert sie ihrem jungen Anwalt etwas ins Ohr. Er nickt, er bestätigt, er gibt Tipps. Es läuft gut für sie. Die Morde sind ihr nicht nachzuweisen, das wird schnell klar. Es gibt keine belastbaren Beweise gegen sie. Hinweise ja, aber die reichen nicht. Sie zieht sich immer wieder in sich zurück, wirkt entspannt, so, als sei sie woanders. Eher unbeteiligt.

Schweigend verfolgt sie den Prozess. Hört andere reden. Ihre Freier erzählen vom Bordellbetrieb. Beschreiben sie als intelligent, als freundlich, als eine Frau mit Grandezza. Mit Auftreten. Keine gewöhnliche Prostituierte, schon gar keine billige. Eine, mit der man reden konnte. Eine, die Zeitung las. Die wusste, was in der Welt passiert. Und die wusste, was sie will.

Boris passt seine Aussagen nach und nach an. Mit jedem Beweis fügt er seiner Aussage ein neues Detail hinzu. Mit 14.000 US-Dollar sei er eingereist. Das Geld will er einem Unbekannten gegeben haben. Der wollte es für ihn umtauschen, sagt er. Die Skizze hatte er, weil er die Mädchen aus dem Haus bringen wollte, damit sie für ihn arbeiten. Er wollte ihr neuer Arbeitgeber werden. Ein richtig guter, erfolgreicher Bordellier. Ein freundlicher, einer, der Verständnis für die Frauen hat. Aber es war nicht seine Idee, sagt er. Angestiftet habe ihn Adrian, der ihm auch für seine Dollar 24.000 Mark gegeben habe. Und 5.000 Mark für seine Hilfe bezahlt habe. Deshalb habe er ihm geholfen. Aber nur beim Fesseln, bis Adrian ihn mit zwei Taschen wegschickte, um sie wegzuwerfen.

Boris spricht von einem russischen Killerkommando unter der Führung eines tätowierten Riesen. Die Radlerhose mit den Sehschlitzen habe er, Boris, nur deshalb getragen, weil ihn sonst die Damen gleich erkannt hätten. Sie wussten doch, wer er war, erzählt er den Richtern. Ob sie ihm glauben, lassen diese sich nicht anmerken. Sie zeigen ihr neutrales Gesicht. Sie wissen, ansonsten kommt ein Befangenheitsantrag und der ganze Prozess könnte platzen. Nur manchmal, da sieht es so aus, als wunderten auch sie sich über die nicht nachzuvollziehende Version von Boris. Wenn die Beisitzerin zum Beispiel ein wenig und kaum bemerkbar die Augenbraue hochzieht. Oder der Vorsitzende laut vernehmlich einatmet. Doch davon lässt sich Boris nicht irritieren. Er erzählt: Den Elektroschocker und die Gaspistole habe er für seinen Bruder gekauft, damit der seine Frau schützen könne. Das Leben in Russland, sagt er, das sei anders als hier. Das sei gefährlich. Und da passten die Männer noch auf ihre Frauen auf.

Aber seine Geschichte passt nicht. Der Gerichtsmediziner findet an allen Leichen Faserspuren von Boris. Ebenso Blut und andere Körperspuren der Opfer an Boris' Klamotten. Speichel, Haare, winzige Hautpartikel. Das überzeugt die Richter. Sie halten Boris' Version für widerlegt. Im gesamten Bordell habe es fast nur Spuren von ihm und seiner Frau gegeben, sagen sie ihm im Urteil. Und sind davon überzeugt, dass er sich, bewaffnet mit einem Bowie-Messer, dem Gasrevolver und dem Elektroschocker, zunächst im zweiten Stock versteckt hat. Dann zog er die Radlerhose über und ging in die Zimmer, in denen zwei Frauen schliefen. Mit Stofffetzen und Klebeband hat er die ersten beiden Opfer gefesselt und geknebelt, später auch die beiden anderen Prostituierten eine Etage tiefer. Kurz zuvor hatte er die Chefin überfallen, sie gefesselt und in den Keller geschafft. Neben ihr wurde ihr Sauerstoffgerät gefunden. Als ihr Mann vom morgendlichen Gassigehen mit dem Pudel zurückkehrte, musste auch er sterben. Von hinten fiel ihn Boris an und tötete ihn bei einem Handgemenge.

Wegen sechsfachen Mordes und gemeinschaftlichen schweren Raubes wird Boris zu einer lebenslangen Freiheitsstrafe verurteilt. Die Richter stellen die besondere Schwere der Schuld fest. Schwer, so glaubt der Jurist, wiegt die Schuld, wenn Tat und Täter vom üblichen Maß an Brutalität und Grausamkeit abweichen und es deshalb auch unangemessen wäre, den Täter, selbst wenn er eine günstige Prognose hat, nach 15 Jahren aus dem Gefängnis zu entlassen. Das war, meinen die Richter, bei Boris so. Denn dieser Mörder löschte sechs Menschenleben aus, um an etwas Luxus zu gelangen. Blass und unbewegt nimmt er das Urteil entgegen. Eine Stunde lang übersetzt die Dolmetscherin, zu welcher Überzeugung die Richter gekommen sind. Eine Stunde, in deren Verlauf das Gesicht von Boris immer roter wird. Offensichtlich wird ihm nun erst bewusst, dass er sich den Wunsch nach Wohlstand und Luxus endgültig verbaut hat.

Dunya wird zu sechs Jahren wegen schweren Raubes verurteilt. Eine Beteiligung am Mord konnte ihr nicht nachgewiesen werden. Ihre Behauptung, sie habe vor den Morden das Bordell verlassen, konnte nicht widerlegt werden.

Doch es bleiben Fragen. Fragen, die nur Zeugen beantworten könnten, die aber nicht mehr leben. Wie im Fall Nitribitt ranken sich deshalb bis heute viele Gerüchte um den gewaltsamen Tod der vier Prostituierten und der Bordellbetreiber. Könnte nicht auch hier Erpressung ein Motiv gewesen sein? In einem Etablissement, in dem Herren verkehrten, deren ehrenwerter Ruf ihnen wichtig war. Die nicht erkannt werden wollten. Die aber nur reinkamen, wenn sie bekannt waren. Wer hatte ihre Namen? Wer bestimmte, wer rein durfte und wem sich die Tür zur Villa öffnete?

Vor Gericht war die Alleintäterschaft von Boris nicht zu widerlegen. Aber muss es tatsächlich so gewesen sein? Im Keller fanden sich Fingerspuren eines Fremden. Und Spuren einer Laufsohle. Auch im Erdgeschoss waren die. Von wem kamen sie? Die Richter haben sich dafür nicht weiter interessiert, weil nicht klar war, wer sie hinterlassen hat. An Boris konnten die Gutachter keine Abwehrverletzungen finden, die auf einen Kampf hingedeutet hätten. Haben sich die sechs Sterbenden nicht gewehrt?

Alle Opfer sind erwürgt worden, weil es keine Zeugen für den Raub geben sollte, glauben die Richter. Doch schafft das ein Mann alleine? Während des Strangulierens nimmt die Sauerstoffkonzentration im Blut ab, die Lunge wird nicht mehr versorgt. Die Lungenbläschen pressen den letzten gespeicherten Sauerstoff aus sich heraus und platzen. Das Herz reagiert auf den Sauerstoffmangel. Es schlägt schneller. Durch den höheren Blutdruck platzen Blutgefäße, etwa die kleinen Adern in den Augen. Das Hirn bemerkt den Mangel und schaltet langsam ab. Das Herz bekommt keine Signale mehr vom Gehirn und stoppt. Damit unterbricht es die ohnehin schlechte Sauerstoffversorgung der anderen Organe. Sie versagen nach und nach. Auch die Muskeln bekommen keine Signale mehr. Die Augen quellen hervor. Etwa nach zehn bis 15 Sekunden wird der Sterbende bewusstlos, weil sein Gehirn unterversorgt ist. Doch er lebt noch. Erst nach ungefähr zehn Minuten tritt der Exitus ein. Ihr Tod hat also lange gedauert. Im Urteil werden die Richter später von einer besonderen Unterarmwürgetechnik reden. Aber auch die führt nicht zu einem schnelleren Tod. Das aber bleibt vor Gericht unbewertet.

Die Opfer befanden sich auf verschiedenen Stockwerken. Haben sie nicht gebrüllt? Gerufen? Gekeucht im Ringen nach Luft? Im Todeskampf gewimmert? Sich gewehrt? Möglicherweise minutenlang. Und Boris ganz allein hat sie überwältigt und einen nach dem anderen umgebracht. Steckt wirklich nur er hinter der Bluttat? Richter und Oberstaatsanwalt fanden keine Hinweise auf weitere Täter. Sie haben die Aussage von Boris Stück für Stück zerpflückt. Jeden Punkt einzeln. Und sie haben sie alle für hanebüchen erklärt. Der Bundesgerichtshof aber verlangt zusätzlich eine Gesamtschau und nicht nur die Bewertung einzelner Anhaltspunkte. Er hat das Urteil dennoch gehalten, die Revision verworfen. Vielleicht, weil die dortigen Richter glaubten, selbst wenn Boris nur Mittäter gewesen wäre, so war er jedenfalls an den sechs Morden beteiligt und damit die lebenslange Freiheitsstrafe verdient.

Marias Katze
(Ostpark, Höchst)

Am 2. Juli 2010 sticht Maria im Streit in einem Übergangswohnheim im Frankfurter Stadtteil Höchst acht Mal auf ihren Freund Kalli ein. Er wird lebensgefährlich verletzt. Beide, Maria und er, sind zur Tatzeit besoffen. Ziemlich sogar. Die Anklage gegen Maria lautet auf versuchten Totschlag und auf gefährliche Körperverletzung. Die Staatsanwaltschaft klagt sie vor dem Frankfurter Landgericht an.

Maria und Kalli sind ein Paar. Sie waren es damals, sie sind es heute noch immer. Sie ist 30 Jahre alt. Tochter einer Putzfrau und eines gewalttätigen Stalkers. Schläge gab es beinahe täglich. Sie war das gewohnt. Mal mit dem Rohrstock, mal mit dem Kochlöffel oder mit der flachen Hand. Auch mal mit dem Gürtel. Der Vater entschied das je nach Lust und Laune. Maria bekam es häufig ab. Von den drei Geschwistern hatte sie die größte Klappe. Der Vater duldete keinen Widerspruch. Er mochte seine Kinder nicht. Und am wenigsten Maria. Er fand immer einen Grund, sie zu schlagen. Und sie eine Methode, das zu überleben. Sie stumpfte früh ab, schaltete den Körper aus, ertrug die Schläge. Sie machte einfach dicht. Wie viele geprügelte Kinder. Ließ nichts mehr an sich rankommen. Anders hätte sie es nicht ertragen können. Das half.

Die Mutter arbeitete viel. Und schaute ansonsten weg. Dann ließ sie sich scheiden, nahm die drei Kinder mit. Es schien zunächst, als würde das Leben der Familie ohne den Vater erträglicher. Aber das war ein Trugschluss. Die Mutter hatte keine Zeit für ihre Kinder. Und auch kein echtes Interesse an ihnen. Als Maria älter wurde, half der Alkohol. Der machte wenigstens von innen etwas warm. Wenn auch nur vorübergehend. Maria trieb sich herum.

Der Kontakt zu den Eltern ging irgendwann verloren, zu den Geschwistern ist er lose noch da. Die haben sich sowieso nie sonderlich für sie interessiert. Sie war so anders. Und die Lehrer hatten sie längst aufgegeben. Die Hauptschule packte sie nicht. Nicht, weil sie dumm war. Sie hatte nur zu oft geschwänzt. Und niemand hatte sich darum gekümmert. Maria ging erstmal nach Neapel. Dort lebte die Großmutter. Die sprach wenigstens mit ihr. Aber Maria kam mit dem anderen Leben nicht zurecht. Es war ihr zu heiß. Zu dreckig. Und Geld oder Arbeit gab's auch nicht. Sie schlug sich durch, kehrte nach fünf Jahren nach Frankfurt zurück. Und ging arbeiten. Mal putzte sie, wie die Mutter. Dann kellnerte sie. Das machte ihr Spaß. Sie war beliebt bei den Gästen. Die mochten ihr Temperament. Aber sobald der Kontakt enger wurde, gingen die Kerle in Deckung. Soviel Temperament waren sie nicht gewachsen. Maria entschied, sie geht zur Schule zurück, packte die mittlere Reife, lernte Restaurant-Fachfrau im Hotel, war gut und wurde übernommen. Sie blieb einige Jahre. Die ließen das Selbstbewusstsein wachsen, das ihr die lieblose Mutter und der prügelnde Vater fast genommen hätten. Denn den Mut konnten sie ihr nie nehmen. Der war immer geblieben. Allerdings hielt das Glück als Angestellte nicht lange. Der Job im Hotel war schwierig, die Anforderungen streng. Pünktlichkeit war nicht ihre Stärke. Mit der hatte es die temperamentvolle Maria nicht so. Und es kam, was unvermeidlich schien: Sie verlor den Job.

Aber Maria gab nicht auf. Bald schon kellnerte sie. In einer Kneipe, deren Arbeitszeiten besser zu ihrem Lebensrhythmus passten. Sie hatte so viel Spaß und ihr Chef so wenig an seinem Betrieb, dass er Maria die Kneipe anbot. Und sie übernahm sie. Sie hatte ein bisschen Geld gespart. Allerdings war das eine Herausforderung, der sie nicht gewachsen war. Nicht, weil ihr die Kraft gefehlt hätte. Nicht, weil ihr das Durchsetzungsvermögen gefehlt hätte. Nicht, weil sie kein Händchen für Dinge wie

Buchhaltung, Steuererklärungen und ähnliches gehabt hätte. Nein, es war das, was ihr schon immer gefehlt hatte: das Geld. Nach zwei Jahren musste sie die Kneipe aufgeben. Sie kellnerte nun wieder, half bei der Buchhaltung. Und begann erneut zu trinken. Beim Trinken lernte sie Kalli kennen.

Kalli ist 49 und gelernter Feinoptiker. Das Schicksal schweißt die beiden zusammen. Immer noch. Damals, als sie sich begegneten, saß er viel bei ihr am Tresen. Jeden Abend nach der Arbeit. Sie schwätzten. Und er fand sie gut. Sie teilten die Interessen, aber auch ein Hobby: das Saufen. Die Liebe wuchs, die Sehnsucht nach dem intakten Zuhause war ohnehin da. Die beiden kamen sich näher, wurden schnell ein Paar, nahmen sich eine gemeinsame Wohnung. Er ging tagsüber arbeiten, sie nachts kellnern. Und beide waren zufrieden. Anfangs jedenfalls. Doch dann zahlte Kallis Arbeitgeber nicht mehr.

Und beide einte nun noch mehr, denn auch Marias Wirt blieb ihr den Lohn schuldig. Fortan ging es bergab. Die Miete konnten sie nicht mehr bezahlen. Das Essen auch nicht. Es gab Krach. Immer öfter. Heftigen. Aber immerhin anders als der Vater schlug er sie nicht. Eines Tages war alles weg. Und nirgends ein Freund, der helfen konnte. Wohnung und Arbeit waren verloren und sie fanden sich ganz schnell im Ostpark-Containerdorf, der Frankfurter Obdachlosenunterkunft, wieder. Ganz unten. Wo sie eigentlich gar nicht hingehörten. Und auch nicht bleiben wollten.

Das Containerdorf im Ostpark ist verrufen. Es liegt in der Nähe des Bahndamms, ist eingezäunt. Die 50 Container stehen dicht an dicht, gestapelt zu zwei Stockwerken. Es stinkt nach Alkohol, nach Schweiß, Erbrochenem und Fäkalien. Am Eingang sitzen Wachleute. Die schauen nach den Personalien. Und passen auf, dass es nicht zu Schlägereien kommt. Die Tische in den winzigen Räumen sind festgeschraubt.

Hier sollten Maria und Kalli von jetzt an leben. In Doppelstockbetten schlafen mit zwei anderen im Raum. Sich die beiden Hocker mit den anderen teilen. Das Containerdorf im Ostpark ist ein Ort, an dem niemand bleiben will. Schon gar nicht Maria und Kalli. Dann lieber raus in die Kälte. Raus aus dem Säufer-Heim.

Schnaps und Apfelwein halfen Maria und Kalli, ihren persönlichen Niedergang zu ertragen. Sie tranken die Gedanken weg. Sie tranken sich in komatöse Zustände, um nicht ständig von den vorbeidonnernden Zügen aufgeweckt zu werden. Und wussten doch eines ganz genau: Sie wollten hier nicht bleiben. Auf gar keinen Fall. Auch das einte sie. Darüber gab es keine Diskussion. Aber sechs Wochen lang ging es nicht anders. Denn es war Winter und kalt. Schlafen auf der Straße, das hielten sie nicht aus. Sie waren nicht abgehärtet. Und so tief auch noch nicht gefallen, glaubten sie. Immerhin: Das Wasserhäuschen, das in Frankfurt erfunden worden war und wie hier im Ostpark ein bisschen an die besseren Tage erinnerte, brachte etwas Farbe ins triste Leben am Rande der Gesellschaft. Ein Wasserhäuschen, das wie so viele andere in Frankfurt, überlebenswichtig sein kann. Für Maria jetzt. Für die Frankfurter jahrelang, als die Geschäfte noch um 18.30 Uhr schlossen. Weil es hier viel mehr gibt als nur Mineralwasser, zu dessen Verkauf sie in der zweiten Hälfte des 19. Jahrhunderts einst erfunden worden waren. Verändert hat sie der einstige Latscha-Verkäufer Adam Jöst. Noch bis Anfang der 70er Jahre gehörte ihm ein Großteil der Frankfurter Trinkhallen. In den Jöst-Büdchen oder Jöst-Häuschen gab es Milch, Apfelsinen, geschnittenes Brot, Zigaretten, Dosenravioli, Kaffee, die Bild-Zeitung – und sogar die Jöst-Cola. Die ist längst wieder verschwunden. Geblieben aber sind die Männer mit der Flasche in der Hand vor den Wasserhäuschen, die uber den Sinn und Unsinn des Lebens philosophieren, über die große Politik und die kleine – bis tief in die Nacht. Es gibt wenige Orte auf dieser Welt, an denen man so viele Fachleute auf einmal treffen kann. Aber auch wenige, an denen zwei Paralleluniversen so aufeinanderprallen wie hier am Wasserhäuschen im Ostpark, wo die Elendsgestalten aus den Containern stehen und die Ausflügler, die kurz rasten, Wasser kaufen, Kaugummi oder einen Kaffee.

Weil Maria und Kalli sich noch nicht als Protagonisten des Paralleluniversums sehen, bemühen sie sich um Besserung. Vor allem Maria. Sie ist sowieso immer die Aktivere und treibende Kraft. Nach einigen Tagen und Nächten am Wasserhäuschen im Ostpark und diversen Besuchen beim Sozialamt findet sie eine neue Bleibe für sich und Kalli. Im Übergangswohnheim in Höchst. Auf einmal haben sie wieder ein eigenes Zimmer. Ein gemeinsames. Und keines, das sie mit anderen Alkoholikern teilen müssen. Es soll der erste Schritt zurück in ein normales Leben werden. Davon ist sie überzeugt. Und er auch.

Mit ihnen lebt Filou. Das ist Marias Katze. Das neun Jahre alte Tier ist von der Mutter verstoßen worden. Es litt an Katzenschnupfen. Maria hat es mit einer Pipette aufgepäppelt und großgezogen. Seither sind die kleine Katze und Maria unzertrennlich. Soweit es geht. Als Maria und Kalli im Ostpark-Containerdorf angekommen waren, da musste sie Filou unterbringen. Aber nur vorübergehend. Das hat sie dem Tier versprochen. Und auch gehalten. Filou ist treu. Und dankbar. Und er wird geliebt. Sehr sogar. Egal, was ist. Einfach bedingungslos. Die Katze ist ihr Halt. Sie half in der Einsamkeit. Sie half, wenn es wieder besonders hart geworden war. Sie war da, wenn sie vom Kellnern kam. Sie war da, als sie mühsam den Schulabschluss nachholte. Sie war da, wenn sie sich mal wieder besonders alleine gefühlt hatte. Bevor sie und Kalli ein Paar geworden waren. Filou schien zu wissen, dass er es Maria zu verdanken hatte. Maria, die aus einem zerbrechlichen, schwächlichen Tier einen ordentlichen Kater machte und ihn nahm, wie er ist.

Maria und Kalli trinken. Viel, aber verhältnismäßig moderat. Ihre Lieblingsdroge ist sauergespritzter Apfelwein. Sie streiten sich oft, und sie streiten sich wie die Kesselflicker. Kalli ist eifersüchtig, provoziert gerne, wird auch mal ausfallend. Drecksschlampe nennt er sie dann gerne. Wenn ihm wieder dieses kleine Loch, in das sie die Stadt verwiesen hat, zu eng geworden ist. Wo kein Raum ist, um sich aus dem Weg zu gehen. Wo sie ständig aufeinanderhocken. Keiner einen echten Freiraum hat. Und niemand eine wahre Intimsphäre. Ein Loch, in dem der andere ständig alles mitbekommt.

Kalli mag Filou nicht. Weil er Tiere einfach nicht gewöhnt ist. Und weil die Katze so geliebt wird. Marias starke Bindung zu Filou stört ihn. Unerträglich findet er sie sogar. Einmal hat er sich schon mal vergessen. Da tobte er rum. Da schlug er sogar zu. Aber hinterher hat er sich entschuldigt. Sie hat ihm verziehen. Sie konnte es doch verstehen. Es war ja auch nicht leicht für ihn.

Beide haben einen modus vivendi gefunden, der in diesem Milieu nicht unbedingt üblich ist. Er, der 1,91-Meter-Mann, ist der eher zierlichen Frau körperlich haushoch überlegen. Aber er schlägt niemals wieder zu. Das hat er ihr nach seinem Ausraster versprochen. Und auch gehalten. Sie ist dagegen ein bisschen flinker mit der Zunge. Aber auch sie hat gelernt, sich zurückzunehmen. Bevor es eskaliert, hält sie einfach die Klappe, zieht sich zurück und wartet, bis der zeternde Kalli vor Erschöpfung eingeschlafen ist. Am nächsten Tag hat er dann alles vergessen. Der Zorn ist weg. Das klappt prima. Und sorgt für mehr Frieden. Aber innerlich lässt es seine Wut wachsen. Die Wut auf eine so unglaublich starke Frau an seiner Seite, die ihm so deutlich die eigenen Schwächen vorführt. Und die Wut wegen der Erkenntnis, dass er keine gescheite Arbeit bekommt ohne eine ordentliche Bleibe. Und umgekehrt: Keine Wohnung findet, ohne vernünftigen Job. Der Absturz in die Kleinkriminalität droht ständig. Einzige Alternative: die Stütze. Aber der Gang aufs Sozialamt, das Betteln, das Anstehen, das nagt am

Selbstwertgefühl. Es ist ein bisschen wie in der Geschichte vom Schuster und Zuchthäusler Wilhelm Voigt, die Carl Zuckmayer zum Hauptmann von Köpenick hat werden lassen. Die Geschichte, in der Schuster Voigt nach 15 Jahren im Gefängnis nicht mehr Betrüger, sondern ehrlicher Mensch sein will. Doch schnell lernt: Ohne Pass und ohne Aufenthaltsgenehmigung findet er keine Arbeit. Ohne Arbeit aber bekommt er weder Pass noch Aufenthaltsgenehmigung. Deshalb bricht er im Potsdamer Polizeirevier ein und beschafft sich einen. Folge: zehn weitere Jahre Zuchthaus. Zwar bildet er sich in der Gefängnisbibliothek weiter, doch als er rauskommt, scheitert seine Resozialisierung erneut an Formalien. Und so plant er den nächsten Coup. Beim Trödler erwirbt er eine gebrauchte Hauptmannsuniform – und ist fortan ein honoriger Mensch. Jedenfalls in den Augen der anderen. Mit Respekt und Höflichkeit begegnen ihm die Leute nun. Schuster Voigt hat auf einmal Macht. Er lässt das Rathaus besetzen, den Bürgermeister verhaften, die Stadtkasse beschlagnahmen. Nur eines gelingt ihm nicht: an den erhofften Pass heranzukommen, denn im Köpenicker Rathaus gibt es keine Passabteilung. Er stellt sich, wird verurteilt, vom Kaiser begnadigt und erhält als Geschenk seinen Pass.

Maria und Kalli haben weder das Zuckmayer-Drama gelesen noch die Idee, sich auf dem Flohmarkt eine neue Identität zu besorgen.

Dann kommt der 2. Juli 2010, der Tag, an dem ihre mühsam erarbeiteten Regeln der Zweisamkeit versagen. An diesem Tag ist alles anders. Die Woche ist fast geschafft. Es ist Freitag. Eigentlich ein schöner Sommertag. Kalli und Maria kaufen ein Kabel. Schon da gibt es Zoff. Denn Kalli findet, Maria ist zu freundlich zu dem Verkäufer. Er rast schon jetzt vor Eifersucht. Sie reagiert nicht darauf. Den Nachmittag verbringen sie an einem „Zwei-Raum-Kiosk" im Frankfurter Stadtteil Höchst. Mit einigen Sauergespritzten. Der Kiosk ist ihr Stamm-Wasserhäuschen. Kein Vergleich zu dem im Ostpark, finden sie. Eigentlich öffnet es erst um 11 Uhr. Aber Herbert, der Pächter, kennt seine Kunden. Die haben oft schon früher Durst. Und deshalb lässt er schon mal den Laden ein Stück geöffnet. Da klettern sie drunter durch. Drinnen steht das Bier. Da gibt es auch den Sauergespritzten, und da liegt der Deckel, auf dem sie anschreiben können. Man kennt sich längst. Hier lockt neben dem Alkohol auch die Geselligkeit. Und hier gibt es wie an jedem Wasserhäuschen die Antworten auf die wichtigen gesellschaftspolitischen Fragen. Anders als im Ostpark ist das Aggressionspotenzial hier deutlich niedriger. Die soziale Kontrolle höher. Und Herbert hat auch einen Fernseher. Sogar mit Bezahlprogrammen. Herbert hat ein Gespür für das, was seine Kunden suchen: Ansprache, Antworten und was gegen den Durst.

Hier trinken Maria und Kalli nach ihrem Streit. Und sind einen halben Liter Apfelwein später wieder versöhnt. Eigentlich auch ganz friedlich. Glaubt Herbert zumindest. Und Maria denkt das auch. Sie gehen heim, es zieht sie jedoch rasch wieder zurück. An die Luft, zu Herbert, zu ihrem Stammkiosk. Dort trifft Maria Bernd. Bernd, das ist der Lokführer mit Hüftproblemen, den sie aus dem Café Regenbogen kennt, wo sie mal gearbeitet hat und wo diejenigen eine Heimat und Arbeit finden, die mal mit illegalen Drogen zu tun hatten. Und die, ähnlich wie bei Maria, erst einmal keiner mehr haben will.

Bernd geht es nicht gut, Maria hört ihm zu. Er erzählt von seinen Ängsten, vom Alleinsein, von den körperlichen Schmerzen, davon, dass der Job als Lokführer weg ist und kein neuer in Sicht. Maria ist einfühlsam. Und sie kann gut zuhören. Das reicht Bernd. Er muss es nur mal loswerden. Kalli macht er damit eifersüchtig. Mehrmals geht er. Aber er kehrt immer wieder zurück. Sie solle jetzt endlich nach Hause gehen, sagt er ihr. Er sagt es nicht freundlich. Er nennt sie Schlampe. Aber Maria will nicht heim, unterhält sich weiter. Kalli lässt nicht locker, sie stimmt irgendwann zu und geht mit ihm mit. Nur Kallis Wut geht nicht weg. Der traurige Bernd bleibt zurück.

Zu Hause brüllt Kalli Maria an. Er nennt sie eine Hure. Sie bleibt gelassen. Er provoziert, er tobt, er beleidigt. Maria beachtet ihn nicht. Sie nimmt ihre Katze auf den Arm. Da hält er es nicht mehr aus. Kalli schlägt dem Tier ins Gesicht. Die verschreckte Katze pinkelt, springt auf den Boden, flüchtet unters Bett. Kalli tritt nach ihr. Nun ist es für Maria genug. Sie greift zum Messer. Es liegt auf dem Tisch. Ein Küchenmesser, Klingenlänge: 20 Zentimeter. Maria sticht zu. Sie rast. Denn Filou, sagt sie, „war immer da, wenn etwas schiefging". Und es ging viel schief. Verdammt viel. Maria beruhigt es, wenn sie ihre Katze streichelt. Deshalb verwöhnt sie das Tier auch. Das hat es verdient. Filou gibt ihr soviel. Hilft so oft.

Maria sticht noch mal zu. Doch Kalli ist unbeeindruckt. Sie will ihn nicht töten. Sie liebt ihn doch. Sie will doch mit ihm zusammenbleiben. Trotzdem sticht sie auf ihn ein. Immer und immer wieder. Achtmal. Ein Stich trifft das linke Schulterblatt, einer die Lunge, ein anderer den Rücken. Doch er bleibt immer noch vollkommen unbeeindruckt. Er fühlt sich nur etwas geschwächt und verlässt die Wohnung. Im Treppenhaus bricht er zusammen, schafft es aber noch, einen Rettungswagen zu rufen. Maria packt die Katze in die Box und geht. Ganz ruhig. Doch dann hört sie die Sirene, sieht das Blaulicht, macht sich Sorgen. Sie geht zu den Sanitätern und sagt, sie sei an allem schuld. Aber er habe doch Filou angegriffen. Sie weint, als der Polizist ihr sagt, Kalli sei lebensgefährlich verletzt. Aber er hat es doch verdient, sagt sie allerdings auch.

Das sieht Kalli auch so. Im Krankenhaus sagt er, dass er an allem selbst Schuld habe. Und vor Gericht sagt er: „Ich hab's nicht so mit Tieren im Haus." Und: „Ich trage die alleinige Schuld. Ich habe Maria so genervt und die Katze so dumm angemacht, da wäre jeder ausgerastet. Ich schäme mich ohne

Ende." Der Suff. Die Eifersucht. Die ganze Situation. Zwei Menschen und eine Katze, eingepfercht in einem Zimmer, ein versifftes Gemeinschaftsklo, schwierige Nachbarn: Seine Nerven hätten blank gelegen. Und dann diese immer starke Frau. Auch bei widrigsten Umständen. Er habe sie nur treffen können, indem er der Katze etwas antue.

Maria schämt sich auch. Wenn die Rede auf die Tat kommt, dann heult sie Rotz und Wasser. Sie liebe Kalli. Sie habe ihn nicht verletzen oder gar töten wollen. Sie habe zuvor nie die Hand gegen Kalli erhoben, genauso wenig wie er gegen sie. „Es tut mir so leid, was passiert ist. Es vergeht kein Tag, an dem ich nicht daran denke." Jeder glaubt ihr. Maria ist keine Gegnerin für einen Staatsanwalt. Warum auch? Sie ist verloren gegangen. Sie ist hilflos und gleichzeitig so stark. Sie ist ehrlich. Und sie ist treu. Sie hält zu Kalli, auch wenn er manchmal garstig ist. Und nicht nur aus Opportunismus, sondern aus echter Verbundenheit. Das spüren auch die Richter. Hier sitzt keine Frau, die Reue nur heuchelt. Hier empfindet eine wirklich Scham. Eine, die zwischen Wasserhäuschen und Butze lebt. Eine, die bescheiden ist. Eine, die schonungslos mit sich ist und niemals aufgibt. Egal, wie tief sie gefallen ist.

Kalli erzählt vor Gericht, er habe gewusst, dass die Katze Marias wunder Punkt ist. Der einzige, an dem sie wirklich verwundbar ist. Er sei wohl manchmal ein aufbrausender, eifersüchtiger Mistkerl, dem eine Abreibung eigentlich ganz recht geschehen sei. Und so schlimm seien die acht Stiche ja auch gar nicht gewesen. Sagt er. Und dass sie ihm die Einsamkeit genommen hat. Und die Perspektivlosigkeit.

Maria, Kalli und Filou teilen sich wieder eine Wohnung. Mittlerweile sind es immerhin zwei Zimmer geworden. Ein großer Tierfreund ist Kalli immer noch nicht geworden, aber er akzeptiert Filou: „Die Katze ist halt da", sagt er. Und Maria Gott sei Dank auch noch. Sie und Kalli haben zwar Wohlstand,

Luxus und Bequemlichkeit nie kennengelernt. Dafür jede Menge Tiefen, Armut und scheinbare Ausweglosigkeit. Aber offenbar auch echte Liebe. In Zeiten größter Aussichtslosigkeit.

Die Richter glauben Maria, dass sie Kalli nicht töten wollte. Der Gerichtsmediziner sagt, seine Verletzungen seien nicht „konkret lebensgefährlich" gewesen. Zwei Jahre auf Bewährung bekommt sie. Wegen gefährlicher Körperverletzung, weil ein Messer mit im Spiel war. Marias Steuerungsfähigkeit, glauben die Richter, war vermindert. Sie handelte in einem hochgradigen Affekt, attestieren sie ihr. Sie war ausgereizt, ihre Abwehrreserven waren aufgebraucht. Davon sind sie überzeugt. Denn der besoffene Kalli hatte sie schon den ganzen Tag herausgefordert. Sie halten ihr auch zugute, dass sie zuvor noch nie aggressiv geworden ist. Im Gegenteil. Maria deeskalierte immer. Nur eben einmal nicht. Am 2. Juli 2010.

Asiatische Spielart in der Bundesliga (Wettmafia)

Der Mercedes, der am Abend des 25. Februar 2006 über die Autobahn 8 Richtung Südosten rast, ist schon seit Stunden unterwegs. Gegen drei Uhr nachmittags ist Miroslav S. gestartet. Der Rettungssanitäter aus der Pfalz, der in Polen geboren ist, nähert sich der österreichischen Grenze. 50 Kilometer hat er noch vor sich. Sein Ziel: Wien. Seine Aufgabe: 60.000 Euro übergeben. In bar. Es ist Schmiergeld. Miroslav S. ist Runner, ein Kurier, den Wettbetrüger geschickt haben. Die Ganoven haben sich auf Fußballspiele spezialisiert. Und zwar im großen Stil. Der Sport interessiert sie nicht. Nur der Ausgang der Spiele von Vereinen wie Eintracht Trier, Rot-Weiß Erfurt, 1. FC Kaiserslautern II, SV Siegen, Karlsruher SC, FC Augsburg, SV Elversberg. An diesem Tag geht es um den Erfolg oder Misserfolg des österreichischen Erstligisten Sturm Graz.

Es ist nicht der erste Fall dieser Art in Deutschland. Ein anderer, berühmt gewordener liegt schon eine Weile zurück, spielt im Jahr 1971 und gilt bis heute als der Bundesligaskandal. Auch Anfang der 70er Jahre fuhren Geldboten in Luxuslimousinen mit Koffern im Gepäck durch die Gegend. Nur da verschoben nicht Wettpaten die Spiele, sondern Nationalspieler. Für einen Reporter wurde der Skandal zur Geschichte seines Lebens. Wenige Jahre zuvor las er auf dem Weg zu einem Spiel der Offenbacher Kickers einen Mann am Straßenrand auf. Der Mann hatte eine Autopanne, war Südfrüchte-Händler und im Nebenjob Kickers-Präsident. Das war Horst Gregorio Canellas. Der Reporter und der Kickers-Chef freundeten sich an. Canellas fasste Vertrauen zu dem Journalisten und rief ihn am

1. Juni 1971 an, um ihn um Hilfe zu bitten. Er brauche einen Zeugen, er werde nämlich erpresst. Der Journalist kam vorbei und hörte mit, wie Bernd Patzke, Nationalspieler von Hertha BSC und der Kölner Manfred Manglitz dem Präsidenten der abstiegsbedrohten Kickers Geld dafür anboten, dass sie den OFC gewinnen lassen. Patzke wollte 140.000 Mark, Manglitz verlangte 100.000 Mark. Der Reporter musste Canellas versprechen, dass er kein Wort darüber schreiben würde. Er hielt sein Wort, informierte aber seine Chefs in der Zentrale. Fünf Tage später feierte Canellas seinen 50. Geburtstag. Er nutzte die Gelegenheit und spielte auf seiner Terrasse Journalisten und Bundestrainer Helmut Schön die mitgeschnittenen Telefonate vor. Zur selben Zeit saß der Reporter an der Schreibmaschine. Canellas hatte die Geschichte freigegeben. Am nächsten Tag machte nicht nur sein Blatt mit dem Bundesliga-Skandal auf. Er allein aber hatte Informationen zu allen Details. Was dann folgte, war der Zwangsabstieg von Arminia Bielefeld, die Offenbacher Kickers verloren ihre Lizenz, 52 Profis wurden gesperrt. Manche ein Leben lang, andere wurden später begnadigt. Der DFB ermittelte, der Reporter wurde als Zeuge gehört. Und traf auf dem Gerichtsflur den Kölner Nationalspieler Wolfgang Overath, der allen Bestechungsversuchen widerstanden hatte.

35 Jahre später, als Miroslav S. mit den 60.000 Euro im Koffer Richtung Österreich unterwegs ist, da soll das Bestechungsgeld in die Partie zwischen Austria Wien und Sturm Graz investiert werden. Das Geld ist bestimmt für den Trainer von Sturm Graz, Mihailo P., und für Mittelfeldspieler Bojan F. Es soll ihr Lohn für das richtige Ergebnis werden.

Sturm Graz, so die Vorgabe, muss mit mindestens zwei Toren Unterschied verlieren. Denn auf diesen Ausgang sind in Asien 197.000 Euro gesetzt. Der Trainer soll seine Mannschaft defensiv einstellen. Der Mittelfeldspieler soll passiv spielen und vor allem nicht aufs gegnerische Tor schießen. Miroslav S. trifft die beiden Männer am Rande des Abschlusstrainings. Sie kennen sich. Saßen schon zusammen beim Kaffee. Der Kurier war schon häufig in Österreich. Heute wird es eine kurze Begegnung. Wenige Minuten, bevor die Mannschaft in die Kabine geht, zieht sich Miroslav S. zurück. Er wartet in einer Sportbar und beobachtet von dort aus den Spielverlauf. Sturm Graz spielt an diesem 25. Februar 2006 gegen Austria Wien unentschieden. Am Ende steht es immer noch 0:0. Kurz vorm Abpfiff bekommt der Kurier einen Anruf aus Baden-Baden. Er soll unverzüglich nach Hause fahren, weist ihn sein Auftraggeber an. Und zwar mit dem Schmiergeld. William Bee Wah L. ist wütend.

Der Mann ist gelernter Koch, aber im wahren Leben ist er Zockerkönig und Wettpate. Der gebürtige Malaysier lebt in Baden-Baden, Bad Dürkheim oder Mainz. Seine Wohnungen sind voller Computer und Flachbildschirme. Die sind in Wahrheit Wettbüros. Manchmal heißt William Bee Wah L. auch Moa, Mike, Mick oder James. Vor allem in der Welt des Glücksspiels. Von Deutschland aus organisiert er sein Geschäft: Er lässt Fußballer dafür bezahlen, dass sie Spiele in seinem Sinne beeinflussen. Es geht um Spiele, auf die er bei Buchmachern in Asien zehntausende Euro gesetzt hat. Manchmal auch Millionen. Je nach Lust und Tagesverfassung. Wenn die Wette aufgeht, ist er fröhlich. Denn dann gewinnt er auf einen Schlag Hunderttausende oder eben sogar Millionen. Seine Wetten übermittelt er telefonisch an Agenten in Malaysia, China, Vietnam, Taiwan oder Hongkong. Sie nennen sich huat988 oder adriansimm.

William Bee Wah L. weiß, wie man sich an Profis ranmacht. Und an welche: An Spieler, die möglichst aus dem Ausland ohne Familien gekommen sind. Der Wettpate hat ein Gespür für Charakterschwache, Gierige und Naive. Zwei Reviere bevorzugt er: die beiden deutschen Regionalligen und die oberste Spielklasse in Österreich. Manchmal auch die zweite deutsche

Bundesliga. Weil er zu Hause vor den Bildschirmen wachen oder Anweisungen geben muss, schickt er seine Runner los. Wie Miroslav S., den Unglückskurier von Graz. Manchmal ruft William Bee Wah L. auch nur mal kurz an. Dann sagt er Sätze wie diesen: „Eine Stunde oder 90 Minuten schießt er nicht."

William Bee Wah L. ist nicht geizig. Er lässt sich das Wohlwollen der Spieler, Trainer oder Schiedsrichter etwas kosten. Im Schnitt bietet er 5.000 Euro an. Für einen verschossenen oder verursachten Elfer sind auch mal 10.000 Euro drin plus ein Besuch wahlweise im Nobel-Restaurant oder im Edel-Bordell. Spieler, Trainer, Schiedsrichter sollen bei Laune gehalten werden.

Das Erfolgsmodell haben sich William Bee Wah L. und Komplize Ali G. ausgedacht. 2003/2004 haben sie sich kennengelernt. Und meistens sind sie gut gelaunt, weil ihre Idee so gut funktioniert. Und selbst wenn es mal schiefgeht wie in Graz, geben sie nicht so einfach auf. Nur eine Woche nach dem gescheiterten Versuch beim Spiel gegen Austria Wien muss Miroslav S. wieder ran. Diesmal beim Heimspiel gegen Red Bull Salzburg. Der Wettpate will seinen verlorenen Einsatz wieder reinholen. Diesmal nehmen Trainer und Mittelfeldspieler das Geld gleich an. Die Vorauszahlung von jeweils 5.000 Euro soll sie motivieren. Der Wunsch des Wettpaten heute: Im Spiel dürfen nicht mehr als drei Tore fallen. Außerdem muss Salzburg gewinnen. Der geschmierte Spieler, sagt der Runner, solle den Ball „nicht an den anderen Stürmer abgeben. Und: Kein Schuss!"

Zu Hause in Baden-Baden setzt William Bee Wah L. 600.000 Euro auf den Sieg der Salzburger. Und beobachtet den Verlauf. Doch schon bald verdüstert sich seine Miene. Auch dieses Verschieben des Spiels scheitert. Graz gewinnt mit 4:0. Der Mittelfeldmann, den er gekauft hat, erzielt sogar ein Tor. Einen Tag später entschuldigt er sich dafür. Ihm sei der Ball „auf den Fuß gekommen und ins Tor gegangen". Eigentlich hätte der Torwart ihn halten müssen. Hat er aber nicht. William Bee Wah L. ist ziemlich sauer. Aber wie soll er eine Schmiergeldzahlung einklagen? Er schreibt sie ab.

Den Kontakt zu seinen letztlich unwilligen Helfern bei Sturm Graz hat ihm dereinst der Serbe Dragan A. hergestellt und lange Zeit gepflegt. A., ehemaliger Fußballprofi des 1. FC Köln, ist der wichtigste Verbindungsmann in die Fußballerszene für ihn. Auch er ist Runner für den Wettmanipulator. Er weiß, dass osteuropäische Vereine mithilfe von Manipulationen ihre Neuzugänge finanzieren. Vor allem mit dem Verkauf unwichtiger Spiele. Auf dem Handy von Dragan A. wird die Polizei später Hunderte von Telefonnummern finden. Von Profis, Spielervermittlern und Funktionären in Serbien, Österreich, Kroatien, Zypern, Griechenland, Bulgarien und Finnland. Außerdem: Hinweise zu mehreren Bundesliga-Vereinen. Insbesondere die Profis in Osteuropa sind sehr empfänglich für die Manipulationen, weil sie schlecht verdienen. In Bosnien bekommt ein Profi nur 250 Euro im Monat.

Dragan A. ist selbst leidenschaftlicher Zocker. Etwa 500 Euro im Monat kostet ihn sein Hobby. Es hat ihn zu William Bee Wah L. geführt. Im Jahr 2005 lernten sich die beiden im Casino in Bad Dürkheim kennen. Der Wettpate fiel dem Fußballer auf, weil er mit sehr hohen Einsätzen spielte. Dragan A. war beeindruckt von dem Mann, der schon 1992 bei der Spielbank Baden-Baden ein Depot mit 1,2 Millionen Mark angelegt hatte. Seit Mai 2000 spielte William Bee Wah L. in ganz großem Stil Roulette im Casino Bad Dürkheim. Dragan A. verwickelte ihn in ein Gespräch. Seit dieser Zeit trafen sie sich öfter. Und wetteten schließlich gemeinsam. Zur großen Freude des Ex-Fußballers, denn wenn er verlor, übernahm L. die Zeche und die Verluste. Gewinne durfte er dagegen behalten. Weil das Englisch des Paten eine Katastrophe ist und sein Deutsch miserabel, unterhielten sie sich mit Händen und Füßen. Das klappte gut. Bald kamen sie ins Geschäft. Dragan A. wurde einer seiner Runner.

Die Liebe zum Glücksspiel und zu Wetten ist in Asien so alt wie die chinesische Kultur. Schon vor 2.000 Jahren soll es Lotterien gegeben haben. Der Bau der Großen Mauer soll damit finanziert worden sein. Die Qin-Kaiser versuchten, der Spielsucht ihrer Untertanen mit rabiaten Methoden zu begegnen. Die Gesichter der Spieler wurden mit schwarzer Tinte gefärbt. In späteren Dynastien verloren die Untertanen für ihre Wettleidenschaft je nach Laune des Herrschers mal die Hand und mal den Kopf. Während der Kulturrevolution galt Glücksspiel als reaktionär. Geändert hat das alles nichts. „Eine Milliarde Menschen, 900 Millionen Spieler, und die restlichen 100 Millionen tanzen dazu", heißt ein altes chinesisches Sprichwort.

Das Internet hat das Wettgeschäft zudem komplett verändert. Jeder Zocker kann nun rund um die Uhr auf seine Lieblingssportarten wetten: auf Pferderennen, Cricket, Rugby, Tennis oder die Sportart Nummer eins: Fußball. Gewettet wird auf Spielausgänge, verschossene Elfer, Tore, die in den letzten 30 Minuten fallen, auf gelbe oder rote Karten. Entsprechend gedeiht seit Jahrzehnten der illegale Wettmarkt in Asien.

In China gelten Sportwetten schon lange als organisiertes Verbrechen. Pekings ehemaliges Kneipen- und Barviertel Sanlitun ist das Pflaster der Sünde. Überall junge Mädchen in Miniröcken am Straßenrand. Auf großen Bildschirmen laufen Sportübertragungen. Wer etwas Geld übrig hat, kann es bei einem kleinen Broker, wie die Buchmacher hier heißen, setzen. Für einen Mindesteinsatz von 1.000 Yuan, umgerechnet etwa 120 Euro, wetten die wohlhabenden Pekinger auf chinesische und europäische Fußballspiele. Obwohl das Glücksspiel verboten ist, erfreut es sich großer Beliebtheit. Mittelsmänner sammeln die Wetteinsätze überall im Land in den Kneipen, Restaurants und Karaoke-Bars ein. Diese werden von den großen Brokern im Internet auf internationalen Wett-Webseiten eingesetzt. Die Hintermänner der chinesischen Wettmafia kommen aus Macau und Taiwan.

Viele Spielergebnisse der chinesischen Profi-Liga werden vorher abgesprochen. Schiedsrichter und Spieler helfen kräftig mit. Die meisten anderen gehen, weil sie die Manipulationen nicht ertragen können und machtlos sind. Wie der deutsche Profi Jörg Albertz, der nach zwei Jahren beim Klub Shenhua Shanghai aufgab, weil er sich von den Mitspielern betrogen fühlte. Doch die hatten keinerlei Unrechtsbewusstsein. Schuldgefühle sowieso nicht.

Manipulation im Fußball ist ein gefährlicher Virus. Denn er trifft den Nerv des Volkssports, den Sepp Herberger so beschrieb: „Die Leute gehen zum Fußball, weil sie nicht wissen, wie es ausgeht." Mal gewinnt der Außenseiter, mal der Favorit. Zudem macht es das zunächst simple Spiel Fußball, das einst mit zusammengebundenen Lumpen gespielt wurde und archaischen Prinzipien folgt (zwei Gruppen jagen einander und den Ball) potenziellen Betrügern leicht. Schon ein einziges Tor kann entscheidend sein, den gesamten Verlauf kippen. Da das häufig passiert, ist auch schwer nachzuweisen, ob das Tor nun fiel, weil der Verteidiger nicht aufgepasst hat oder weil die Partie vorher verschoben war. In Deutschland und Österreich fallen die Manipulationen weit weniger auf als in Asien, wo sie Gang und Gäbe sind.

Ali G., der später neben William Bee Wah L. Hauptangeklagter im Frankfurter Wettskandalprozess II – zur Bezeichnung II s. unten mehr – sein wird, ist häufig unter falschem Namen unterwegs. Auf den Sportplätzen schaut er den Mannschaften beim Training zu, gibt sich als Anhänger aus. Manchmal auch als Spielervermittler. Er fotografiert die Fußballer, spricht sie an, plaudert, bis er ihre Handy-Nummer hat. Manchmal gibt es auch einen geschlossenen Umschlag. Da stecken dann ein paar Tausender drin. Zunächst ohne Angabe von Gründen. Tage später ruft Ali G. den Spieler an, lädt ihn zum Essen in ein gutes Restaurant ein. Ganz zufällig kommt sein Komplize William Bee Wah L. dazu. Der Pate fährt im Mercedes vor, speist und plauscht dann gemeinsam mit Ali G. und dem Spieler. Irgendwann legt Ali G. einen Zettel auf den Tisch. Darauf stehen dann Spielpaarungen, Ergebnisse und fünfstellige Geldbeträge. Für schlechte Spiele gibt es mehr. Mal 5.000 Euro, mal auch 40.000 Euro. Viermal, wird das Landgericht Frankfurt später feststellen, stehen Spieler auf und gehen. Der fünfte Spieler, der Portugiese Jorge C., nimmt den Zettel und die 5.000 Euro und verspricht, schlecht zu spielen. Er kickt in der Regionalliga Süd bei der Spielvereinigung Bayreuth. In der kommenden Saison will er sowieso den Verein wechseln. 10.000 Euro sind ihm versprochen, wenn er einen Elfmeter verursacht. Doch der Deal platzt. Das Spiel wird wegen schlechten Wetters abgesagt. Auch der Kongolese Kesi, der in Erfurt spielt, schlägt ein. Und vermittelt noch zwei Mannschaftskollegen. Aber wieder kommt es zu Problemen. Der eine wird herabgestuft, darf nur noch in der zweiten Mannschaft spielen. Und die anderen sehen nie ihr Geld, denn mittlerweile hat Ousseyoune D. vom Regionalliga-Süd-Club 1. FC Eschborn die Wettmafia auffliegen lassen. Der Senegalese hatte gleich 40.000 Euro angeboten bekommen. Er solle schlecht spielen, damit seine Mannschaft verliere. D. nickte, ging aber zu seiner Vereinsführung. Und die zum Deutschen Fußball-Bund. Der DFB erstattete Anzeige, die Ermittlungen kamen in Gang.

Beamte des Landeskriminalamtes überwachten bis zu 20 Mobiltelefone rund um die Uhr, teilweise mit Dolmetschern, um alles zu verstehen. Sie kamen schnell auf William Bee Wah L. und seine Helfer. Ein Vierteljahr vor der Fußball-Weltmeisterschaft in Deutschland, die zum Sommermärchen werden sollte, schlugen die Ermittler zu. William Bee Wah L., Dragan A., Ali G. und der Geldkurier wandern in Haft. Sie hatten nicht mitbekommen, dass sie wochenlang observiert worden waren. Wohnungen und Häuser wurden durchsucht, 14 Computer beschlagnahmt. Bei der Auswertung der Festplatten entdeckten die Ermittler Namen von Spielern und Daten über die Platzierung von Wetten in Asien. Sie rekonstruierten, dass William Bee Wah L. über das Internet-Telefon Skype mit bestechlichen Fußballern kommuniziert hat. Unter dem Spitznamen „kiko7805". Seine Notizbücher waren für die Strafverfolger wahre Fundgruben.

Donnerstag, 18. Januar 2007, der Tag, an dem der Orkan Kyrill Europa erreicht und für viel Chaos sorgt: Im Saal IE des Frankfurter Landgerichts nehmen 38 Prozessbeteiligte Platz: fünf Richter, acht Angeklagte, 16 Verteidiger, vier Simultandolmetscher, zwei Staatsanwältinnen, drei Justizbeamte. Hinter den Richtern sind Regale aufgebaut worden. 75 Aktenordner füllen sie. Darin: Protokolle der Telefonüberwachungen, die Berichte der Observationen, Vernehmungsprotokolle und Lebensläufe. Ungewohnt wohnlich machen die Regale den nüchternen Gerichtssaal, in den kein Tageslicht fällt. Der Hauptangeklagte William Bee Wah L. trägt am ersten Verhandlungstag einen dunklen Nadelstreifenanzug. Er sitzt dort, wo vor Jahren der Stürmer der Frankfurter Eintracht, Anthony Yeboah, sein früherer Berater, der ehemalige Vizepräsident der Eintracht, Bernd Hölzenbein, und Ex-Schatzmeister Wolfgang Knispel saßen. Bei ihnen war es um Steuerhinterziehung gegangen. Jetzt um die Verabredung zum gewerbs- und bandenmäßigen Betrug. Damit hilft sich der Staatsanwalt, wenn er einem Angeklagten nicht nachweisen kann, dass er davon gelebt hat, andere um ihr Vermögen zu bringen und somit der Vorwurf „gewerbsmäßiger Betrug" wegfällt. Also wirft er ihm einfach vor, dass er das vorhatte.

Vier der acht Angeklagten, die hinter William Bee Wah L. und Ali G. sitzen, haben ihr Geld mal als Fußballer in der Regionalliga oder in der Oberliga verdient. In Erfurt, Elversberg, Darmstadt, Kaiserslautern oder Crailsheim haben sie gespielt. Sie sind nach Überzeugung der Staatsanwältinnen die Gehilfen der beiden Wettpaten gewesen. Zehn Fälle sind angeklagt.

Zunächst schweigen alle. Und überlassen es den Richtern, Mosaikstein für Mosaikstein zu rekonstruieren, um sie dann zusammenzusetzen. Die geben sich auch alle Mühe, zu verstehen, wie das System der Wett- und Spielmanipulationen funktioniert hat. Nicht nur, weil der Vorsitzende bekannter Anhänger der Frankfurter Eintracht und Dauergast im Waldstadion ist. Der Richter holt sich auch Hilfe von einem ganz besonderen Zeugen: Sean Dundee, genannt das Tor-Krokodil. Der Mann ist mittlerweile 34 Jahre alt und immer noch Fußballprofi. Er weiß, wie das Anwerben der Betrüger funktioniert.

Der Mittelstürmer begann seine Fußballkarriere in Südafrika, ging 1992 zu den Stuttgarter Kickers und danach drei Jahre zum Karlsruher SC. Dort wurde er zum Top-Torjäger und bekam seinen Spitznamen. Im Eilverfahren wurde Dundee eingebürgert, damit er für die Deutsche Nationalmannschaft spielen konnte. Doch da saß er nur einmal auf der Ersatzbank. 1998 ging er zum FC Liverpool, konnte sich dort aber nicht durchsetzen. Er kehrte nach Stuttgart zum VfB zurück, wechselte zu FK Austria Wien und spielte im Sommer 2004 nach nur einer Saison wieder in Karlsruhe. 2006 kam Dundee nach Hessen zu den Offenbacher Kickers, wurde im Winter aber an die Stuttgarter Kickers ausgeliehen und spielte in der Regionalliga Süd fünf Spiele.

In seiner Karlsruher Zeit lernte er Ali G. kennen. Eines Tages passt er Dundee vor dem Training ab. Er sei ein Fan, heiße Ali und wolle eine Autogrammkarte. Dundee, geschmeichelt, schenkte ihm einen Fußball, signierte ihn und schrieb drauf: „für Ali von Sean". Er lädt den sympathischen Fan zum Kaffee ins Bistro am Stadiongelände ein. Wochenlang treffen sie sich, plaudern, trinken Kaffee und werden Freunde. Glaubt zumindest Dundee. Er gibt Ali G. seine Handy-Nummer.

Eines Nachmittags im August 2005 bittet Ali den Profifußballer in sein Auto. Er gibt ihm einen Umschlag, sagt, er solle ihn aber erst im Training öffnen. In dem Umschlag stecken 3.000 Euro. Dundee ist geschockt und redet mit dem Physiotherapeuten des KSC. Auf dessen Rat hin ruft er Ali an und erklärt, er wolle das Geld nicht. Aber der nimmt es nicht zurück. Er teile gerne mit seinen Freunden, sagt er. Drei Wochen später treffen sich der Fußballer und sein angeblicher Fan erneut. Ali stellt ihm bei dieser Gelegenheit Moa vor. Tatsächlich heißt der Mann William Bee Wah L. und ist DER Wettpate. Ali erzählt dem KSC-Stürmer, dass sie mit Wetten viel Geld verdient hätten und fragt, ob er sich vorstellen könne, für 20.000 Euro einen Elfmeter zu verschießen. Dundee ist empört und lehnt ab. Danach erscheint Ali nie wieder zum Training. Sean Dundee gibt seiner Mutter das Geld. Sie ist gerade aus Südafrika zu Besuch und kann es gut gebrauchen.

Im Prozess reden die Wettpaten weiterhin nicht. Der einstige Trainer von Sturm Graz und der frühere Mittelfeldspieler werden per Video aus Österreich zugeschaltet. Nach Frankfurt wollen sie nicht kommen. Jede Mitwirkung an irgendwelchen Manipulationen weisen sie weit von sich. Dennoch ermittelt die Staatsanwaltschaft in Graz gegen die beiden wegen des Verdachts auf schweren gewerbsmäßigen Betrug. Zweimal werden ihre Häuser durchsucht. Die Ermittler finden dabei heraus, dass fünf Erstliga-Spiele in Österreich zwischen August 2004 und November 2006 sehr verdächtige Wettbewegungen aufweisen und mit hoher Wahrscheinlichkeit manipuliert worden sind. Offenbar haben sich zwei Teams im Hin- und Rückspiel am 10. und 17. September 2005 jeweils auf einen Heimsieg geeinigt. In einem anderen Fall gab es in Asien extrem hohe Einsätze darauf, dass die Heimmannschaft mit zwei Toren Unterschied gewinnt. Welche Spiele das genau waren, ermitteln sie nicht. Denn es stockt mächtig. Wohl auch, weil vor der Weltmeisterschaft kein Wirbel um Schiebereien gemacht werden soll. Schlagzeilen über Zocker, Geldboten und bestochene Profis hätten dem Ansehen des Fußballlandes Österreich geschadet. Der frühere Graz-Trainer P. arbeitet mittlerweile in Japan beim Proficlub Sanfrecce Hiroshima. Die Ermittlungen gegen ihn sind nach drei Jahren eingestellt worden. Der frühere Mittelfeldspieler von Graz spielt in der Nähe von Wien, beim Zweitligisten ASK Schwadorf. Auch ihm war nichts nachzuweisen.

Ebenfalls aus Angst ums eigene Ansehen gründeten Vertreter des Österreichischen Buchmacherverbands, des Österreichischen Fußballbunds und des Landeskriminalamts Steiermark nach Bekanntwerden der Vorwürfe eine Art Feuerwehr, eine Task Force gegen den immer stärker aufkeimenden Wettbetrug. Ein Frühwarnsystem bei verdächtigen Quotenbewegungen wurde installiert. Die Strafverfolger, Verbandsfunktionäre, Schiedsrichter, Clubmanager und Spieler sollen bei Auffälligkeiten noch vor Anpfiff informiert werden. Doch mehr als einen Symbolwert hat die Task Force nicht.

In Frankfurt werden 2007 Ali G. und William Bee Wah L. wegen der Verabredung zu einem Verbrechen zu je zwei Jahren und fünf Monaten Freiheitsstrafe verurteilt. Kurz vor dem Urteil haben sich beide doch noch zu Geständnissen durchgerungen. Die vier Fußballspieler werden zu Geldstrafen verurteilt. In einem weiteren Prozess wird der Fußballtrainer zu zwei Jahren mit Bewährung und zu einer Geldstrafe verurteilt. Der Rettungssanitäter Miroslav S., der seinerzeit das Geld nach Graz gebracht hat, erhält sieben Monate. Die Verfahren werden als Wettskandal II in die Fußballgeschichte eingehen.

Das Landgericht in Bochum beschäftigt sich noch Jahre später mit dem Wettskandal I und mit Ante S. Im Mai 2011 war dieser in einem ersten Prozess zu fünfeinhalb Jahren verurteilt worden. Dagegen legte er erfolgreich Revision ein. In der zweiten Auflage entschieden die Richter am 14. April 2014, dass fünf Jahre für seine Betrügereien auch reichen.

Ante S. gilt seither als Inbegriff des Wettbetrügers. Schon als Junge von der Wettleidenschaft gepackt, spielte er eine maßgebliche Rolle im Skandal um den Schiedsrichter Robert Hoyzer. Doch er hat offenbar nichts dazu gelernt. Der Zockerkönig aus Berlin-Charlottenburg kassierte an der Seite von Hoyzer zwei Jahre und elf Monate vom Landgericht Berlin. Zwei Jahre später einigte er sich in einem Zivilprozess mit der Deutschen Klassenlotterie darauf, 1,8 Millionen Euro von seinen illegalen Gewinnen zurückzubezahlen. Doch kaum aus der Haft entlassen, wettete er weiter auf verschobene Spiele in Asien. Für 47 manipulierte Spiele wird er verantwortlich gemacht.

Ante S. und sein Kompagnon Marijo C. haben Dutzende von Fußballspielen in Europa verschoben. Kurz nachdem der erste Prozess gegen sie begonnen hat, packen beide aus. Marijo C. erzählte, wie der Osnabrücker Profi Thomas Ci. 100.000 Euro wollte. Wie er ihn getroffen habe, wie es in den Gesprächen klar um die Manipulationen der Spiele des damaligen Zweitligisten VfL Osnabrück ging. Wie Ci. riet, dass es leichter sei, die Abendspiele zu manipulieren, weil die Torhüter da schlechter sehen würden. Ähnliches erzählte er auch vom Osnabrücker Spieler Marcel Sch. Auch der sei bestechlich gewesen. Auch der habe nicht überredet werden müssen. Der Osnabrücker Spieler Ci. sagte dazu, zwielichtige Angebote habe es zwar gegeben, aber keine Schiebereien. Sein Mannschaftskollege Sch. gab die Vorwürfe zu und bezahlte für seine Ehrlichkeit mit einer zehnmonatigen Bewährungsstrafe. Und was viel mehr schmerzt: Der DFB sperrte ihn für 33 Monate. Verschoben, plauderte der Angeklagte Marijo C. aus, sei auch das WM-Qualifikationsspiel 2010 zwischen Liechtenstein und Finnland gewesen, das 1:1 endete. Novo Pa., der bosnische Schiedsrichter der Partie, sei bestochen gewesen. Der hatte einen Elfmeter für Finnland gepfiffen, den der Ex-Rostocker Jari L. verwandelte, und zeigte dem Liechtensteiner Martin B. die Rote Karte in der 76. Minute. Die Uefa sperrte den Schiedsrichter lebenslang.

Ante S. war der Wettpate von Schiedsrichter Hoyzer. Beide gehörten zu zwei Dutzend Personen in zehn Bundesländern, die mindestens zehn Spiele der ersten drei Ligen und des DFB-Pokals verschoben hatten. Sie hatten auch das Pokalspiel des Hamburger SV gegen den SC Paderborn verschoben. Völlig überraschend hatte Zweitligist Paderborn Mitte 2004 mit 4:2 gegen den Bundesliga-Goliath gewonnen. Hamburg flog aus dem Pokal, die geplanten Mehreinnahmen waren damit weg. Zunächst. Später sprach das DFB-Sportgericht dem HSV als finanziellen Ausgleich zwei Millionen Euro Entschädigung zu. Das Zweitligaspiel zwischen Wacker Burghausen und LR Ahlen, dem heutigen Rot-Weiß Ahlen, wurde wiederholt. Hoyzer bekam zwei Jahre und fünf Monate. Die Brüder von Ante S., Milan und Filip, sowie der frühere Schiedsrichter Dominik M. kamen mit Bewährungsstrafen davon. Genauso wie der Chemnitzer Spieler Steffen K.

Hohe Rendite, niedriges Aufdeckungsrisiko, am Ende eher geringe Strafen, eine nahezu perfekte Waschmaschine für verbrecherisch erlangtes Geld, hilflose Funktionäre und machtlose Strafverfolger: Das ist das Geschäftsmodell der Wettmafia. Der Wettbetrug bleibt als Tummelort organisierter Krimineller reizvoll. Nicht nur in Asien, Österreich oder Osteuropa, sondern auch in Deutschland.

Von Stimmen bedroht (Stadtwald und Oberursel)

Einen kreativen Menschen nennt ihn sein Anwalt. Aber auch einen, den Stimmen bedrohen. Ihn, den Stiefsohn, der so hervorragend malen kann. Dessen Blick für Farbkomposition nicht erlernbar ist. Dem so scheinbar einfach der Pinsel über die Leinwand gleitet. Er, dessen Kunst die Familie so stolz macht. So sehr, dass sie seine Werke ausstellen. Zu Hause im Treppenhaus in der prächtigen Privatvilla am Rande der Großstadt. In jenem Haus, in dem so viel verborgen wurde.

Er kommt aus einer Familie, in der es materiell an nichts mangelt. Die Mutter stammt aus einer Frankfurter Kaufmannsfamilie. Echtes Großbürgertum. Mit Blick für Etikette. Immer sicher in Stilfragen. Nicht immer, wenn es ums Menschliche geht. Der Vater spielte keine große Rolle. Es war die Mutter, die die Tradition mitbrachte. Die für die festlichen Tafeln sorgte, wenn die Gäste aus der besseren Gesellschaft zu Gast waren. Und die das Vermögen nicht nur mitgebracht hat, sondern auch verwaltet. Sie war es, die ihm stets sagte, wie es sich in der besseren Gesellschaft zu benehmen galt. Ihm, dem introvertierten, dem schüchternen Jungen. Er ist ein Einzelgänger. Schon immer gewesen. Einer, der nicht bolzte mit den anderen. Einer, der sich nicht gerne maß, dem schnell klar war: Er ist anders. Der Junge mochte es nicht, wenn es roh und männlich wurde, wenn Fäuste mehr zählten als Worte. Er war ein zartes Kind, schon früh ein Feingeist. Einer, der sich nicht gerne bewegte, der lieber zu Hause saß. Der las, der Musik hörte, der nachdachte. Der glücklich in seiner eigenen Welt schien. Und einer, der früh Antworten auf seine vielen Fragen in der Kunst suchte. Anfangs eckte er nicht an. In seinen Kreisen, jedenfalls in denen der Mutter, da war der zarte Bub gerne gesehen. Er, der nicht dazwischenplapperte. Der wusste, wie man sich benahm. Der Geige spielen konnte. Und sich in der Literatur auskannte. Der etwas übrig hatte für die Vorlieben der Bourgeoise.

Doch dann zerbrach das Glück der Eltern. Die Ehe scheiterte. Sie wollte das Leben mit dem Vater nicht länger. Er ging. Was hätte er auch anderes tun sollen? Ihr Entschluss stand fest: Sie wollte ihr Leben verändern. Das trübte fortan das Verhältnis des kunstverliebten Jungen zu seiner Mutter. Doch auch diese Krise meisterte sie – nach außen hin jedenfalls – völlig souverän und unauffällig. Schnell lernte sie seinen späteren Stiefvater kennen: einen Karrierist, einen Erfolgsmenschen, einen, der schnell zu Ruhm und Ehre gekommen war. Der sich alles selbst erschaffen hatte. Ein Mann, der als Tierarzt in einer kleinen eigenen Praxis im Fachwerkhaus begonnen hatte, aus der Praxis eine Klinik und diese in Windeseile zum Imperium aufbaute. Einer, der was konnte – und der etwas darstellte. Der sich einen Namen machte, nicht Landtierarzt bleiben wollte, dem es nicht genügte, Katzen und Hunde zu impfen, Zecken zu ziehen oder Welpen zu entwurmen. Nein, er wusste früh, er will mehr. Ein zielstrebiger Mann, der eine Betonvilla vors Fachwerkhaus setzte, der in Windeseile eine gut gehende Tierklinik am Frankfurter Stadtrand führte. Seine Klinik. Er operierte, er behandelte und er forschte. Bald hatte er die weltweit erste zementlose Hüftgelenksprothese für den Hund entwickelt. Eine Prothese, bei der die beiden Teile Schaft und Pfanne ausschließlich durch ein selbstschneidendes Gewinde im Knochen verankert werden. Die Oberfläche der Prothese ist aus Titan und rau. Sie sorgt dafür, dass das Implantat schnell stabil wird. Eine Implantation, für das kein Knochenzement mehr verwendet werden muss, sondern eines, bei dem die Oberfläche der Implantate dafür sorgt, dass die künstliche Hüfte im Knochen integriert wird.

Damit war er, der gut aussehende, ewig jung und frisch wirkende Tierarzt mit einem Mal ein Star in seinem Metier. Und nicht nur in der Wissenschaft und bei den Kollegen. Nein, er war zum viel geachteten Mann geworden, der die Tiermedizin entscheidend weitergebracht hatte und der die Frankfurter Gesellschaft schmückte. Das gefiel der Kaufmannstochter. Und dass er ein so ungeheuer charmanter, eloquenter und amüsanter Mann war. Mit besten Umgangsformen, einer 1A-Reputation und hervorragenden Kontakten. Mittlerweile auch Arbeitgeber eines knappen Dutzend an Fachtierärzten, die Hund, Hase, Katze und Meerschweinchen eine Rundumversorgung anbieten. Hier gibt es den Hals-Nasen-Ohrenarzt fürs Tier ebenso wie den Urologen, den Internist oder den Dermatologen – wie in der Humanmedizin. Binnen kürzester Zeit hatte es der jugendlich wirkende Veterinär zur Nummer eins in Frankfurt gebracht. Und die Kaufmannstochter glücklich gemacht. Nur nicht deren Sohn.

Früh begann der Junge aus den großbürgerlichen Verhältnissen mit dem Kiffen. Die Anzeichen der Krankheit mehrten sich. Schlimm wurde es, als ihn nach dem Abitur die Freundin verließ. Er hat eine verletzliche Seele. Er hatte sie schon immer, er ist halt ein Künstler, sagte die Mutter gerne über ihren Sohn. Aber er schaffte es, damit klarzukommen. Irgendwie. Mit Drogen, mit Ablenkung – und mit seiner Kunst. Sie brachte ihn auch über die kaputt gegangene erste Liebe hinweg. Nach der Schule ging er an die Kunsthochschule. Doch dort wurde er zum ewigen Studenten. Ganz im Gegensatz zum erfolgreichen Stiefvater, der ihn den Versager spüren ließ. Glaubte der Junge zumindest. Es ging ihm immer schlechter. Er malte. In der lokalen Kunstszene hatte er einen Namen. Zunächst als Graffiti-Sprayer, dann als Maler. Aber das zählt in den elterlichen Kreisen natürlich nicht. Ein Kunstverein stellt seine Werke aus. Auch das hilft nicht. Er bricht aus, organisiert Szene-Partys, ist in der Künstler- und DJ-Szene angekommen und angesagt. Er legt auf. Und er kommt neben Haschisch nun auch mit Kokain in Berührung. An Drogen herrscht in seinen Kreisen kein Mangel. Sie forcieren den Krankheitsverlauf. Doch niemandem war das klar. Ihm am wenigsten.

Es war die Zeit, in der zum ersten Mal auch die Stimmen da waren. Stimmen, die ihn warnten. Die ihm zeigten, dass überall Ungemach drohe. Doch er glaubte, dass nur er die versteckten Hinweise darauf erkannte. Dass nur er sah, wie eigens für ihn im Restaurant die Servietten gefaltet wurden, weil ihm jemand ein Zeichen geben wollte. Eine Warnung vor den bösen Mächten. Und nur er nahm die Handzeichen von Passanten wahr, glaubte er. Einmal, da verwandelte sich der Junge in eine Comicfigur. Sein Körper war plötzlich bunt, die Schwerkraft hatte keine Macht mehr über ihn, er schwebte an die Zimmerdecke, spürte plötzlich den Tritt und sah hinter sich diese Teufelsgestalten mit den verzerrten Fratzen. Sie fletschten die Zähne. Sie jagten ihn, sie warfen ihn gegen die Wände. Sie waren so laut. Erst, als er die Kabel aus der Stereoanlage riss, herrschte wieder Ruhe. Allerdings nur äußerlich, denn in ihm brodelt es. Die Gefahren nahmen zu. Und schuld daran war der neue Mann an der Seite seiner Mutter. Da war er ganz sicher. Weil er der Einzige war, dem das klar war, war er auch der Einzige, der Abhilfe leisten konnte. Aber noch war es nicht soweit.

Der kunstverliebte, ewig studierende Stiefsohn, konnte den neuen Mann an der Seite der Mutter nie akzeptieren. Davon bemerkte dieser aber nichts. Manchmal sprach ihn der Stiefvater an, ob er nicht endlich mal was arbeiten wolle und dass er nicht ein Leben lang studieren könne. Jedenfalls nicht auf seine Kosten. Die Gefahr, die von dem Jungen ausgeht, bemerkt der Stiefvater nicht. Die Bedrohung, die er für ihn selbst bedeutet, übersieht er ebenfalls. Dass ihn der Junge als „bonzig" bezeichnet, ist ihm entgangen.

Was der Tierarzt und seine Frau aber nicht übersehen, das sind die Anzeichen einer schizophrenen Psychose des Jungen, der sich längst ständig verfolgt fühlt und manchmal sehr verwirrt schaut. Aber die Eltern dringen nicht in die Tiefe. Dass er Verrat wittert, sich häufig ferngesteuert fühlt, fast nie mehr allein ist, weil die Stimmen ihn nun ständig begleiten, das freilich wissen sie nicht. Nur dass er auffällig ist, anders als andere in seinem Alter. Sie sehen nicht, dass im Kopf des Jungen nun fast immer auch ein anderer ist. Einer, der Anweisungen gibt. Und warnt vor dem Bösen. Einer, der ein latentes Klima des Hasses aufbaut. Hass gegen den Stiefvater. Hass, der dem einst so sanften Jungen nun auch Gewaltfantasien beschert. Immer häufiger. Als er den ersten Stuhl entzwei schlägt, ist er Mitte zwanzig.

Der Stiefvater reagiert. Er kümmert sich um ihn, um seine medizinische Versorgung. Er weiß, der Junge muss in Behandlung. Ständig wechseln nun die Ärzte. Aber eines haben sie alle gemeinsam: Der Stiefvater sucht sie aus. Und bezahlt sie auch. Das Problem: Der Junge misstraut ihnen. Eben weil der erfolgreiche Tierarzt sie ausgesucht hat. Weil sie geschickt darin seien, ihn noch kranker zu machen, glaubt er zu wissen. Er ist auch sicher, dass der Stiefvater ihn für einen völligen Versager hält. Einen Nichtskönner, der ihm nur auf der Tasche liege. Als er, der Junge, mal bei einem der Ärzte zur Toilette gehen will, da sagen ihm die Stimmen: „hau ab, hau ab". Er geht unverrichteter Dinge. Von nun an fühlt er sich sicher, nicht ständig merkwürdig angesehen zu werden. Er, der nichtsnutzige Stiefsohn des Star-Tierarztes. Jetzt würden sie nicht länger versuchen, ihm seine Gedanken zu entziehen. Vor allem der Stiefvater, den er für den wahren Schuldigen an der Trennung seiner Eltern hält.

Das alles bemerkt der Stiefvater nicht. Aber dass etwas nicht stimmt mit dem Jungen, ist ihm bewusst und auch die Mutter schaut keinesfalls weg. „Man wollte das Problem innerhalb der Familie lösen", so wird später im Prozess die Staatsanwältin den Sachverhalt zusammenfassen, als allen klar ist, dass die Familie den Jungen nicht hätte heilen können, niemals eine Chance dazu hatte. Nur professionelle, stationäre Hilfe hätte helfen können.

Zu dieser Zeit ahnt jedoch noch niemand die drohende Gefahr, die von ihm ausgeht. Niemand will die Zeichen sehen. Auch die eingetretene Tür ist noch nicht Warnung genug. Die zunehmende Aggressivität registrieren die Eltern zwar. Dass sie sich auch gegen Menschen richten könnte, das wollen oder können sie aber nicht wahrhaben. Nicht der Stiefvater, nicht die Mutter, die gelernt hat, Probleme im Verborgenen zu lösen, nicht die hilflose Schwester, die noch viel zu jung ist.

Was sie alle bemerken, ist sein Talent für die Kunst, brillante Ansätze und Arbeiten, die aber – beinahe naturgemäß – brotlos bleiben. Der Stiefvater moniert das immer häufiger. Aber er unterstützt ihn weiter. Er bezahlt die Miete, findet nicht nur die vermeintlich richtigen Ärzte für ihn, sondern auch eine passende Wohnung. Nur eines entgeht ihm: die ständig wachsende Wut des Jungen auf ihn. Und diese wächst und wächst.

Klein und dumm wolle er ihn halten und unter Kontrolle bringen, glaubt der Stiefsohn. Er bemerkt zwar, dass er im Leben nicht weiterkommt. Glaubt aber, der Stiefvater trage die Schuld daran. In der Tatnacht bricht sich der Hass schließlich Bahn. Gegen 4 Uhr früh betritt der Junge das Schlafzimmer des Stiefvaters in dessen Oberurseler Villa. Da liegt er, dieser Erfolgsmensch und ist auf einmal so wehrlos. So klein. So jämmerlich. Er, der Peilsender und Abhöranlagen gegen ihn eingerichtet hat. Jahrelang. Und glaubt, der Junge würde das nicht bemerken. Er, der in seiner Abwesenheit das Handy verwanzt hat. Er, der dafür gesorgt hat, dass er fremdgesteuert wird. Jetzt liegt er hier, schlafend, wehrlos und ist dabei dennoch so unglaublich gefährlich.

Der Stiefsohn sieht sich zum Handeln gezwungen und schlägt zu. Mehrfach lässt er den Baseballschläger auf sein schlafendes Opfer niederkrachen. Immer und immer wieder. Dann sticht er mit einem Messer zu. Auch das immer und immer wieder. 24 Stichwunden sind es am Ende. So wird es später der Gerichtsmediziner festhalten. Im Prozess spricht der erfahrene Arzt ganz nüchtern von „nähmaschinenartigen Einstichen". Seine Worte lassen das Gemetzel jener Nacht erahnen.

Bevor er den Tatort verließ, brachte der ungeliebte Stiefsohn dem Sterbenden noch eine klaffende Wunde am Unterarm bei. Die Tötungsabsicht war zu diesem Zeitpunkt längst erfüllt, werden darüber die Juristen im Prozess sagen. Worte, die er zwar wahrnimmt, die ihn aber nicht erreichen. Sie erscheinen so unwahr wie die Worte des nun für immer schweigenden Stiefvaters. „Vielleicht wollte er ein Zeichen setzen", vermutet die Staatsanwältin. Eine Art Signatur könnte es gewesen sein. Das würde zum Profil des überdurchschnittlich begabten Künstlers passen. Doch wissen kann sie das nicht. Denn der Junge redet im Prozess nicht. Kein Wort. Er schüttelt auch nicht den Kopf. Er nickt auch nicht. Er darf das. Er ist Angeschuldigter. Er muss sich nicht belasten. Auch nicht entlasten. Keiner kann ihn dazu zwingen. Das will letztlich auch niemand. Er ist ein kranker Mann, kein bestialischer Mörder.

Nur in jener Nacht, als er den übermächtigen Stiefvater umbrachte, da redete er kurz mal. Als er die Polizei empfing, war er ganz regungslos. Sie fanden ihn in einem blutbefleckten T-Shirt und in Boxer-Shorts, rauchend auf der Treppe sitzend. Er sagte: „Ich weiß, was ich getan habe, und das ist auch gut so. Ich habe lange genug gelitten. Jetzt bin ich ruhig."

Seine Mutter hat in jener verhängnisvollen Nacht Hilfe gerufen, in der Hoffnung, ihr Mann könne noch gerettet werden. Sie hat ihn gefunden, war wach geworden von den bedrohlichen Geräuschen im Haus. Im Nachthemd war sie völlig verstört zu den Nachbarn gerannt. Später wird auch sie vor Gericht schweigen.

Der Junge sitzt zwischen seinen beiden Verteidigern, als seine Familienangehörigen der Reihe nach den Gerichtssaal betreten. Er schaut sie nicht an. Nicht die Mutter, nicht die Schwester. Niemanden. Er hält den Blick die ganze Zeit gesenkt. Er erlaubt keine Einblicke. Er versteckt sich. Vor den Fotografen zu Prozessbeginn mit seiner Mütze und unter seiner Jacke. Vor dem Rest der Welt mit einem Panzer, den er sich früh zugelegt hat und der ihm in der für ihn so undurchdringlichen Welt helfen sollte, klar zu kommen.

Die Vernehmungsprotokolle zeigen einen Ausschnitt der Welt, in die der Stiefsohn sich jahrelang geflüchtet hatte. Diese hat nur noch wenige Schnittpunkte mit der realen. Es ist eine bedrohliche Welt, eine Welt, in der sich seine Mutter prostituiert und sein Stiefvater ihn zwingen will, Menschenfleisch zu essen. Es ist jene Welt, in der er immer noch lebt. Die Angst hat ihn noch immer im Griff. Aus dem psychiatrischen Krankenhaus, in dem er zuerst untergebracht war, ist er in ein anderes verlegt worden – er hatte sich von den Mitpatienten bedroht gefühlt.

Ein Künstlerfreund sagt vor Gericht, die Familie habe den Stiefsohn „mit Geld vollgestopft" – es aber an Liebe und Respekt fehlen lassen. Vor allem der Stiefvater, der mit Geld immer alles hinbekam, alles regeln konnte. Nur den Gewaltausbruch des Jungen eben nicht mehr. Da hatten sie die Rollen getauscht. Die Kontrolle des übermächtigen Star-Tierarztes war in der Tatnacht perdu.

Freunde der Familie haben eine andere Sichtweise. Sie erzählen von den Ängsten, von dem Bemühen der Familie. Von all der Sorge um den Jungen. Von all den vergeblichen Anstrengungen, seine kranke Seele zu erreichen. Von den vielen Überlegungen, wie ihm innerfamiliär geholfen werden könnte. Direkte Freunde beschreiben den Beschuldigten als ruhig, höflich, aber auch als sehr verschlossen und introvertiert. Als einen, der in sich lebt, der nichts nach außen lässt. Oder fast nichts. Und wenn, dann kaum erkennbar.

Die Schwester redet öffentlich nicht über ihn. Aber sie schreibt einfühlsam über ihn – im Internet. Dort formuliert sie ihre eigene ganze Hilflosigkeit in einem Satz: „Ihr habt doch keine Ahnung." Im Prozess schweigt auch sie. Niemand aus der Familie will erklären. Weil es keiner von ihnen kann, weil sie ihn vielleicht nie verstanden haben. Dies verstärkt in ihm den Gedanken, von ihnen als Versager betrachtet zu werden. Von der eigenen, übermächtigen Familie. Sie lassen es ihn spüren – auch im Prozess. Glaubt er. Wollen sie nichts mit ihm zu tun haben? Weil er nichts kann? Nichts hinbekommt? Weil er anders ist? Weil sie die Distanz zu ihm wahren wollen? Oder schützen Mutter und Schwester ihn? Oder sich selbst, weil sie es sonst nicht ertragen würden, einen kranken Mörder in der Familie zu haben? Verweigern sie deshalb die Aussage? Oder wollen sie nur öffentlich nicht über ihn reden – und vor allem nicht über sein schlechtes Verhältnis zum Stiefvater?

Was er nicht sieht, was er nie wahrgenommen hat und auch noch immer nicht wahrnimmt, als er auf der Anklagebank sitzt – sediert von den Medikamenten, die sie ihm in der Psychiatrie gegeben haben und die ihm einen stieren Blick verleihen: Jeder, der in diesem Prozess aussagt und der seine Werke gesehen hat, schwärmt von ihnen und nennt ihn einen begnadeten Künstler. Auch die Polizisten, die vernommen werden, sagen das. Mutter und Stiefvater müssen ähnlich empfunden haben. Warum sonst hätten sie die Oberurseler Villa mit seinen Arbeiten geschmückt? Sie den Gästen gezeigt? Doch der Junge hat das Zeichen, das sie ihm damit geben wollten, nie erkannt. Er hat immer geglaubt, die Familie hätte seine Kunst verachtet. So wie ihn selbst eben auch.

Jetzt ist er mit Medikamenten vollgestopft. Sie haben den jungen Mann verändert. Er ist aufgeschwemmt. Der einstmals schlanke, fast schlaksige junge Kerl trägt jetzt Bart, Bauch und Brille. Es gibt ein neues Medikament auf dem Markt, das ihm vielleicht helfen könnte, aber er will es nicht nehmen. Er hat Angst. Bevor es ihm zwangsweise verabreicht werden kann, muss er zwei neue probieren, die auch nicht helfen dürften. So sind die Vorschriften.

„Diese Geschichte", urteilt der Richter am Ende, „ist kein Krimi, aber sie zeigt, was in dieser Gesellschaft passieren kann." Und der erfahrene Jurist sagt: „Eine ganze Familie ist in einer Nacht ruiniert worden." Da nickt sogar der schweigende Angeschuldigte. Seine Familie, der ganz offensichtlich nicht klar war, welche Gefahr von ihm ausgehen konnte. Die kaum dabei war, als gegen ihn und über seine Zukunft verhandelt wurde. Sie wollten sich dem Pressetrubel nicht aussetzen, sagt der Vorsitzende Richter. Das müssen sie auch nicht. Als Angehörige dürfen sie schweigen. Die Staatsanwältin ist davon überzeugt, dass der Mann, der ihr gegenübersitzt, zur Tatzeit schuldunfähig war, weil er schwer krank ist. Das Ergebnis kommt nicht unerwartet. Der 30-Jährige wird dauerhaft in der Psychiatrie untergebracht, er muss nicht ins Gefängnis. Die Frage, ob es sich bei der Tat um Mord oder Totschlag handelte, spielt letztlich nur eine akademische Rolle. Das Landgericht sieht Mordmerkmale erfüllt. Doch die Schuldunfähigkeit des Angeklagten stellt niemand in Frage. Weil er gefährlich für die Allgemeinheit ist, wird er für die nächsten Jahrzehnte wohl in der Psychiatrie verbleiben. Dort ist er schon. Im Hochsicherheitstrakt, weil er auch für sich selbst eine Gefahr ist.

Nach dem Urteil verzichtet sein Anwalt sofort auf Rechtsmittel. Der Mann auf der Anklagebank, der wegen seiner schweren Krankheit kein Angeklagter ist, will es so. Er hat zugestimmt, dass nach der ersten Runde vor Gericht Schluss ist. Er erkennt das Urteil an – zumindest formal.

Tragödie am Heiligen Abend (Enkheim)

Nathaniel war ein glücklicher Mann. Lange Jahre. Das, was er sich gewünscht hatte, das hatte er auch gefunden: eine glückliche Familie und ein schönes Zuhause. Er war angekommen. Zunächst in der Fremde, doch dann wurde auch diese zur Heimat. Das ging relativ schnell. Im nächsten Schritt war auch das völlig andere Leben in der Mainmetropole zu seinem eigenen geworden. Ein friedliches ohne Angst um die nackte Existenz. Mit ruhigen Nächten. Dass eine dieser Nächte für ihn und seine Familie zu ruhig werden würde, konnte er nicht ahnen, als er mit seiner Frau geflohen war. Geflohen, als die ehemals befreundeten Nachbarn Äthiopien und Eritrea zum Symbol einer absurden Politik wurden.

Eritrea 1998: Panzer fahren an der Grenze zu Äthiopien auf, Helikopter schießen Raketen ab, Maschinengewehre knattern. Zwei Jahre tobt ein völlig unverständlicher Grenzkrieg. Die Folgen: 90.000 Tote, ein wirtschaftliches Desaster für beide Seiten und bis heute eine Stimmung, die jederzeit wieder in Krieg umschlagen kann. Die starke Macht am Horn von Afrika ist Äthiopien. Militärisch kann das Land von keinem Nachbarn besiegt werden, auch wirtschaftlich hat Äthiopien das Potenzial zu hegemonialer Stärke. Die strategisch günstige Lage war schon während der europäischen Kolonialzeit attraktiv. Engländer und Italiener versuchten, das Land zu erobern – und scheiterten. Stattdessen wurde Äthiopien selber zur imperialen Macht und eroberte nach dem Zweiten Weltkrieg Eritrea. Der gemeinsame Kampf eritreischer und äthiopischer Rebellen gegen den Diktator Mengistu Haile Mariam einte die beiden Völker. Nach Mariams Sturz begann Eritrea zunächst friedlich den

Versuch, sich wieder zu separieren. Dies war erfolgreich. 1993 wurde das Land unabhängig.

Im Zuge der Unabhängigkeit pochte Eritrea allerdings auch auf Gebietsansprüche aus den alten Kolonialverträgen, etwa auf die Zugehörigkeit der Region Badme. Ein Stück wertloses Land mit ein paar verfallenen Hütten, um die sich die beiden Staaten stritten. Obwohl hier nur arme Menschen leben, die kriegsmüde waren und kaum verstanden, warum genau ihre Region so wertvoll sein sollte. Wo es doch nur Steine und Staub gab. Aber diese Region war schon zu Beginn des 20. Jahrhunderts der italienischen Kolonie Eritrea zugeschrieben worden. Das Angebot Äthiopiens, darüber wenigstens mal zu reden, lehnt Eritrea ab. Der Konflikt, der auch Nathaniel und seine Frau aus der Heimat vertreibt, dreht sich jedoch nicht nur um Land, sondern auch um unterschiedliche politische und wirtschaftliche Ziele. Während Äthiopien längerfristig wieder eine politische Union mit Eritrea eingehen will, strebt Eritrea nach mehr Unabhängigkeit. Beide Staaten schikanieren und blockieren sich gegenseitig, was schwer wiegende wirtschaftliche Krisen zur Folge hat. Nur für Waffen scheint immer Geld da zu sein. Vor allem Eritrea lässt keinen Willen erkennen, sich ernsthaft der internationalen Gemeinschaft zu öffnen und aus seiner weitgehenden politischen Isolation herauszutreten. Im Gegenteil, 2005 flackert der Grenzstreit erneut auf und Eritrea verbietet den Vereinten Nationen die umstrittenen Gebiete zu überfliegen. Die Folge: Die Vereinten Nationen können den brüchigen Frieden nicht überwachen.

Aber das alles ist nun weit weg von Nathaniel und seiner Frau. Sie sind in Deutschland angekommen, haben ihre eigene kleine Familie gegründet, fühlen sich wohl und sicher. Und integriert. „Ich habe Gott gedankt für das, was ich hatte. Ich war besessen von meinen Kindern und meiner Frau." Sagt Nathaniel über seine Familie, als es um den Tod seiner Söhne und seiner

Ehefrau vor einem Frankfurter Schöffengericht geht. Er sagt das ohne Vorwurf, ohne Anklage, ohne laut zu werden, ohne zu weinen, ohne äußerliche Regung, so zurückgenommen, aber doch so spürbar emotional, dass es mucksmäuschenstill im Gerichtssaal wird. Es herrscht eine beklemmende Stimmung. Alle schauen auf Nathaniel, auf diesen ruhigen, gut aussehenden Mann, der so untröstlich ist. Der so verschlossen wirkt. So unnahbar. Und der dennoch so klar zu verstehen gibt, was der Tod seiner Familie für ihn bedeutet: seinen eigenen inneren Tod.

Neben Nathaniel sitzt an diesem schmucklosen, braunen, funktionalen Tisch der Staatsanwalt. Links von Nathaniel sein Rechtsanwalt. Nathaniel ist Nebenkläger. Überlebender einer Straftat. Opfer der Tat. Deshalb darf er neben dem Staatsanwalt sitzen, auf der Seite der Ankläger. Er ist Prozessbeteiligter, hat ähnliche Rechte wie der Strafverfolger. Er darf Anträge stellen, er darf sich Zeugen wünschen, die noch gehört werden sollen oder Gutachten. Am Ende des Prozesses darf er ebenso wie der Staatsanwalt eine Strafe beantragen. Darf selbst plädieren. Versuchen, die Richter von seiner Wahrheit zu überzeugen. Nebenkläger darf das Opfer selbst oder ein Angehöriger in einem Strafverfahren sein. Nebenkläger dürfen fast alles, was der Staatsanwalt auch darf, nur eines dürfen sie nicht: selbst Anklage erheben. Das Recht, einen Menschen vor einem Gericht wegen einer Straftat anzuklagen, behält der Staat nur sich selbst vor. Weil ein Opfer einer Straftat immer befangen ist, der Staatsanwalt aber – jedenfalls im Idealfall und laut Gesetz – objektiv und neutral bleibt. Er soll unbefangen sein. Distanz wahren. Nach allen Seiten offen bleiben. Der Nebenkläger dagegen kann das nicht und muss das auch nicht sein.

Deshalb hat er allenfalls das Recht, sich zu beschweren, wenn der Staatsanwalt entscheidet, dass keine öffentliche Anklage erhoben wird, etwa weil Beweise nicht reichen oder der Vorwurf sich im Ermittlungsverfahren nicht erhärten ließ. Bei

Mordfällen, wenn es um Totschlag, Körperverletzung, fahrlässige Tötung wie bei Nathaniel oder um Sexualdelikte geht, sitzt sehr häufig ein Nebenkläger mit im Gerichtssaal. Nicht immer so besonnen wie Nathaniel. Oft sehr emotional. Meistens zum Missfallen der Juristen, die gelernt haben, auch emotional anrührende Fälle sachlich zu behandeln, um möglichst objektiv bleiben zu können. Wenn ein Einzelner nicht direkt von einer Straftat betroffen ist, wie etwa bei Umweltdelikten, erlaubt der Staat die Nebenklage nicht. Zum Beispiel bei gepanschten Arzneimitteln oder illegaler Entsorgung von Asbest. Denn hier sagt der Staat: Die Allgemeinheit ist betroffen, nicht der Einzelne. Und die passt nicht auf den Platz neben dem Staatsanwalt. Bei Nathaniel aber ist das keine Frage. Er ist als Nebenkläger zugelassen.

Nathaniel, das sagt er später in die Mikrofone der vielen Fernseh- und Radiojournalisten, sitzt hier nicht, weil er Rache nehmen will. Oder weil er will, dass die beiden angeklagten Handwerker möglichst hart bestraft werden. Nein, das alles ist ihm nicht wichtig. Er will nur, dass so etwas nie wieder passieren kann. Um Gerechtigkeit geht es ihm nicht. Die vor Gericht zu bekommen, erscheint ihm sowieso als ein Irrglaube. Gerechtigkeit kann es in seinem Fall, dem tragischen Verlust von Frau und Kindern, als einziger Überlebender dieser Katastrophe gar nicht geben. Er will, dass andere aus seinem Schicksal lernen. Handwerker vor allem.

Gegenüber von Nathaniel sitzen die beiden Männer, denen er etwas beibringen möchte. Sie, behauptet der Staatsanwalt, seien schuld am Tod dreier Menschen. Sie seien verantwortlich dafür, dass Merih starb, kaum dass sie 33 Jahre alt geworden war. Und dass ihre Söhne Sam (10) und der 13-jährige Faniel ebenfalls nicht mehr leben. Die beiden Männer trügen die Verantwortung dafür, dass er, Nathaniel, heute kein glücklicher Mann mehr sei. Und nie wieder werden kann, wie er selbst meint. Die Anklage des Staatsanwaltes lautet auf fahrlässige Tötung in drei Fällen und auf fahrlässige Körperverletzung.

Rückblende: Advent 2009. Es ist extrem kalt. Erst viel Schnee, dann klirrende Kälte, dann auf einmal Tauwetter. Der Schnee auf dem Dach des Mehrfamilienhauses im Frankfurter Stadtteil Enkheim, in dem Nathaniel mit Frau und den zwei Kindern ihre neue Heimat gefunden haben, beginnt zu schmelzen. Es sind große Massen Schnee, die auf einmal zu Wasser werden. Die dafür sorgen, dass die Meidinger Scheibe, die den Schornstein abdeckt, nicht mehr Stand halten kann, zusammenbricht und schließlich den Abzug verstopft. Sie wäre womöglich nicht zusammengebrochen, wenn Dachdecker Peter sich für die richtige Scheibe entschieden hätte.

Schon früh war klar, was aus dem kleinen Peter einmal werden würde. Schon der Vater war Dachdeckermeister. Es gab keine Diskussion, dass der Bub das Gewerk fortsetzen würde. Er hat sich nie darüber beklagt, sich nie darüber Gedanken gemacht. Das war völlig selbstverständlich. Bis zu jenem Tag im Jahr 2009, als er zum ersten Mal seine Berufswahl in Frage stellte. Kurz zuvor hatte er den Auftrag erhalten, das Flachdach des Hauses zu renovieren. Er hatte auch die richtige Meidinger Platte bestellt, doch irrtümlich war die falsche geliefert worden. Eine minderwertigere Scheibe. Aber die Zeit drängte und so verbaute er eben die günstigere, aber völlig ungeeignete Platte. Dummerweise vergas er an diesem Tag auch, sie durch ein zusätzliches Zinkblech gegen die Witterung zu schützen. Davon ist zumindest der Staatsanwalt überzeugt.

Allerdings spielen noch weitere Faktoren für die nahende Katastrophe in der Vorweihnachtszeit 2009 eine Rolle. Denn die gebrochene Scheibe hätte wenig Unheil anrichten können, wenn der Brenner richtig funktioniert hätte. Doch auch der versagt den Dienst, die Sensoren registrieren nicht, dass sich die Abgase stauen. Die Gastherme in der Wohnung von Nathaniels

Familie schaltete sich ebenfalls nicht rechtzeitig aus. Dies wäre passiert, heißt es in der Anklageschrift des jungen Staatsanwaltes, wenn Thomas, der für die Wartung der Therme zuständige Service-Techniker, diese wie vorgeschrieben staubfrei gereinigt hätte. Hat er aber nicht getan. Er hat es mit der Wartung nicht so ernst genommen. Sagt ebenfalls der Staatsanwalt.

Vielleicht wäre das Leben von Merih und den beiden Jungen zu retten gewesen, wenn die beiden Sanitäter, die in der Nacht auf den 22. Dezember von Familie G. alarmiert worden waren, den Grund für den plötzlichen, schlechten Zustand Merihs rechtzeitig erkannt hätten. Vermutlich hätten sie dann sofort dafür gesorgt, dass die Frau aus der Wohnung kommt, dass Ärzte nach ihr schauen. Vielleicht würde die Mutter von zwei Kindern heute noch leben. Aber das weiß keiner so genau. Nathaniel fragt nicht mehr danach. Es würde auch nichts ändern. Jetzt will er nur noch wissen, was eigentlich geschah. Und warum.

Nathaniel und Merih hatten sich an diesem Abend, an dem später noch die Sanitäter kommen sollten, schlafen gelegt. Sam und Faniel schliefen längst in ihrem Zimmer. Sie hatten am nächsten Tag nochmals Schule, bevor die Ferien beginnen sollten. Auch Nathaniel schlief schnell ein. Nur Merih fand keine Ruhe in dieser Nacht. Sie fühlte sich nicht wohl. Und weil es nicht besser wurde, sondern das Unwohlsein im Gegenteil zunahm, weckte Merih ihren Mann auf. Es ginge ihr nicht gut, sagte sie ihm. Ihr sei irgendwie übel. Nathaniel holte ihr ein Glas Wasser aus der Küche. Das half nicht. Merih wurde schwächer. Und auf einmal brach sie zusammen. Warum, wusste die sportliche, durchtrainierte und sonst so gesunde Frau nicht. Das beunruhigte. Sehr sogar. Nicht nur sie. Nathaniel rief Hilfe. Die Sanitäter waren zehn Minuten später da. Sie maßen den Blutdruck. Er war nicht gut. Viel zu niedrig. Sie redeten mit Merih. Wollten wissen, ob sie etwas Schlechtes gegessen hatte. Wie der Kreislauf sonst sei. Doch sie fanden keine Ursache für ihr plötzliches Unwohlsein. Sie vermuteten als Wurzel des Übels eine Aspirin-Tablette, die Merih am Tag genommen hatte. Die Sanitäter rieten ihr: Falls die Übelkeit nicht vergehe, solle die Familie am nächsten Tag einen Arzt aufsuchen. Ansonsten solle sie sich am besten ausruhen. Meistens lösten sich solche Verstimmungen schnell wieder. Doch bei Merih löste sich das Unwohlsein nicht mehr.

Der Besuch der Sanitäter ist das Letzte, woran sich Nathaniel G. als glücklicher Mann erinnern kann. Dann überkam der leise Tod seine Familie und mit ihm der Filmriss. Dass die Sanitäter noch einmal zu seiner Familie gekommen sind, weiß er nicht mehr.

Als sie erneut in die Wohnung gerufen werden, alarmiert von einer besorgten Lauffreundin von Merih, ist es Heiligabend. Die Freundin hatte immer und immer wieder angerufen. Merih war nicht zum verabredeten Lauftreff gekommen. Hatte aber auch nicht abgesagt. Sich nicht mehr gemeldet. Das passte nicht zu ihr. Sie war immer da. Und wenn nicht, meldete sie sich ab. Nur diesmal nicht. Deshalb hatte sie die Sanitäter gerufen. Sie fanden die Familie im Wohnzimmer. Dort lagen sie zusammen auf einer Matratze. Eng aneinander gekuschelt. Lediglich in Nathaniel war noch ein Rest von Leben. Die Luft in der Wohnung war voll von Kohlenmonoxid. Dem Stoff, der den Tod leise bringt. Nicht zu riechen, nicht zu schmecken, nicht zu sehen. Ein Giftgas, das über die Lunge ins Blut gelangt und dort an die roten Blutkörperchen andockt. Aber weil die Moleküle sich nicht nur mit den freien Plätzen begnügen, verdrängen sie die schon angedockten Sauerstoff-Moleküle. Als Folge transportieren die roten Blutkörperchen weniger Sauerstoff. Die Versorgung des Organismus bricht zusammen. Erst kommt die Übelkeit, dann der Kopfschmerz, danach die Müdigkeit. Und irgendwann der Tod, weil Kreislauf und Atem gelähmt sind. Bei Merih und ihren beiden Jungs stellte der Gerichtsmediziner später fest, was bei allen Opfern von Kohlenstoffmonoxid-Vergiftungen festzustellen ist: Sie haben kirschrote Schleimhäute. Denn Kohlenmonoxid geht eine starke Verbindung mit Hämoglobin ein, 200- bis 300-mal fester als mit Sauerstoff. Wenn das Hämoglobin die Wahl hat zwischen Kohlenmonoxid und Sauerstoff, dann bindet es sich an das Kohlenmonoxid. Die Folge: Es wird über das Blut nicht mehr ausreichend Sauerstoff transportiert. Und das führt zu einem Sauerstoffmangel. Hämoglobin bildet mit dem Kohlenmonoxid die Verbindung Carboxyhämoglobin, die kirschrot ist und dafür sorgt, dass das Blut nicht mehr bläulich ist.

Warum sie in jener Nacht so eng aneinander gekuschelt waren, weiß Nathaniel später nicht mehr. Auf der Suche nach einer Erklärung dafür findet er nur diese: In der Not ist die Familie zusammengerückt. Ob es etwas mit den Schlafsitten seiner Heimat zu tun hat, kann er nicht beantworten. Denn in Afrika suchen weite Teile der Bevölkerung Schutz und Wärme in gemeinsamen Schlafstätten. Einige direkt auf dem Fußboden, andere auf Tüchern, Matratzen oder Podesten und Betten. Abhängig von Klima, sozialer Zugehörigkeit und Wohlstand. Da die Menschen während des Schlafens anfällig für vielerlei Gefahren sind, versuchen sie sich, so gut es geht, davor zu schützen. Im Mittelalter spielte vor allem in eng bebauten Städten wie Frankfurt die Angst vorm Feuer eine große Rolle. Schlafen im Sitzen sollte helfen. Die Gefahr vor der Kohlenmonoxid-Vergiftung bannen. Warum Nathaniel, Merih und die beiden Jungs zusammen auf einer Matratze und nicht in ihren Betten lagen, als die Sanitäter eintrafen, wird nie mehr zu klären sein. Ganz offensichtlich ahnten sich nichts von der tödlichen Gefahr in ihrem Wohnzimmer.

Am 28. Dezember 2009 erwachte Nathaniel. Am Krankenbett stand sein Bruder, der eigentlich in Schweden lebt. Nathaniel wusste, das ist kein gutes Zeichen. Welcher Tag heute ist, wollte er von ihm wissen. Sein Bruder sagte es ihm. Und Nathaniel, der immer noch nicht bei Sinnen war, erschrak. Er hatte Weihnachten verpasst. Das wichtigste Famielienfest. Er hatte sich so darauf gefreut. Sich so viel Mühe bei der Auswahl der Geschenke gegeben. Er fragte den Bruder, ob sich seine Söhne über die Geschenke gefreut hätten. Da verließ der Bruder stumm das Zimmer. Nathaniel blieb ratlos zurück. Hatte er einen Autounfall gehabt? War den Jungs etwas passiert? Seiner Frau? Offenbar nur ihm. Das beruhigte ihn. Aber nur sehr kurz. Was war geschehen? Er fragte die Krankenschwester. Sie antwortete ihm nicht.

Bei der Visite am nächsten Tag wollte der Arzt von ihm wissen: „Wie viele waren Sie denn in der Wohnung?" „Vier", antwortete Nathaniel. „Es ist nur noch einer übrig", sagte der Arzt, und Nathaniel war beinahe beruhigt. Jetzt müsse er nur noch aufwachen, dachte er, dann sei der Albtraum vorbei. Aber er wachte nicht auf. Nicht aus diesem Albtraum. Der nie wieder enden würde. Und kurz danach wusste er: Sein Leben ging kurz vor Weihnachten 2009 zu Ende. Er bat den Arzt, ihm die Wahrheit zu sagen, was dieser auch tat.

Seine Frau, seine Kinder, seine Arbeit – alles hat Nathaniel verloren. Und noch viel mehr: Das Leben macht ihm keinen Spaß mehr. Nichts mehr. Jeden Tag denkt er ans Sterben. Die Zeit, die vor ihm liegt, will er gar nicht mehr haben. Seine Stimme ist müde, aber nicht zornig. Er weiß, er kann es seiner Familie, dem Bruder in Schweden, nicht antun, auch noch zu gehen. Seinen Eltern nicht und Merihs Eltern auch nicht. Sie haben doch schon Tochter und Enkel verloren. Deshalb bleibt er. Für sie. Ansonsten sieht er keinen Sinn mehr in seinem Leben. Dass sein rechter Arm seit der letzten Nacht, die er mit seiner Frau und den Kindern verbrachte, verkrüppelt ist, macht ihm nichts aus. Er hatte stundenlang auf diesem rechten Arm gelegen, bis die Sanitäter kamen und die Familie fanden. Die Nervenstränge haben das nicht überlebt. Der Alltag ist dadurch ein bisschen beschwerlich geworden. Körperlich. Aber in seinem Leben, erzählt er vor Gericht, ist sowieso alles beschwerlich geworden.

Nathaniel betont immer wieder, dass er keine Vergeltung wolle. Nur, dass so etwas nicht mehr passieren dürfe. Das Gefühl vermittelt er auch. Es sind viele Verhandlungstage, die er im Gerichtssaal verbringt. Tage, in denen ihn immer und immer wieder die Trauer beherrscht. Aber da sie sowieso immer da ist und er sie auch nicht bekämpfen will, weil sie das einzige neben der Erinnerung ist, was ihm von seiner Familie noch geblieben ist, macht ihm der lange Prozess nichts aus. Die Richter geben sich große Mühe, hören viele Sachverständige. Lernen Kamintechnik und Dachkonstruktionen kennen. Nach sechs Verhandlungstagen wird das Urteil schließlich gesprochen. Auch da empfindet Nathaniel keine Genugtuung. Die Richter verhängen eine sechsmonatige Bewährungsstrafe für den Dachdeckermeister, weil er die falsche Abdeckscheibe angebracht hatte. Nathaniel empfindet auch keine Wut, als die Richter den Servicetechniker freisprechen. Er hört aufmerksam zu, wie sie ihre Entscheidung erklären: Als der Techniker die Therme kurz vor dem Unfall kontrolliert hatte, funktionierte sie noch. Er konnte nicht ahnen, dass hier der Tod lauerte.

Der Prozess endet wie die meisten, in denen die Anklage auf fahrlässige Tötung lautet: mit Opfern auf allen Seiten. Mit einem Dachdeckermeister, der nie wieder als solcher arbeiten will. Der weniger verdient, weil er keine Verantwortung mehr übernehmen möchte. Er kann sich nicht verzeihen, dass er es ist, der auch nach Überzeugung der Richter eine Familie auf dem Gewissen hat. Opfer ist auch der Servicetechniker, der sich trotz des Freispruchs massive Vorwürfe macht. Und immer wieder fragt, ob er das Unglück hätte verhindern können. Und Opfer ist natürlich Nathaniel, der alles verloren hat, was ihm wichtig war und der sich nicht vorstellen kann, sein Glück jemals wiederzufinden. Auch die Justiz ist in diesem Fall in einer schlechten Position. Sie ist wegen fehlender eigener Sachkenntnis auf Gutachter angewiesen und muss dennoch am Ende beantworten: Wer war wofür verantwortlich? Wer war wofür zuständig? Wer hat wann welchen Fehler gemacht? Und was folgte daraus? Ein schwieriges Unterfangen, weil im Prozess gerne einer die Schuld auf den anderen schiebt. Beim Bau etwa sind die Verantwortlichkeiten häufig nicht so geregelt, wie es sich Juristen wünschen würden. Über Verträge mit Subunternehmern werden Kosten gedrosselt. Die Struktur ist undurchsichtig und am Ende bleibt unklar, wo in diesem Dickicht der Fehler passiert ist. Und erst recht, wer dafür verantwortlich ist. Das führt für alle Beteiligten zu einem unbefriedigenden Ergebnis. Und anders als bei Mordfällen steht der vermeintliche Schurke nicht von Anfang an fest.

Dr. Schneider oder die Kunst, Milliarden zu erschwindeln (Königstein)

30. Juni 1997, Verhandlungstag 1
Plötzlich ist er da. Kaum jemand hat gesehen, wie er den Gerichtssaal betreten hat. Fünf Dutzend Journalisten sind gerade hinausgestürmt, weil die drei Verteidiger vor dem Eingang des Gerichtsgebäudes ein kurzes, improvisiertes Interview geben. Atemlos hetzen sie auf die Empore des Gerichtssaals 165C hoch und schauen nach unten. Dort steht er leibhaftig: Dr. Utz Jürgen Schneider, 63 Jahre alt, der Mann, der fünf Milliarden Mark Schulden gemacht hat. Das Sakko sieht nach feinem Tuch aus, ein Doppelreiher im Kamelhaarton. Dazu eine dunkelblaue Krawatte, schräg gestreift. Das goldene Brillengestell funkelt im Blitzlicht der Fotografen.

Seine drei Verteidiger stehen um ihren prominenten Mandanten herum: Christoph Rückel aus München, Franz Salditt aus Neuwied, Eckart Hild aus Frankfurt. Besitzergreifend legt Salditt seinem Schützling die Hand auf die Schulter. Jetzt betritt der zweite Angeklagte den Saal: Karl-Heinrich K. Er ist zwei Jahre älter als Schneider, eine Art Faktotum, übernommen aus der Pleite gegangenen Baufirma von Jürgen Schneiders Vater. Er hat Aktentasche und Regenschirm in der Hand, die auberginefarbene Jacke ist ersichtlich nicht maßgeschneidert. Schneider und K. drücken sich lange die Hand. Dann nimmt K. mit vergrämtem Gesicht dort Platz, wo sein Platz immer war – in der zweiten Reihe, hinter Schneider. K. sitzt hier, weil er auf

Anweisung seines Chefs Bauzeichnungen gefälscht haben soll, mit deren Hilfe Schneider dann überhöhte Kredite beantragen konnte.

Der Prozess der Prozesse beginnt. Gegen den Mann, der die Elite des deutschen Bankgewerbes narrte: Deutsche Bank, ihre Kölner Tochter Centralbodenkredit, die Dresdner Bank, die Bayerische Hypo-Bank, die Berliner Hypotheken- und Pfandbriefbank und mehr als 50 weitere. Ohne Scharmützel, ohne Befangenheitsanträge, ohne Besetzungsrügen, ohne Tricks und Kniffe beginnt die Hauptverhandlung an diesem Tag.

Fünf Minuten, nachdem die 29. Wirtschaftsstrafkammer des Landgerichts Frankfurt unter dem Vorsitz von Heinrich Gehrke den Saal betreten hat, verliest Staatsanwalt Dieter Haike die Anklage. Das dauert weniger als 20 Minuten. Richter Gehrke versichert den beiden Angeklagten, das große öffentliche Interesse hindere das Gericht in keiner Weise an einem fairen Verfahren. Er sei „angetan" von den Äußerungen der Verteidigung, sie sei nicht auf Konfrontation, sondern auf Kooperation bedacht. Die Verteidiger geben das Kompliment artig zurück. Eine Versammlung von Gentlemen.

Die Verteidiger haben eine Erklärung vorbereitet. Richter Gehrke muss das hinnehmen, auch wenn er mit mildem Tadel anmerkt, man befinde sich hier in Frankfurt und nicht in Amerika. Die Verteidigung trägt vor, was ihres Erachtens für den prominenten Angeklagten spricht: die hohe Mitwirkungsbereitschaft des Dr. Schneider – gut 400 Seiten umfasst das Vernehmungsprotokoll des Bundeskriminalamts, auf 734 Fragen habe er Rede und Antwort gestanden. Die „verzweifelte Defensive", in der sich Schneider nach seiner Abreise im April 1994 befunden habe sei, vor allem und in erster Linie, die Verantwortung der Banken. Die explosionsartige Entwicklung der Gesamtverschuldung Schneiders, die allen Beteiligten bekannt sein musste, weil die Bundesbank vierteljährlich ihre „Evidenzmeldungen" an die kreditgebenden Institute schickt. Das Wissen der Banken, dass die von Schneider erworbenen Objekte zum größten Teil erst im Bau waren und dass deshalb der Kreditgewährung „eine gewaltige spekulative Tendenz" innewohnen musste. Zudem das Wissen darum, dass die von Schneider als „Sicherheiten" angebotenen Festgelder sich zum größten Teil aus neuen Krediten speisten. Ohne Weiteres hätten die Banken erkennen können, dass der Vermögenszuwachs, den Schneider in jährlichen Aufstellungen glaubhaft machen wollte, auf Planungen und Hoffnungen beruhte, sagt Salditt. Diesen „objektiven Sachverhalt" gelte es zuvörderst aufzuklären. Daran werde Dr. Schneider nach Kräften mitwirken.

Wenn jedoch die Staatsanwaltschaft dem Angeklagten Schneider an die persönliche Würde gehe, dann werde der Prozess zum Kampf. „Wir fordern Achtung vor unserem Mandanten, der sein Scheitern zu ertragen gelernt hat", sagt Salditt pathetisch. Staatsanwalt Haike zitiert zum Einstand aus einer persönlichen Notiz Schneiders aus dem Jahre 1984. Dort heißt es: „Handwerker bescheißen und für die Banken alles optimal hochlügen."

Dann hat Dr. Utz Jürgen Schneider das Wort. 30 Seiten vorbereiteter Text. Er spricht von der „Zerschlagung meines Unternehmens". Er spricht von seiner Vision, ganze Quartiere aufzukaufen, um „Einfluss auf die Entwicklung innerstädtischer Lebensräume zu nehmen". Von der „Dynamik der Projekte", die ihn völlig beherrscht habe. „Ich bekenne, dass ich zu meinen Objekten noch immer ein emotionales Verhältnis habe, mit einer ganzen Portion Stolz", sagt er. Und diese lächerlichen Dokumente, die er den Banken vorlegte, um weit überhöhte Kaufpreise etwa des Kurfürstenecks in Berlin zu suggerieren? Mit grandioser Nonchalance, geradezu beiläufig, legt Schneider sein Geständnis ab: „Ich lege die Kopie einer Scheinrechnung vor. Dass dieses fadenscheinige Dokument akzeptiert wurde, konnte ich mir nur mit einer entsprechenden Geschäftspolitik erklären." Dann sagt er: „Ich wollte 365 Millionen. Die Bank wusste, dass das Objekt kurz zuvor für 131 Millionen gekauft worden war. Ich fertigte einen Vermerk von drei Sätzen, dass zusätzlich zum Kaufpreis fünf weitere Interessenten mit 160 Millionen abgefunden werden mussten. Der Vermerk war eine Fiktion." Er habe sich im stillen Einvernehmen mit den Banken geglaubt. Um Zukunft sei es ihm gegangen, immer nur um Zukunft. Wie sollte er ahnen, dass die Banken, knochentrocken und fantasielos, seine Visionen als Beschreibung des aktuellen Zustandes auffassten?

3. Juli 1997, Verhandlungstag 2

„Im Vordergrund steht meine eigene Verantwortung", lässt Jürgen Schneider die Richter wissen. Und erklärt weiter: Zu den in der Anklageschrift aufgeführten Vorwürfen des Betrugs, Kreditbetrugs und der Urkundenfälschung in fünf Fällen habe er sich „differenziert geäußert". Die Mitverantwortung der Banken sei das Ergebnis seiner persönlichen Schlussfolgerung, „freilich auf der Basis einer Reihe von Indizien".

Die Zusammenarbeit mit den Geldinstituten fasst er in einem Satz zusammen: „Das Bild, das ich früher von den Banken hatte, hat sich im Laufe der Zeit tief greifend verändert." Beim Leipziger Zentralmessepalast sei er sich mit dem zuständigen Mitarbeiter der Bauboden-Bank über „den Charakter der Scheinrechnung" über 29 Millionen Mark einig gewesen. Unstreitig sei gewesen, dass der Wert der Immobilie den Kredit rechtfertigen würde. Der Bauboden-Vorstand habe gewusst, dass er, Schneider, „mit Strohmännern" arbeite, um Liquidität zu ziehen.

Zur Leipziger Mädlerpassage, wo Schneider laut Anklage einen Schaden von 32 Millionen Mark angerichtet hat, sagt er:

„Es ist nicht zutreffend, dass die Grundschuld zur Absicherung dieses Geschäfts wertlos gewesen ist." Die Angaben zu den Grundrissflächen bezeichnet er als nach wie vor richtig. Seine Finanziers bei diesem Objekt, die Bauboden- und die BHF-Bank, seien bei Abschluss des Kreditvertrags und Auszahlung ausreichend abgesichert gewesen.

Und auch über die Frankfurter Zeilgalerie redet er. Ja, sagt Schneider, es sei falsch gewesen, das erwartete Mietaufkommen auf eine Fläche von 20.513 statt tatsächlich 9.000 Quadratmeter zu beziehen. Die Mietprognose wurde so verdoppelt. Aber: „Das war mir willkommen." Über den Unterschied bei den Flächen und den Verkaufswert des Objektes hätten sich die Experten der Deutschen Bank aber jederzeit informieren können. Schon auf dem Bauschild, das monatelang vor der Tür auf der Zeil stand, hätten sie die richtige Zahl nachlesen können. Seine Angaben zu den Mietansätzen – pro anno 57 Millionen Mark – hätten sich „grotesk von den Realitäten jener Zeit" abgehoben. Die Mieterlisten waren gefälscht. Kreditbewilligung und -auszahlung seien am selben Tag über die Bühne gegangen.

Auch beim Berliner Kurfürsteneck räumt er Manipulationen ein. Da war er mit der Dresdner Bank im Geschäft. Das Vorspiegeln einer Abfindungszahlung über 160 Millionen Mark an andere Interessenten habe aber bei den Bankkontakten keine Rolle gespielt. Dann schweigt Jürgen Schneider. Und bittet darum, dies zu akzeptieren. Keine Fragen, keine Vorhaltungen.

Bauzeichner Karl-Heinrich K. redet dafür. Und erzählt, er habe auf Anweisung seines Chefs Unterlagen geändert. Aber: „Das hätte jeder andere auch gemacht", sagt er. Die Frage von Richter Heinrich Gehrke, ob er in blindem Vertrauen zu Schneider gehandelt habe, bejaht K. „Dr. Schneider konnte alle Bedenken immer zerstreuen." K. wird Beihilfe zum Betrug vorgeworfen.

8. Juli 1997, Verhandlungstag 3
Eigentlich erwarten die Prozessbeobachter einen ruhigen Verhandlungstag. Doch weit gefehlt. Zunächst sitzen vor Prozessbeginn Schneiders Ehefrau Claudia und Tochter Ysabel samt Fahrer in der ersten Zuschauerreihe. Zum ersten Mal. Getrennt durch eine schusssichere Glasscheibe. Dann kommt Jürgen Schneider. Und freut sich über seine Familie. Die darf im Saal bleiben, obwohl beide Frauen mögliche Zeugen sind. Richter Gehrke lässt im Protokoll vermerken: „Ehefrau und Tochter haben dem Gericht gegenüber schriftlich erklärt, dass sie von ihrem Zeugnisverweigerungsrecht Gebrauch machen werden." Schneiders Fahrer wird nicht als Zeuge gebraucht.

Dann kommt der zweite Knaller. Richter Gehrke redet. Zunächst harmlos von einem Zwischenresümee, das er nach zwei Tagen ziehen wolle. Dann aber sehr deutlich. Die Erwartungen, die Schneider mit seinen Ankündigungen geweckt habe und die auch die Staatsanwaltschaft zufriedenstellen sollten, habe er bei Weitem nicht erfüllt. Zu allgemein, pauschal und unverbindlich, teilweise sogar nebulös sei die Erklärung gewesen. Nichts Konkretes. „Das ist keine erhebliche Aufklärungshilfe und trägt nicht zur Abkürzung des Verfahrens bei", sagt der Richter. Und fordert: „Butter muss bei die Fische". Er nennt eine Fülle ungeklärter Fragen. Zum Beispiel zu Schneiders einstigen Renommierobjekten, wie eben die Frankfurter Zeilgalerie oder die Mädlerpassage in Leipzig. „Wer hat gefälscht? Sind Unterlagen bewusst gefälscht worden? Geben Sie zu, in Täuschungsabsicht gehandelt zu haben?" Gehrke schimpft, er habe bisher eindeutige Bekenntnisse vermisst. Er wolle mehr Hinweise zu den angeblichen Scheinfirmen Schneiders. Gehrke will Unterschrift für Unterschrift, Beleg für Beleg durchgehen. Doch das lassen die Verteidiger nicht zu. „Die schwierige Aufgabe der Verhandlungsführung haben Sie und nicht wir", sagt Christoph Rückel. Und Salditt ergänzt: Die Erklärung Schneiders sei gerade kein

Geständnis gewesen, das für sich alleine eine Urteilsgrundlage bilden könne. „Dieser Prozess braucht Entwicklung und Flexibilität, wir sind bereit, mitzugehen."

Gehrke fragt Schneider: „Wie sollen Hintergründe aufgeklärt werden, wenn die Vordergründe nicht aufgedeckt sind?"

9. Juli 1997, Verhandlungstag 4
Schneider schweigt. „Der Vorsitzende hat kräftig an den Stäben unseres Schweigekäfigs gerüttelt. Doch unser Käfig hält", sagt Verteidiger Franz Salditt. Und macht Hoffnung, in ein paar Monaten rede der Angeklagte vielleicht doch wieder. Jetzt aber nicht.

BKA-Kommissar Georg R. ist der erste Zeuge in einem der größten deutschen Wirtschaftsprozesse überhaupt. Er erzählt: „Als Jürgen Schneider vor gut einem Jahr von der Frankfurter Staatsanwaltschaft und dem Bundeskriminalamt drei Monate lang vernommen wurde, ging es des Öfteren richtig zur Sache". Gebrüllt habe er. Schneider sei ein „besonders harter Brocken" gewesen. Immer nur ausweichende Antworten auf konkrete Vorhalte. 300 Fragen habe ihm der Polizist gestellt. Auf etwa 500 eng bedruckten Seiten fänden sich die Antworten.

Richter Gehrke liest einen Eintrag aus dem Terminkalender der Schneider-Tochter vor: „Gefängnis – Gefahr – Mietverträge", steht dort. Der Angeklagte schweigt dazu. Auch Tochter Ysabel hinter der Glasscheibe zeigt keine Regung. Und so bleibt es beim Verdacht, die Familie habe wohl doch gelegentlich über die gefährliche Taktik des Angeklagten gesprochen, Milliarden zu scheffeln.

16. Juli 1997, Verhandlungstag 5
Auch Vorlesestunden in einem Strafprozess können Spaß machen. Pikante Schriftstücke, meist verfasst von Bankiers aus dem Reich der Deutschen Bank, lesen die Richter vor. Die

meisten Beobachter reiben sich vor Verwunderung die Augen. Nur Schneiders Gattin Claudia und Tochter Ysabel, die wieder im Zuschauerraum sitzen, wippen scheinbar unberührt weiter mit ihren Füßen.

Noch Mitte 1992, also nicht einmal zwei Jahre vor der Flucht Schneiders, erging sich eine Führungskraft der Baden-Badener Filiale der Deutschen Bank in einem Brief an die Zentrale in Lobeshymnen auf den späteren Pleitier und Milliardenbetrüger. Schneider verfüge über die „kompetenteste, fähigste und schlagkräftigste Immobilien-Gruppe" in Deutschland, und dies sowohl in technischer als auch in kaufmännischer Hinsicht. In den Bewertungen der Objekte steckten „erhebliche Reserven". Mit diesen Werten sei man „auf der absolut sicheren Seite". Zufrieden attestierte der Bankier dem Immobilienspekulanten ein „exzellentes Gespür" für das Marktgeschehen und konstatierte eine „nahezu unglaubliche Entwicklung des Vermögens". Er empfiehlt: „Wir sollten uns voll zu dem Kunden bekennen."

Schneider-Anwalt Salditt spricht von einer „euphorischen Engagement-Darstellung" der Bank. Dass manches bei Schneider unglaublich war, weiß mittlerweile jeder. Damals schien es niemand zu bemerken. So soll sich ein Mieter in der Frankfurter Zeilgalerie laut Schneider vertraglich verpflichtet haben, 942.000 Mark Miete pro Monat zu berappen und eine Barkaution von fünf Millionen Mark zu leisten. Niemand fragte nach. Angesichts dieser Summen erscheint es fast logisch, dass in dem Mietkontrakt eine Pflicht zur Geheimhaltung verankert wurde.

Und noch einen Brief liest der Vorsitzende vor. Er stammt vom 4. April 1994. Er war der Auslöser für den größten Zusammenbruch eines Immobilienunternehmens in der deutschen Wirtschaftsgeschichte. Denn als der Brief des Dr. Jürgen Schneider drei Tage später Ulrich W., Vorstandsmitglied der

Deutschen Bank AG, erreichte, reagierte das Bankunternehmen sofort. Mit Strafanzeigen und Konkursanträgen. Schneider schien zu diesem Zeitpunkt jeden Bezug zur Realität verloren zu haben. Er schrieb: „Aufgrund der von mir nicht zu beeinflussenden schleichenden Entwicklung am Immobilienmarkt und der Tatsache, dass man doch in einem Boot sitzt, beantrage ich die Stundung aller Zinszahlungen auf zwei Jahre, ein sofortiges Überbrückungsdarlehen von 80 Millionen Mark und die Verhinderung übereilter Maßnahmen kleiner Banken." Und Schneider jammerte: „Die Verhaltensweisen der Banken haben sich dahingehend verändert, als sie aufgrund ungeprüfter Gerüchte Informationen anfordern, die bis in die Privatsphäre reichen. Einige kleine Banken verlangen plötzlich ohne jede stichhaltige Begründung Zusatzversicherungen." Gekrönt wurde das Schreiben dann von dem unzumutbaren Interesse der Presse an Schneider und seiner Frau. Deshalb, teilte Schneider Bank-Vorstand W. mit, hätten die Ärzte geraten, jeden Stress zu vermeiden und verboten, seinen Aufenthaltsort mitzuteilen. Da war Schneider bereits auf dem Weg nach Miami, zusammen mit seiner Frau und einem Taschengeld von 245 Millionen Mark.

22. Juli 1997, Verhandlungstag 6
Besaß die Zeilgalerie in Frankfurt tatsächlich eine Hauptnutzfläche von knapp 10.000 Quadratmetern oder von mehr als 20.000 Quadratmetern? Hätte es der Deutschen Centralboden AG in Köln auffallen müssen, dass das Gebäude gar nicht 20.000 Quadratmeter vermietbare Fläche haben konnte? Der Architekt der Zeilgalerie, Professor Rüdiger K., sagt dazu als Zeuge: Bei den Vorentwürfen zur Planung der Zeilgalerie, die er Jürgen Schneider Anfang 1989 vorgelegt habe und die an die Banken weitergereicht worden seien, habe es sich deutlich erkennbar um Skizzen, nicht aber um fertige Baupläne gehandelt.

Schneiders Mitarbeiter und jetziger Mitangeklagter K. habe auf dem Vorentwurf drei Eintragungen mit Tippex gelöscht. Die Banken sollten den Eindruck haben, sie hielten Pläne in den Händen. Und so wurden aus einer vermietbaren Fläche von 9.842 Quadratmetern auch mehr als 20.000. Experten merken so etwas. Normalerweise.

Dann kommt Gerhard W. zu Wort, seit 1988 der Vorstandsvorsitzende der CIP AG. Das war die Immobilienverwaltungstochter im Schneider-Imperium. Etliche Aufstellungen über die abgeschlossenen Mietverträge, sagt er, seien zwar mit seinem Namen versehen worden, stammten aber nicht von ihm. Die Unterschriften waren gefälscht.

23. Juli 1997, Verhandlungstag 7

Der erste Bankgutachter sagt aus. Der Frankfurter Sachverständige Werner N. erzählt, er habe den Wert der Zeilgalerie aufgrund von Unterlagen errechnet. Die hatte er von der Deutschen Bank erhalten. An deren Echtheit habe er nicht gezweifelt, weil er seine Partner für „ehrbare Leute" gehalten habe. Den von ihm errechneten Wert begründet N. mit dem „außergewöhnlichen Konzept" für die Ladengalerie. Mit Schneider oder dem Repräsentanten der Bank, Friedrich M., habe es vorher keine Absprachen gegeben. Woher kamen die Flächenangaben, will der Richter wissen. Aus den Architektenplänen, sagt der Zeuge.

29. Juli 1997, Verhandlungstag 8

Ruth G. war Schneiders Sekretärin. Ob alle 70 gefälschten Mietverträge von den Mitarbeitern hergestellt wurden oder von Schneider selbst? Oder vielleicht von seiner Familie, will Richter Gehrke wissen. Und bringt die Zeugin ins Schleudern. Da bricht Schneider, ganz Gentleman, sein Schweigegelübde und hilft. „Ich habe Frau G. die Anweisung erteilt. Auch wurden alle Listen mit den Mietverträgen bei mir im Büro geschrieben", sagt er, steht auf und läuft mit Unterlagen in der Hand zum Richtertisch. Er habe sie angewiesen, die aus der Luft gegriffenen Mietverträge anzufertigen. Die Zeugin sagt: „Was Dr. Schneider angeordnet hat, wurde ohne Nachfragen erledigt." Jedem sei klar gewesen, dass trotz seiner verbindlichen Art Nachfragen nicht erwünscht waren.

30. Juli 1997, Verhandlungstag 9
Zärtlich streicht Claudia Schneider-Granzow in den Prozesspausen im Gerichtssaal mit der Hand über das Revers am Zweireiher ihres Mannes. Dann küsst sie ihn. Tochter Ysabel steht eng daneben. Auch von ihr gibt es Küsschen. Alle drei lachen herzlich. Die Richter kommen rein, die Damen Schneider müssen gehen, zurück hinter die Glasscheibe in den Zuschauerraum.

Zeuge heute: der ehemalige Kreditvermittler der Deutschen Centralbodenkredit AG, Friedrich M. Rund 15 Millionen Mark habe er in den Jahren 1986 bis 1993 dank Schneider verdient. Dann allerdings hatte die Centralboden ihm den seit 1967 bestehenden Agenturvertrag fristlos gekündigt, weil M. sich zu sehr für Schneider engagiert habe. M. bestreitet, dass sein finanzielles Eigeninteresse die Kreditgewährung der Bank maßgeblich beeinflusst habe. Als ungeheuerlich bezeichnet er Schneiders Darstellung, auf seine Anweisung hin seien den Kreditanträgen unrealistische Ertragsschätzungen für die Frankfurter Zeilgalerie zugrunde gelegt worden.

Dass M. nur als Briefbote zwischen Schneider und der Bank fungierte, glauben ihm die Richter erkennbar nicht. „Sie haben doch die Bonität Jürgen Schneiders extrem hochgejubelt", sagt Gehrke. M. bleibt ausweichend und ungenau.

6. August 1997, Verhandlungstag 10
Richter Gehrke zitiert aus einem Schreiben des Kreditvermittlers M. Darin lobt er das Engagement Schneiders und bezeich-

net dessen Angaben zum Barvermögen Anfang 1994 als „absolut plausibel" und „erstklassig". Gehrkes Eindruck: „M. hat sich wohl eher als PR-Mann und Kreditbetreuer Schneiders verstanden." Aber er tröstet den Zeugen gleich: „Sie sind nicht der Einzige, der über die Finanzanlagen Schneiders in Jubeltöne ausgebrochen ist."

7. August 1997, Verhandlungstag 11
Offenbar hat sich das damalige Bundesamt für das Kreditwesen in Berlin schon im Herbst 1992 für die Schneider-Kredite interessiert. In einem Schreiben an die Deutsche Centralboden ist von Zweifeln an den Mieterträgen und der Werthaltigkeit der Kredite die Rede. Mit der Bitte um Aufklärung. Doch die Centralboden hat darauf nicht reagiert. Vorsitzender Gehrke verliest das Schreiben. Staatsanwalt Haike sagt, Schneider habe sich für seine Kreditgeschäfte Leute gesucht, „die ihm zutiefst ergeben waren". Lügen und mogeln sei für ihn bei diesen Geschäften normal gewesen. Dann geht der Schneider-Prozess für 30 Tage in die Sommerpause.

8. September 1997, Verhandlungstag 12
Sie sind alle wieder da: Mutter und Tochter Schneider hinter der Glasscheibe – immer in der ersten Reihe im Zuschauerraum. Vater Schneider zwischen seinen Verteidigern – wie meistens im kamelhaarfarbenen Zweireiher. Oben auf der Empore einige Journalisten, die meisten unten im Gerichtssaal – vor der Glasscheibe. Nach einem Dutzend Verhandlungstagen ist die Atmosphäre familiär geworden.

Erster Zeuge nach der Sommerpause: Klaus-Peter F., einst Direktor der für Schneider zuständigen Bezirksfiliale der Deutschen Bank in Baden-Baden. Er sagt, die im Frühjahr 1993 aufgekommenen Zweifel seien stets von „übergeordneten Stellen" ausgeräumt worden. Ein Wirtschaftsprüfer der Deutschen

Bank habe es abgelehnt, die Vermögensübersicht der Eheleute Schneider zu kontrollieren. Über den Wert des Schneider-Vermögens sei in der Deutschen Bank monatelang „aufs heftigste gestritten" worden. Aber im Vorstand wird trotz Unstimmigkeiten immer einstimmig und ohne Abstimmung entschieden, lernen die Prozessbeobachter.

Schneider und seine Frau hafteten persönlich. Deshalb erhielten sie zeitweise allein von der Deutschen Bank Kredite in Höhe von rund 1,5 Milliarden Mark, erklärt der Zeuge. Dies sei jahrelang als „wesentliche Komponente der vertrauensbildenden Maßnahmen" betrachtet worden. Vorstandsmitglied Ulrich W. zum Beispiel habe über Schneider gesagt: „Es gibt im Leben immer wieder überragende Unternehmer, bei denen man sich fragt, wie das gut geht – und es geht gut."

16. September 1997, Verhandlungstag 13

Jürgen H. ist der Fall Schneider teuer zu stehen gekommen: Die Karriere des Bankmanagers war von heute auf morgen zu Ende, als das Immobilienimperium des Dr. Jürgen Schneider im April 1994 zusammenbrach. Nur wenige Wochen später war der damalige Vorstand von Schneiders größtem Geldgeber, der inzwischen im Deutsche-Bank-Konzern mit einem Schwesterinstitut fusionierten Deutschen Centralbodenkredit AG, seinen Job los.

Nun holt ihn die Vergangenheit wieder ein. Warum bloß hat es die Bank dem Baulöwen so leicht gemacht, an immer mehr Geld zu kommen? Das soll er beantworten. Und kann es nicht. „Ein gewisses Verständnis", sagt H., habe er dafür, wenn den damals Verantwortlichen vorgeworfen werde, „kritiklos, gutgläubig und unprofessionell" gehandelt zu haben. Der Ex-Vorstand sagt, er habe Schneider „vollkommen vertraut". Er habe sie beeindruckt, bestätigt später auch der Leiter der Firmenkundenabteilung der Deutsche-Bank-Filiale Baden-Baden. Der Schulden-Milliardär habe so „ausgesprochen souverän" gewirkt.

17. September 1997, Verhandlungstag 14
Zweifel an der Kreditwürdigkeit Schneiders wurden bei der Deutschen Bank unterdrückt, lernen die Richter heute. Der frühere Leiter der Firmenkundenabteilung der Filiale Baden-Baden, Thomas R., ist heute da. Er erzählt, ein Brief, in dem er von Schneider weitere Angaben verlangt habe, sei auf Weisung der Niederlassung in Mannheim nicht verschickt worden. In dem Brief habe er mit der Kündigung der Kreditbeziehung gedroht. Doch die Angst, den Großkunden zu verlieren, war offenbar zu groß.

23. September 1997, Verhandlungstag 15
Wirtschaftsprüfer Hans W. sagt, das Tochterunternehmen der Deutschen Bank und die Filiale Baden-Baden hätten die Unterlagen Schneiders bei der Kreditvergabe kritiklos akzeptiert. Eigene Untersuchungen und Plausibilitätsprüfungen gab es nicht, auch wenn das allgemein übliche Grundsätze seien. Die Organisation der Filiale habe für die Bearbeitung eines so großen Engagements gar nicht ausgereicht.

24. September 1997, Verhandlungstag 16
„Ich habe nur eine Plausibilitätskontrolle vorgenommen", sagt Georg K. Der lange Jahre im Vorstand der Deutschen Bank war. Und wie? Will der Vorsitzende wissen. Schließlich fehlten doch alle Grundlagen. Vier Stunden lang versucht der Zeuge der Antwort auszuweichen. Er sagt Sätze wie: „Die Vorlagen waren von unseren erfahrensten Mitarbeitern erstellt worden, auf die haben wir uns verlassen." Der Zeuge war aber nicht nur von 1988 bis 1995 Deutsche-Bank-Vorstand, er war auch Aufsichtsratsvorsitzender der Centralbodenkredit AG, der damaligen Hypothekenbanktochter des Konzerns. Ein Vorstandsmitglied dieser Bank erklärt den Richtern: „Ohne unsere Zustimmung hätte wohl der Centralboden-Vorstand Kredite nicht gewährt."

Der Prozessbeobachter lernt nun vom früheren Aufsichtsrat und Vorstand der mächtigsten deutschen Bank: „Der Vorstand hat weder die Zeit noch die Aufgabe, das operative Geschäft zu überprüfen." Und damit ist für ihn klar: Die hauseigene Revision ist verantwortlich – und externe Gutachter sind es. Er selbst könne nichts für den „Irrtum", der zu der Milliarden-Pleite führte. Es sei immer leicht, später alles zu kritisieren und es besser zu wissen, sagt der Bankier beleidigt. Gutgläubig, unprofessionell oder gar leichtfertig seien sie nicht gewesen. Schon 1990 habe er immer in Vermerken auf die Risiken bei Schneider hingewiesen, die Mitarbeiter zu mehr Sorgfalt und Kontrolle aufgefordert.

30. September 1997, Verhandlungstag 17

Der Boss der Bosse kommt mit leeren Händen. Keine Aktentasche, keine Klarsichthülle, kein Blatt Papier. Kein Rechtsbeistand. Ganz allein. Er nimmt Platz auf dem billigen Plastikstuhl. Richter Heinrich Gehrke belehrt den Zeugen über seine Wahrheitspflicht und bittet um die Personalien. Kopper, Hilmar. 62 Jahre alt. Beruf? „Selbstständig". Gelächter im Zuschauerraum. „Ich bin gelernter Bankkaufmann, aber ich übe das nicht mehr aus." Hilmar Kopper war Sprecher des Vorstands der Deutschen Bank. Manche nannten ihn den zweitmächtigsten Mann nach dem Bundeskanzler. Heute, im Saal 165C des Frankfurter Landgerichts, soll Hilmar Kopper nur eines: Fragen beantworten. „Wir haben zu untersuchen, wie es zu dem Geschehen um den Kreditfall Schneider gekommen ist", sagt Richter Gehrke.

Kopper schüttelt öffentlich den Kopf über freie Kreditvermittler wie Friedrich M., der sämtliche DCB-Darlehen eingefädelt und damit insgesamt 15 Millionen Mark an Provisionen verdient hat. Kopper sagt: „Provisionen für Kreditvermittler darf man erst nach vollständiger Rückzahlung der Kredite zahlen. Alles andere ist Leichtsinn." Kein Zweifel, sagt er auch, dass hier

Fehler gemacht worden sind. „Einige haben einen recht elementaren Charakter." Andererseits findet er rückblickend, dass der Vorstand der Deutschen Bank im Fall Schneider eigentlich ein recht gutes Gespür bewiesen habe. Als die Gesamtschulden Schneiders bei der Deutschen Bank und ihren Tochterunternehmen die Summe von 1,2 Milliarden Mark erreicht hatten, beschloss der Vorstand im zweiten Halbjahr 1991: Hier machen wir Schluss. „Und das haben wir ja auch", sagt Kopper. „Nee, haben Sie nicht", fällt ihm Richter Gehrke ins Wort, „das ging noch weiter bis 1,5 Milliarden." Der Vorsitzende fragt: „Wie ist es möglich, dass der hochherrschaftliche Vorstand solche Weisungen erteilt, und die Untergebenen sich nicht daran orientieren?" Kopper bleibt freundlich. „Das hängt mit der Art des Geschäftes zusammen", erklärt er. „Man hat da eine Handvoll Objekte, in denen schon sehr viel gutes Geld steckt, Geld der Deutschen Bank wohlgemerkt, und die sind alle noch im Bau. Nun kommt der Kreditnehmer und sagt, das Geld reicht nicht. Er braucht noch dies und das, um die Objekte fertigzustellen. Da stehen wir in einem unangenehmen Zugzwang."

Im Fall der Frankfurter Zeilgalerie war es so, dass dem ursprünglichen Kreditantrag Schneiders über 190 Millionen Mark gleich drei weitere folgten: 85 Millionen, 95 Millionen und noch einmal 45 Millionen, diese letzten mit einer besonders aparten Variante. Der bei der DCB beantragte Kredit sollte dazu dienen, eine von der Deutschen Bank, also vom eigenen Mutterhaus gewährte Zwischenfinanzierung abzulösen. Es wurde quasi Geld von der rechten in die linke Hosentasche geschaufelt, wodurch man sich der Illusion hingeben konnte, die von Schneider aufgenommenen Kredite würden ja ordnungsgemäß bedient. So funktionierte das Schneider-System: Mit immer neuen Krediten finanzierte der Baulöwe den Schuldendienst für die schon aufgenommenen Darlehen. Ein klassisches Schneeballsystem, das irgendwann nicht mehr aufgeht. War die Bank denn aber gezwungen, mit immer neuen Krediten einzuspringen, um die Fertigstellung von Schneiders Prunkbauten zu gewährleisten? Der Liebhaber denkmalgeschützter Prestigeobjekte hatte ja, zumindest seinen Angaben zufolge, eigenes Geld wie Heu. „Hätte man Schneider nicht zwingen können, dass er auf eigene Mittel zurückgreift, wenn er mit den Krediten nicht auskommt", fragt Richter Gehrke. Hilmar Kopper zögert mit der Antwort. „Das ist eine sehr hypothetische Frage. Uns war es schon lieber, dass wir wussten, hier ist der Kopf. Dass dieser Kopf eigentlich die Eidechse ohne Schwanz ist, das habe ich nicht geahnt, das ahnte niemand bei uns im Hause."

Den von der Schneider-Pleite verursachten Schaden für den Deutsche-Bank-Konzern beziffert er mit knapp einer halben Milliarde Mark. „Ist das für Sie ein schwer wiegender Verlust", fragt Gehrke lächelnd. „Sie wissen, worauf ich anspiele?" Sicher weiß Kopper das. Er ist der Mann, der den entstandenen Schaden für die Handwerker in Höhe von rund 50 Millionen Mark Peanuts nannte. Er antwortet: 500 Millionen seien zwar ein erheblicher Verlust, aber bei einer jährlichen Bruttowertberichtigung von drei Milliarden Mark doch auch nicht „ausschlaggebend". Ihrer Tochter DCB habe die Deutsche Bank den Verlust in voller Höhe abgenommen und die DCB mit der Frankfurter Hypothekenbank fusioniert. Kopper: „Das hatte noch den Nebeneffekt, dass wir so den Verlust schneller steuerlich tilgen konnten."

Nach zwei Stunden darf Hilmar Kopper vom unbequemen Plastikstuhl aufstehen. Gemessenen Schrittes verlässt er den Gerichtssaal. Der Pressesprecher der Deutschen Bank klopft ihm anerkennend auf die Schulter.

1. Oktober 1997, Verhandlungstag 18
Es gab eine Warnung. Doch der Chef der Kreditüberwachung der Deutschen Bank hat sie „einfach vergessen." Wieder einer

dieser Momente, in denen der Vorsitzende verblüfft guckt und das Wort „skurril" verwendet. Der pensionierte Direktor Klaus L. sagt, er sei bereits Ende der 80er Jahre vor einem Bausachverständigen gewarnt worden. Denn der, so hieß es, manipuliere im Auftrag Schneiders Schätzwerte über Mieterträge. L. gab den Hinweis weiter, doch leider vergaß er ihn selbst wieder. Immerhin: Er bekennt sich zu seiner Mitverantwortung. Die von ihm angestellte Plausibilitätskontrolle habe versagt. Versagt habe die Deutsche Bank auch, als sie eine besonders sachverständige Baufinanzierungsabteilung 1989 aufgelöst habe. Und L. widerspricht Aussagen von Ex-Vorstandssprecher Hilmar Kopper über die angebliche Eigenständigkeit der Tochtergesellschaft in ihren Kreditentscheidungen.

7. Oktober 1997, Verhandlungstag 19
Richter Gehrke hat das Wort: Die Buchführung der Deutschen-Bank-Filiale in Baden-Baden, sagt er, sei chaotisch. Kreditanträge und Kreditbewilligungen wurden nicht zusammenhängend erfasst, Fragen der Sicherheiten nicht eindeutig geklärt. Ein ähnliches Bild vermittelt der Leiter der Innenrevision der Deutschen Bank, Jürgen Sch. Er sagt aus, es habe schon in den Jahren 1991 bis 1993 deutliche Kritik an der Kreditbearbeitung dieser Filiale gegeben. Die Filiale sei zeitweise mit der Note „mangelhaft" versehen worden.

Einmal mehr wird deutlich: Schneider verfügte über blindes Vertrauen von Seiten der Bank. „Schneider stand für die schlagkräftigste, beeindruckendste und kompetenteste Immobilienentwicklergruppe Deutschlands", sagt der ehemalige Leiter der Baden-Badener Kreditabteilung, Heiner K. Diese Einschätzung habe er dem Konzernvorstand der Deutschen Bank weitergegeben. Auch nach außen hatte die Filiale umfangreiche Empfehlungsschreiben zu Schneider versandt. Vorformuliert von Schneider selbst. Detailprüfungen? Fehlanzeige. K. sagt, er sei beeindruckt gewesen von der perfekten Sanierung der Schneider-Objekte. Bei einer Präsentation des Schneider-Engagements 1990 im Vorstand der Deutschen Bank habe sich sein Eindruck verstärkt, Schneider genieße das volle Vertrauen der Führungsetage.

8. Oktober 1997, Verhandlungstag 20

An wichtigen Prozesstagen zieht Jürgen Schneider ein dunkles Jackett an. So einer ist heute. Ulrich W. kommt. Er ist das einzige Vorstandsmitglied der Deutschen Bank, mit dem Schneider vor seiner Flucht persönlichen Kontakt hatte.

Richter Gehrke will wissen, wer die Verantwortung für die hohe Kreditvergabe an Schneider hatte. W.: „Die Endverantwortung lag beim Konzernvorstand." Wie man denn Entscheidungen treffen könne, ohne den Sachverhalt überhaupt zu kennen, fragt der Richter. Der Bankier verweist auf die Qualifikation der Mitarbeiter.

W. lernte das Ehepaar Schneider bei einem Dinner 1988 kennen. Sein Eindruck: „sehr positiv". Er telefonierte später mehrmals mit dem „guten Kunden", sogar noch kurz vor der Flucht Ostern 1994. Anzeichen einer Krise oder Warnsignale habe er nicht wahrgenommen.

Immerhin: „Ich möchte keine weitere Engagement-Erhöhung" notierte W. im Jahr 1990 und ließ es auch später nicht an mahnenden Vermerken fehlen. Doch warum hielt sich niemand an seine Weisung? „Wir haben keine großen Projekte mehr angefasst", sagt der Bankier. Dennoch gab die Bank Schneider weiter Geld. Gehrke resigniert: „Das ist schwer zu begreifen."

W. sagt: „Es wurden eine Menge Fehler gemacht, aber nicht blind vertraut." Der Richter sieht das anders: „Was wir hier über die Interna der Bank erfahren haben, da sträuben sich einem die Haare."

14. Oktober 1997, Verhandlungstag 21
Karl-Heinrich K., Ex-Bauzeichner im Schneider-Imperium und jetzt Mitangeklagter, stellt einen Beurlaubungsantrag. Er will nicht mehr an jedem Verhandlungstag im Gerichtssaal anwesend sein. K. muss sich wegen Beihilfe zum Betrug und Urkundenfälschung verantworten. Er soll beim Fälschen der Unterlagen für die Zeilgalerie geholfen haben.

15. Oktober 1997, Verhandlungstag 22
Schneider will reden, kündigt sein Verteidiger Eckart Hild an. Es geht jetzt um die Leipziger Projekte. Dem Pleite-Unternehmer wirft die Staatsanwaltschaft Kreditbetrug bei der Finanzierung des Leipziger Zentralmessepalastes durch eine Scheinrechnung über 29 Millionen Mark vor. Gezahlt hat die Millionen die Deutsche Bau- und Bodenbank. Im zweiten Sachverhalt lasten die Ankläger ihm besonders schweren Betrug zum Nachteil der BHF-Bank und der Deutschen Bau- und Bodenbank beim Ankauf der Mädlerpassage an. Schaden: 32 Millionen Mark.

Letzter Zeuge im Komplex Zeilgalerie: Michael Prinz zu S.-W. und E. Er war bis 1994 einer der Leiter der Hauptfiliale Mannheim der Deutschen Bank, ehe er wegen der Pleite des Großkreditnehmers gefeuert wurde. Erst zögert der Prinz, doch dann spricht er von „gravierenden Fehlern". Er habe sich Ende der 80er und Anfang der 90er Jahre auf die nach seiner Meinung „professionelle Struktur" in der Deutschen Bank verlassen. Im Nachhinein wisse er nun, dass das Immobiliengeschäft der Bank „von der fachlichen Betreuung her eine ziemliche Katastrophe" gewesen sei. Angesichts der Größe und Komplexität der Schneider-Position hätte diese niemals von der Bezirksfiliale betrieben werden dürfen. Der geschasste Bankier kritisiert die Abschaffung der Zentralabteilung für Baufinanzierung in Frankfurt sowie das seither praktizierte Kollegialitätsprinzip, das zu Mittelmäßigkeit und zu Entscheidungen über

Dinge führe, von denen man keine Ahnung habe. Seinem früheren Arbeitgeber bescheinigt er aber gleichzeitig auch eine „gepflegte Zentralhörigkeit" – selbst dem Vorstand. Von Schneider habe er den Eindruck gehabt, er sei ein „Profi am Bau" und „Perfektionist".

21. Oktober 1997, Verhandlungstag 23
Jürgen Schneider trägt heute das dunkle Sakko. Er zupft sich vor den Kameras die hellgraue Krawatte zurecht. Zwei Jahre lang sitzt er nun schon in Haft. Eine Hüftoperation liegt hinter ihm. Ehefrau und Tochter wirken entspannt. Mit dem bisherigen Prozessverlauf scheinen alle zufrieden.

Verteidiger Eckhart Hild streift sich die Robe über. Staatsanwalt Dieter Haike grüßt mit einem freundlichen Nicken den Angeklagten. Um 9.50 Uhr eröffnet Richter Heinrich Gehrke die Sitzung. Zu Schneider sagt er: „Wir wollen hier kein Drumherumgerede hören, keine allgemeinen Erklärungen. Ihre Einlassungen sollen nahe an der Wahrheit liegen." Es gehe ihm um den Zentralmessepalast in Leipzig. Schneider soll keine Bilanz des bisherigen Verhandlungsverlaufs ziehen, sich nicht zu den Bankenzeugen äußern.

Und dann spricht der Angeklagte. „Ziel war es", sagt er, „Leipzig an dieser städtebauwichtigen Stelle durch die Sanierung mit Leben zu erfüllen. Das Karree sollte zusammen mit der Mädlerpassage zu einem städtebaulichen Ensemble entwickelt werden." Schneider redet von seinen Visionen, von der Liebe für historische Gebäude. Etwas dürrer seine Worte zur Finanzierung. Das ist der entscheidende Punkt, an dem sich Gehrke, wie gewohnt insistierend, festbeißt.

1991, erinnert sich Schneider, antichambrierte die Deutsche Bau- und Bodenbank AG aus Frankfurt bei ihm in seiner Königsteiner Residenz, um den Finanzierungsauftrag für das Leipziger Objekt zu erhalten. „Mit dieser Bank waren wir bis dahin nicht im Geschäft." Dem Vertreter der Bank habe er den Finanzierungsplan erläutert. Der hatte allerdings entscheidende Schönheitsfehler. Um den Wert der Gebäude, Kaufpreis 44,5 Millionen Mark, zu steigern, ließ er eine falsche Rechnung anfertigen. Angeblich hatte er vorab bereits 29 Millionen Mark an eine australische Gesellschaft namens European Pacific bezahlt, um damit Rechte Dritter abzulösen. Schneider ließ Blanko-Briefbögen der European Pacific mit dem Logo einer stilisierten Erdkugel drucken. Die Fälschung räumt er freimütig ein, will aber nicht sagen, wer unterschrieben hat. Das Objekt sei sehr günstig erworben worden, und diesen Gewinn habe er im Vorgriff über einen höheren Kredit abschöpfen wollen.

Gehrke lässt nicht locker. Ob Schneider denn im Gespräch mit dem Bau- und Bodenbanker die Fälschung ausdrücklich erläutert habe? Schneider windet sich. „Ich bin davon ausgegangen, dass ein professioneller Banker diese Manipulation erkennt." Gehrke fragt, warum Schneider nicht der Bank den „günstigen" Kauf offen dargelegt habe? „Auf ehrliche Art wäre die Bank doch wahrscheinlich gleichfalls bereit gewesen, den Kredit über den Kaufpreis anzuheben." Das glaubt Schneider nicht. Außerdem hätte das zu lange gedauert. So hatte die Bau- und Bodenbank den Kredit in einer Rekordzeit von nur drei Wochen genehmigt. „Geben Sie sich doch einen Ruck und sagen Sie, dass Sie die Bank wissentlich getäuscht haben", sagt Richter Gehrke. Aber Schneider schafft es nicht. Er sieht sich als den visionären Stadtentwickler, dem das Wohl der Städte und ihrer Bürger am Herzen liegt. Die schönen Häuser, seine Kinder, wie er sagt, sind sein Lebenswerk.

Gehrke unterbricht für eine Viertelstunde. Gelegenheit zur Besinnung. Ehefrau Claudia eilt zur Anklagebank, tätschelt ihrem Mann Wange und Hand, zupft Fussel vom Jackett. Dann gibt er die Fälschung zu.

22. Oktober 1997, Verhandlungstag 24
Schneider teilt mit: Den Entwurf für die Frankfurter Schillerpassage hat er nachträglich erweitert. Der Grund: Er brauchte ihn als Sicherheit für einen Kredit für sein Projekt Mädlerpassage in Leipzig.

Von allen Bauten, die Schneider saniert und umgebaut hat, ist die Mädlerpassage in der sächsischen Metropole die eindrucksvollste. Vor Gericht sagt der Investor und Stadtbeglücker: „Die weltberühmte Passage, in der sich Auerbachs Keller befindet, wollten alle haben." Er allein aber habe die Einkaufsgalerie in einer Einheit mit dem Messepalast gesehen und das Besondere vorgehabt.

Schneider spricht von den „äußerst sensiblen" Verhandlungen mit den fünf Schwestern Mädler, die Erben und gemeinsame Eigentümer der Passage waren. „Nur drei wollten zu Beginn verkaufen, zwei waren zunächst misstrauisch." Am Ende kostete die Mädlerpassage 90 Millionen Mark. 42 Millionen habe er „aus eigener Tasche" gezahlt, sagt Schneider, für 48 Millionen habe er die Deutsche Bau- und Bodenbank gewinnen wollen. Doch die wollte das Geschäft nicht allein machen und schaltete die BHF-Bank ein. Dieses Institut kannte Schneider vom Frankfurter Projekt Schillerpassage/Rahmhofstraße: „äußerst kompetente Leute." Er sei von seinem Grundsatz abgewichen, ein Projekt immer nur von einem einzigen Institut kreditieren zu lassen. Am Ende bekam Schneider seinen Kredit, nicht zuletzt deshalb, weil er mit dem nur scheinbar genehmigten Plan für die Schillerpassage die Banken getäuscht hatte.

Doch das ist Vergangenheit. Nun baut Jürgen Schneider an der Rekonstruktion seiner selbst als von Schönheit und Wert besessenem Architekturvisionär, als eines behutsamen Erneuerers der baulich verödeten Innenstädte, als Mannes von Geschmack und Stil. Er sagt Dinge wie: „Der alte Kommerzienrat M., das war auch so ein verrückter Baumensch wie ich. Na ja, ich bin noch verrückter, und deshalb sitze ich hier." Schneider will nicht sehen, dass ihm die Justiz nicht seine Vision der Städte und nicht einmal seine krassen geschäftlichen Fehleinschätzungen, sondern die Wege übel nimmt, auf denen er ins steinerne Paradies gelangen wollte.

28. Oktober 1997, Verhandlungstag 25
Schneider konnte Kredite wie vom Fließband einstreichen. Leichtfertig und fahrlässig rückten Banken das Geld heraus. Besonders einfach war es bei der Deutschen Bau- und Bodenbank. Das räumt auch Helmut Sch. ein, einer der Leiter der Frankfurter Niederlassung. Am 18. Juni 1991 stellte Schneider eine Finanzierungsanfrage zum Zentralmessepalast in Leipzig über 126 Millionen Mark. Am 27. Juni war die Kreditvorlage fertig. Schon am 11. Juli lag die Bewilligung des Darlehens vor. Kam bei dieser Schnelligkeit der Kreditentscheidung die Prüfung der Angaben vielleicht zu kurz? Davon will der Zeuge nichts wissen. „Ich denke, die Bearbeitung hat nicht gelitten." Vielleicht, fügt er an, „hätten wir noch kritischer und penibler prüfen müssen". Kritisch oder gar penibel wurde von der Bauboden bei Schneider offenkundig nichts unter die Lupe genommen. „Wegen des Vertrauens in Dr. Schneider und in die Richtigkeit seiner Angaben", erklärt der Zeuge. Lachsalven im Zuschauerraum, Kopfschütteln im Verhandlungssaal. Die Bank wollte aktuelle Einkommensteuerbescheide Schneiders, bekam sie aber nie. Schneider erhielt dennoch jeden Kredit.

29. Oktober 1997, Verhandlungstag 26
Hans Jochen E. war 1993 Vorstandsmitglied der Bau- und Bodenbank. Seinerzeit seien deutliche Wertabschläge bei den Mieten und der Bewertung vorgenommen worden, sagt er. Denn es gab Hinweise, dass mit der Liquidität des Schneider-Imperiums wohl etwas nicht stimmte. Auch ein bereits zugesagter Kredit

sei nicht ausgezahlt worden, weil Schneider nicht alle Belege beibringen konnte. Bis zum Schluss habe jedoch niemand angenommen, dass der Vertragspartner ein Krimineller sei. „Schneider verstand es fantastisch zu betrügen, in der Art eines großen Hochstaplers", sagt E. Und er gibt zu, was andere nicht schaffen: Seine Bank habe schwere Fehler gemacht. Sie hätte erkennen müssen, dass Rechnungen fingiert waren, dass Flächenangaben nicht stimmten. Seither würde jedes Bauwerk von zwei Sachverständigen geprüft.

5. November 1997, Verhandlungstag 27

Der bauleitende Architekt des „Hauses an der Börse", das später zur Schillerpassage werden sollte, sagt: Der Bauunternehmer Schneider hat in seinen Bauplänen so geschickt mehr vermietbare Fläche nachgewiesen als vorhanden, dass er als Architekt und Bauleiter große Schwierigkeiten hatte, Original und Fälschung auseinanderzuhalten. Schneider hatte den finanzierenden Banken Pläne vorgelegt, bei denen es sich um eine Kopie der Entwürfe handelte. Darauf waren aus den technischen Einrichtungen wie der Lüftungszentrale plötzlich Räume für Büros und Rechenzentren geworden. „Hier hat einer sehr viel Arbeit investiert und es professionell angefangen", sagt der Zeuge.

7. November 1997, Verhandlungstag 28

Gunther W. von der Frankfurter BHF-Bank nimmt auf dem Plastikstuhl für die Zeugen Platz. Schneider habe, sagt auch er, in Kreditunterlagen zum Projekt Rahmhof/Schillerpassage ein Treppenhaus sowie Räume für Heizung und Klimaanlage als vermietbare Nutzflächen deklariert. Und keinem fiel es auf. Auch Sachverständige hätten nichts bemerkt. Warum wurde so oberflächlich geprüft? „Weil gegen Schneider überhaupt kein Misstrauen geherrscht hat", antwortet er.

11. November 1997, Verhandlungstag 29

Jürgen Schneider sträubt sich sichtlich. Doch Richter Gehrke ist hartnäckig. Und erfolgreich. Stück für Stück legt der Milliardenpleitier sein Finanzierungssystem offen. Und damit seine Tricksereien. Er spricht nun von einem Verwirrspiel, das er getrieben hat. Um das Objekt in der Berliner Tauentzienstraße, das Schneider zum Jahreswechsel 1992/93 für 83 Millionen Mark gekauft hat. In der Finanzierungsanfrage an die Norddeutsche Landesbank (NordLB) sprach er von 151 Millionen, die er für Grundstück und Gebäude bezahlt habe. Ja, gibt Schneider zu, er habe gemogelt, damit er „möglichst viel Geld" bekomme. Die Darstellung sei „doppelzüngig" und „zweischneidig" gewesen.

Schneider wickelte die Bankiers um den Finger. Er überzeugte sie davon, es genüge, wenn sie in seiner Königsteiner Villa die nötigen Dokumente einsehen. Er erzählt den verwunderten Prozessbeteiligten, wie er sie mit allerlei allgemeinen Erläuterungen über Abfindungszahlungen und Restitutionsansprüche ablenkte und ihnen ein fingiertes Dokument vorlegte, das die Differenz zwischen tatsächlichem und vermeintlichem Kaufpreis erklären sollte. Der Trick klappte.

Als die NordLB-Mitarbeiter es etwa gut ein Jahr später doch genauer wissen wollten, weil sie auf Ungereimtheiten gestoßen waren, entspann sich im März 1994 ein hektischer Briefwechsel: Die NordLB verlangte eine lückenlose Aufklärung und Festgeld als weitere Sicherheit, der Angeklagte versuchte zu pokern und Zeit zu schinden. Jürgen Schneider erzählt, dass ihm der Ernst der Lage bewusst war. Schon Ende Februar waren negative Berichte über die Zeilgalerie aufgetaucht. Als dann auch die NordLB sein System offensichtlich durchschaut hatte, wurde es richtig eng. Nur wenige Wochen später setzte sich der Ex-Baulöwe ins Ausland ab.

12. November 1997, Verhandlungstag 30

Leonard G. war Mitarbeiter der NordLB. Jetzt ist er Zeuge in einem der größten deutschen Wirtschaftsstrafverfahren in der Geschichte. Prüfungen der Zahlenangaben Schneiders hat es überhaupt nicht gegeben, sagt er. Zwischen Antrag und Kreditvorlage für den Vorstand lagen meist nur drei Tage. Es sei nur zu „Plausibilitätskontrollen" gekommen. Die Bank wollte unbedingt mit dem „besten Immobilienentwickler" ins Geschäft kommen. G. hatte Ende 1992 schon vor seinem Wechsel zur NordLB Kontakt zu Jürgen Schneider gesucht und ihm mitgeteilt, dass er demnächst das Frankfurter Immobilienbüro der Bank leiten werde. Schon drei Tage nach dem Antritt der neuen Arbeitsstelle erhielt G. einen Kreditantrag Schneiders über 183 Millionen Mark zur Finanzierung des Objektes Tauentzienstraße in Berlin. Da Schneider nur einen Kaufpreis von 83 Millionen Mark gezahlt hatte, verweigerte er zunächst aus „Geheimhaltungsgründen" die Vorlage weiterer Unterlagen. Er bot aber an, Einblick könne es – wie schon häufiger – in der Königsteiner Firmenvilla geben.

Dieser Besuch hat G. und seine Mitarbeiterin so beeindruckt, dass sie fahrlässig oberflächlich über die Unterlagen schauten. Schneider hatte sie schwindlig geredet. Als die Bankiers die Villa verließen, wussten sie nicht mehr, warum sie eigentlich gekommen waren, erzählt der Zeuge.

Am Ende des Verhandlungstages geben die Richter bekannt: Schneiders mitangeklagter ehemaliger Bauzeichner Karl-Heinrich K. darf vorerst zu Hause bleiben. Er ist beurlaubt, denn die jetzt verhandelten Vorwürfe betreffen ihn nicht.

18. November 1997, Verhandlungstag 31

„Wir wollten vornehmlich unser Geld wiederhaben", sagt Werner Sch., Vorstandsmitglied der NordLB. An einer Strafverfolgung waren die Banker nicht interessiert. Mit einer zusätzlichen

Sicherheit von 60 Millionen Mark hätte sich die Bank zufrieden gegeben. Im Januar 1994 sei er skeptisch geworden, sagt der Zeuge. Da habe er die Vermögensaufstellung der Eheleute Schneider erhalten. Darin sei das von der NordLB finanzierte Projekt nicht enthalten gewesen. Außerdem sei von auffällig hohen Bargeldreserven die Rede gewesen, obwohl Schneider gar keine abgeschlossenen Bauvorhaben nachweisen konnte. Sch.: „Das Geld konnte nur aus Überfinanzierungen stammen." Richter Gehrke: „Gründete sich darauf ihr Verdacht auf Straftaten?" Sch.: „Ja."

Der Zeuge berichtet weiter: Noch stärker sei der Verdacht geworden, als die Bank eine Mitarbeiterin beauftragte, im Grundbuch nachzuschauen, wer Eigentümer des Objekts in der Tauentzienstraße war. Sie stellte dann fest, dass der Kaufpreis des Berliner Vorhabens viel niedriger als angegeben war. Daraufhin verlangte die Bank von Schneider eine Erklärung. Doch der schwieg. „Da blieb eigentlich nur die Version des Betrugs." Trotzdem erstatte die Bank keine Strafanzeige. Sondern verlangte von Schneider eine Nachzahlung bis zum 20. April 1994. Die kam aber nicht. Anfang des Monats türmte er.

19. November 1997, Verhandlungstag 32
„Ich möchte wieder in die Gesellschaft hier aufgenommen werden. Das ist mein größter Wunsch", sagt Jürgen Schneider. Vielleicht werde er ein Buch darüber schreiben, was er erlebt hat. Vielleicht aber auch nicht. Ansonsten habe er mit Zukunftsperspektiven derzeit noch ein Problem. Und dann schildert der Mann, der einst Baulöwe genannt wurde, detailliert den Ablauf seiner Flucht. Karfreitag 1994 verließ er mit seiner Frau Deutschland. Die folgenden Stationen waren Wien, Genf, Zürich und Washington. Am Ende ein Appartment-Hotel in Miami.

Den Umgang mit zahlreichen Anwälten in dem folgenden Jahr bis zu seiner Festnahme im Mai 1995 nennt er ein „Abenteuer". Er sei schlecht und falsch beraten worden. „Doch mein Verstand war wohl auch eingesperrt." Seine Flucht war in allen Einzelheiten geplant. Am 25. März, zwei Wochen vor seinem Untertauchen, traf sich Schneider in Genf mit seinen beiden Fluchthelfern. „Damals hatte ich bereits meinen Brief an die Deutsche Bank fertig." Er habe gehofft, mit den Bankern noch verhandeln zu können.

Mit angeblich 20.000 Dollar türmt das Ehepaar Schneider, sagt er. Andere glauben, es waren rund 245 Millionen Mark. Nur wenige hundert Dollar habe er ausgegeben. Dass er bei seiner Festnahme fast 30.000 Dollar in der Tasche hatte, könne er sich bis heute nicht erklären. „Diese Geldvermehrung ist eines der großen Mysterien dieses Falles", sagt Schneider.

Am 6. April 1994 flogen die Schneiders als Ehepaar Dr. Meier von Genf nach Zürich. Von dort ging es nach Washington – unter echten Namen. Schneider hatte falsche Pässe abgelehnt. Deshalb waren vorher auch Touristen-Visa in die Vereinigten Staaten auf die Namen Jürgen Schneider und Claudia Schneider-Granzow beantragt worden. „Sie können sich das Visum im Pass ansehen", bietet Schneider an.

In Washington hoffte Schneider darauf, dass die Deutsche Bank „vernünftig" reagiert. Aber sie tat es nicht. Am 14. April reisen Schneider und seine Frau nach Miami, diesmal unter dem Namen Nelson. Auf der Gangway in Washington nimmt Schneider sein Toupet ab – ihm sei bewusst geworden, dass er verfolgt werde. Und gelegentlich habe er auch Angst vor seinen Helfern gehabt, die auf sein Geld spekuliert hätten. Das Toupet hat er nie wieder getragen. Das Ehepaar zieht ins Hotel.

Aus Angst, in dem bei deutschen Touristen beliebten Hotel in Miami erkannt zu werden, mieteten sich die Schneiders ein Appartement im Alexander Tower. Immer wieder wechselten sie dort die Wohnungen. Es ging ihnen nicht gut. Sie vermissten Deutschland. Und Schneider fühlte sich völlig missverstanden.

Er entschied sich für eine Medienkampagne. Und schrieb einen Brief. Das ZDF-Magazin „Frontal" nahm Kontakt auf und sendete am 16. Mai 1995 seine Stellungnahme, von ihm selbst gesprochen. Seine Stimme kam vom Tonband: „Wir haben nur einen Wunsch, bald unbelastet von einem Haftbefehl zu Ihnen nach Deutschland zurückzukehren, um dort mit unseren Kindern, unserer Familie und Freunden zu leben und zu arbeiten." Und Ehefrau Claudia grüßte „meine Liebsten und alle, die meinem Herzen nahe stehen". Schneider beschimpfte die Banken, die ihre Verpflichtungen als Vertragspartner nicht erfüllt hätten. Und forderte sie auf, „unverzüglich alle Handwerkerrechnungen zu bezahlen". 15 Minuten lang rechtfertigte er, was längst nicht mehr zu rechtfertigen war. Und brachte die Fahnder so auf seine Spur. Zwei Tage später war seine Flucht beendet.

Als Schneider am 18. Mai 1995 die Wohnung verließ, um mit Frau und Begleiter eine Zeitung zu kaufen, in der er die Reaktion auf seine Äußerungen nachlesen wollte, griffen die Fahnder des FBI zu. Und kurz danach ging das Bild eines Mannes, der die Banken um Milliarden betrogen hat und nun in kurzer rot-türkisfarbiger, gemusterter Hose festgenommen wird, um die Welt. Später die Fotos von ihm und seiner Frau, aufgenommen vom Erkennungsdienst in Miami. Die nächsten neun Monate verbrachten die beiden in Auslieferungshaft, umringt von Anwälten. Die schrieben Briefe an den Bundeskanzler. Bis Schneider selbst entschied: Ich kehre nach Deutschland zurück. Während er das erzählt, verlässt seine Frau stumm ihren Stammplatz und schaut im Vorraum des Gerichtssaales durch die vergitterten Fenster.

Am 23. Februar 1996 kehrte das Ehepaar Schneider nach Deutschland zurück. Nach Frankfurt-Preungesheim in die Untersuchungshaft. „Als ich dort aus dem Fenster schaute und die deutschen Tannen sah, wusste ich, ich bin wieder daheim", schwärmt der Angeklagte. Die Richter hören aufmerksam zu.

Vor allem, als Schneider am Ende sagt: „Jawohl, ich akzeptiere eine Strafe."

25. November 1997, Verhandlungstag 33

Nächster Anklagepunkt: das Objekt Kurfürsteneck in Berlin. Der Vorwurf: Mit falschen Unterlagen hat er die Dresdner Bank geprellt. Michael Walter St., einer der Filialdirektoren der Berliner Niederlassung sagt, es habe erhebliche Zweifel gegeben. Aber Schneider habe als erste Adresse für Immobilien gegolten. Die Bank habe ihn als Kunden behalten und für weitere Kredite gewinnen wollen. Das Geldinstitut bewilligte Ende 1993 einen Kredit von 325 Millionen Mark zur Finanzierung des Grundstücks Kurfürsteneck in Berlin. Dabei hatten bankinterne Gutachten ergeben, dass das Gebäude nur einen Wert von 136 Millionen Mark hatte. Diese Angaben seien aber als nicht so wichtig angesehen worden.

26. November 1997, Verhandlungstag 34

Schneider gerät ins Plaudern. Er beschuldigt seinen früheren Geschäftspartner Mehdi D. Dem Geschäftsführer einer Grundstücksgesellschaft der Dortmunder Brau- und Brunnen-Gruppe wirft er vor, ihn beim Erwerb des Kurfürstenecks in Berlin erpresst zu haben. Er habe für den Zuschlag ein Bestechungsgeld „für sich persönlich" von 14,5 Millionen Mark in bar angemahnt. 2,6 Millionen Mark plus Mehrwertsteuer schulde er ihm noch. Schneider will das zunächst nicht erzählen, aber Richter Gehrke appelliert an ihn, er solle nichts vernebeln. Dann gibt er Bestechung und Kreditbetrug zu.

Schneider erzählt weiter von Tricks und Strohfirmen und davon, wie er die Bankiers der Dresdner Bank unter Termindruck gesetzt habe. Teil seiner Masche, um ein prall gefülltes persönliches Festgeldkonto vorweisen zu können. Am 15. August 1993 notierte er: „Jetzt gilt es: nochmals alle Tricks ohne Rücksicht, weil Offensive. Der Schneeball ist beendet. Riesenleistung." Und: „Erfolg immer gepaart mit großem Bluff." Das habe er in einer schwachen Stunde geschrieben, um sich selbst Mut zu machen, sagt Schneider. Denn er habe eine Riesenangst gehabt, dass seine „Kriegskasse" nicht genug gefüllt sein könnte, um das sich abzeichnende „Konjunkturloch" mit seinem Immobilien-Imperium durchstehen zu können. Dann gibt er zu, dass er ein Schneeballsystem betrieben hat. „Doch ich habe um die Objekte gekämpft." „Die Häuser waren mein Leben." Letztlich sei das aber in die Hose gegangen und er auf Tauchstation.

2. Dezember 1997, Verhandlungstag 35

Horst M., Vorstandsmitglied der Dresdner Bank, macht als Zeuge alles andere als eine gute Figur. Mehrfach gerät der Spitzenbankier ins Schleudern. Richter Gehrke ist sauer. Die Dresdner Bank hatte Schneider den Erwerb des Berliner Kurfürstenecks mit einem Darlehen über 325 Millionen Mark finanziert, das in zwei Tranchen Ende 1993 und Anfang 1994 bewilligt und ausgezahlt wurde. Für die Dresdner Bank birgt das Geschäft mit dem einstigen Bauherrn noch heute eine gehörige Brisanz. Schneider hatte die Immobilie im Sommer 1993 für 121 Millionen Mark von der Dortmunder Getränke-Gruppe Brau und Brunnen erworben. Im Aufsichtsrat dieses Unternehmens saß aber seinerzeit Hans Günther A., damals ebenfalls Vorstandsmitglied der Dresdner Bank. A. hätte also stutzig werden müssen angesichts der wundersamen Geldvermehrung, von der Schneider in seiner Finanzierungsanfrage nur wenige Monate später ausging, die die Anschaffungskosten für das Kurfürsteneck auf 370 Millionen Mark bezifferte. M.: „Wir tauschen uns nicht über Informationen aus externen Aufsichtsräten aus." Wenn er gewusst hätte, sagt der Zeuge, dass Schneider mit eigenen Strohfirmen beim Kurfürsteneck agierte, dann wäre das Geschäft stärker hinterfragt worden.

Sichtlich und hörbar gereizt reagiert A. auf die Fragen des Vorsitzenden. Diese wundersame Wertsteigerung sei ihm nicht aufgefallen, bellt er. Am 16. Juni 1993 hatte er eine Vorlage erhalten, nach der das Objekt mit einem stattlichen Gewinn an ein Unternehmen der Unternehmensgruppe Dr. Jürgen Schneider verkauft werden sollte. A. stimmte dem schriftlich zu. Als im Dezember dann über den Kreditantrag von Schneider verhandelt wurde, fiel ihm nicht auf, dass der Anteilsverkäufer, die Arnaud de Vienne GmbH, eine Strohfirma Schneiders war. A. versucht dem Gericht klar zu machen, dass es im Vorstand der Bank die Regel gebe, der Bank nichts über Aufsichtsratsmandate mitzuteilen. Auch deswegen hätte er nichts gesagt.

Personelle Konsequenzen zog die Dresdner Bank aus ihrer Schneider-Affäre nicht. Sie erstattete auch keine Strafanzeige gegen Schneider. „Wir fühlten uns beim Kurfürsteneck nicht geschädigt", sagt M. Erstaunen im Gerichtssaal und im Zuschauerraum.

3. Dezember 1997, Verhandlungstag 36
Die Richter verlesen Wertgutachten. Verteidiger Franz Salditt erklärt, er und seine Kollegen seien bereit, zu plädieren. Nur Staatsanwalt Dieter Haike will sich nicht abschließend äußern. Er warnt vor einem übereilten Vorgehen.

10. Dezember 1997, Verhandlungstag 37
„Ich war besessen von den Häusern", sagt Jürgen Schneider. Richter Gehrke will wissen, ob er dabei die Wirtschaftlichkeit seines aus 110 Objekten und 40 Eigentumswohnungen bestehenden Immobilienimperiums aus den Augen verloren habe. Schneider: „Das kann man so sagen." Er habe bei der Expansion seines Unternehmens zweifelsohne übertrieben. Er habe sein Immobiliengeschäft ursprünglich „nie so groß machen" wollen. Dass trotzdem immer mehr Objekte in seinen Besitz

gelangten, habe sich so ergeben. Seine Frau, die in der Gesellschaft bürgerlichen Rechts (GbR) der Eheleute voll mithaftete, habe angesichts der Expansion „große Angst" gehabt. Sie habe von dem Geschäft aber nichts verstanden. Schneider: „Ich habe die Dinge vollkommen alleine gemacht. Ich war die treibende Kraft in jeder Hinsicht."

Vermögen besitze er nicht mehr, sagt der Milliarden-Pleitier. Er habe auch keine Gelder versteckt oder über andere Personen oder Treuhandkonstruktionen untergebracht. Schneider: „Ich muss wieder von vorne anfangen." Gehrke will wissen, wovon er denn eigentlich seinen Lebensunterhalt bestreiten wolle, wenn er aus dem Gefängnis herauskomme. Vielleicht mit Denkmalschutz oder als Assistent des Konkursverwalters, dem er bei der Restabwicklung seines einstigen Imperiums helfen könne oder durch Schreiben, lautet die Antwort.

Richter Gehrke schließt die Beweisaufnahme.

12. Dezember 1997, Verhandlungstag 38

Die Plädoyers beginnen. Ex-Bauzeichner K. ist auch wieder da. Der Zuschauerraum ist voll. Die Pressetribüne jetzt auch wieder. „Der Betrug braucht mehr als die Täter. Er braucht auch Opfer. Und die sitzen in den Banken", sagt Staatsanwalt Dieter Haike. Sieben Jahre und neun Monate fordert er für Jürgen Schneider. Der habe stets mit manipulierten Unterlagen bei den Banken Millionenkredite erschlichen. Schneider habe nie versucht, mit wahren Angaben Geld zu bekommen. Scheinrechnungen, manipulierte Mieterlisten und falsche Angaben über Nutzflächen habe er den Kreditgebern vorgelegt. „Schneider hat darauf gesetzt, dass die Banken zu dumm und zu faul waren, um kritisch zu prüfen", sagt Haike. Er hält Schneider des Kreditbetruges, schweren Betruges und der Urkundenfälschung für überführt. Eine Mitverantwortung der Banken sieht er nicht. Aber: Sie hätten sich täuschen lassen und Kreditanträge nicht abgelehnt, weil bereits die Konkurrenz in Schneiders Königsteiner Schloss um dessen Gunst buhlte. Jürgen Schneider hört konzentriert zu. Er wirkt ernst, aber nicht angespannt. Im Gegensatz zu seinem ehemaligen Bauzeichner Karl-Heinrich K. Für ihn beantragt Staatsanwalt Haike eine neunmonatige Bewährungsstrafe.

16. Dezember 1997, Verhandlungstag 39
Verteidiger Franz Salditt entscheidet sich für die blumigen Worte: „Im Sommer 1992 musste die Braut geschmückt bleiben, damit die Bank reiche Freier finden konnte. Und deshalb brauchte die Braut Blut aus der Transfusionszentrale aus Köln, damit sie nicht schwindsüchtig wird." Deshalb sei die Deutsche Bank ihren Zweifeln an Jürgen Schneider – der Braut – nicht nachgegangen. Sie habe ihr Risiko an den Millionenkrediten mit anderen Banken (den Freiern) teilen wollen. Deshalb seien von der Deutsche-Bank-Tochter Centralboden (Transfusionszentrale) im Sommer 1992 noch einmal 45 Millionen Mark für Schneiders Flaggschiff Zeilgalerie geflossen. Die letzte Zahlung, sagt Salditt, sei eng verzahnt mit der beabsichtigten Risikoverteilung der Deutschen Bank. Hätte der Konzern Schneiders Wunsch nach weiteren Millionen abgelehnt, hätte sich das in der Branche herumgesprochen und die Partner vergrault. Das wäre einer „Scheidung im Hause Windsor" gleichgekommen. „Preisen statt prüfen" sei das Motto gewesen. Vorsätzlich habe die Bank ihre gesetzliche Prüfungspflicht verletzt. „Zum Kalkül und Konzept der Bank hat es gehört, Zweifeln nicht nachzugehen." Und: „Die Bank hat im Sommer 1992 den Nachbrenner eingeschaltet, den Schub vervierfacht. Es ging nicht um Schneider, es ging ihr um sich selbst." Salditt ist sicher, dass der Zeilgalerie-Kredit nicht Grund eines Irrtums war. Und der Frankfurter Kollege Eckart Hild glaubt, schwerer Betrug

könne Schneider auch bei seinen Aktivitäten in Leipzig nicht nachgesagt werden. Allenfalls eine Krediterschleichung. Wo war der Schaden? Wo ist das Vermögen gefährdet worden? Beides Voraussetzungen für einen Betrug. Eine Strafe, glauben die Verteidiger, die etwa zwei Jahre unter dem Antrag des Staatsanwaltes liege, sei angemessen, also maximal fünfdreiviertel Jahre.

Kein Freigang an der Luft, eine Acht-Quadratmeter-Zelle für zwei Personen, zwei Duschen für 160 Gefangene, eisige Kälte aus der Klimaanlage, Tag und Nacht Anweisungen aus dem Lautsprecher: Das war der Alltag des Untersuchungshäftlings Utz Jürgen Schneider in Miami, einer „absolut modernen Hochsicherheitsanstalt". Neun Monate hat er dort verbracht. Verteidiger Christoph Rückel fordert deshalb, sie wie 15 Monate auf die Strafe anzurechnen. Ferner solle man Schneider nach der Urteilsverkündung einen Tag vor Weihnachten zunächst von der Haft verschonen, damit er das Fest zu Hause feiern könne. Schneider sei immerhin freiwillig nach Deutschland zurückgekehrt.

17. Dezember 1997, Verhandlungstag 40
Jürgen Schneider zeigt keine Gefühlsregung. 35 Minuten spricht er. Es ist sein letztes Wort, bevor die Richter ihr Urteil verkünden. Er sagt ganz ruhig: „Ja, ich habe mich strafbar gemacht. Aber ich habe das Geld immer nur für meine Häuser gebraucht." Wenn es ihm ums Geld gegangen wäre, dann hätte er es mit einer Billigbauweise einfacher gehabt. Und dann gibt er erneut zu: Abfindungskosten gebe es nicht. „Das war eine Erfindung von mir." Das hätten die Banken eigentlich merken müssen. „Es ging so leicht", sagt Schneider, „die Banker schwindelig zu reden." Und dann lobt er generös seinen größten Geldgeber, die Deutsche Bank, die für ihn 70 Millionen Mark an die Handwerker bezahlt habe. Handwerker, die wegen ihm in massive finanzielle Nöte geraten waren. Längst aber ge-

rät Schneider schon wieder ins Schwärmen und Schwadronieren: „Ich plante und baute für die Zukunft." Häuser seien für ihn die Zukunft gewesen, eine Verpflichtung, denn er habe die schönen Gebäude für die Menschen gebaut. Dinge, die „unbewegbar auf der Erde stehen". Das Verfahren gegen ihn nennt er eine Generalabrechnung und kündigt an, nun ein solides Fundament für sein Leben aufzubauen. Und zu Gehrke sagt er: „Mich haben die Öffentlichkeit und Direktheit des Verfahrens und die Dialoge zutiefst beeindruckt." Dann bittet er um Milde und wiederholt seinen größten Wunsch: „Ich möchte wieder in die menschliche Gesellschaft aufgenommen werden."

23. Dezember 1997, Verhandlungstag 41

Vorsitzender Richter Gehrke: „Im Namen des Volkes verkünde ich folgendes Urteil: Der Angeklagte Dr. Schneider wird wegen Kreditbetrugs in zwei Fällen und Betrugs in drei Fällen, in einem Fall davon begangen in Tateinheit mit Urkundenfälschung, zu einer Gesamtfreiheitsstrafe von sechs Jahren und neun Monaten verurteilt. Wer ist dieser Dr. Schneider? Sicher, er hat sich wegen Betrugs in großem Stil strafbar gemacht. Und sicher, er hat dies sehr geschickt und planvoll getan. Aber wir haben uns doch in der vierzigtägigen Verhandlung davon überzeugen können, dass wir hier einen in seiner Charakterstruktur und Mentalität durch und durch schlichten Mann vor uns haben, einen „Frankfurter Bub", wie er sich gern selbst bezeichnet, der nicht die Kriminalität zu seinem Metier gemacht hat.

Der Angeklagte ist nach Überzeugung der Kammer 1981 nicht angetreten, um sich mit betrügerischen Mitteln ein großes Vermögen zu verschaffen. Er glaubte fest daran, ein spezielles Segment des Baugewerbes gefunden zu haben, in dem er sich besser als andere auskannte und wirtschaftlichen Erfolg haben würde: Erwerb, Sanierung und Vermarktung historisch wertvoller Geschäftshäuser. Aber er kaufte zu teuer, baute zu aufwendig und vermietete, weil die Marktlage nichts anderes hergab, zu schlecht. Deshalb musste er scheitern.

Herr Dr. Schneider hat erkannt, wie wenige vor ihm, den Hauptmann von Köpenick vielleicht ausgenommen, dass in unserer Gesellschaft im Allgemeinen und bei den Banken im Besonderen Schein vor Sein geht. Je mehr man zu sein und vor allem zu haben scheint, umso respektvoller und entgegenkommender wird man behandelt. Wer nur kleine Beträge ausleihen will und kann, wird durchleuchtet bis aufs Hemd. Wer Millionensummen fordert und den Eindruck erweckt, schon Milliardensummen zu besitzen, der kriegt das Geld nachgetragen. So ist der Fall Schneider auch eine Parabel für unsere Gesellschaft.

Zu seinem Nachteil wirken sich das langjährig geplante und geschickte Vorgehen und – dies vor allem – die hohe Summe der betrügerisch erlangten Beträge aus. Dies hat, das darf ich hier freimütig sagen, zu Beginn der Hauptverhandlung an eine Gesamtstrafe im zweistelligen Bereich denken lassen. Im Verlauf der Hauptverhandlung dagegen ergab sich eine solche Zahl von strafmildernden Gesichtspunkten, dass davon ein ganz erheblicher Abstrich gemacht werden konnte.

Zudem haben wir die Überzeugung gewonnen, dass die Geständnisse und die sonstige Verhaltensweise Dr. Schneiders in der Hauptverhandlung von echter Einsicht in sein strafbares Fehlverhalten und glaubwürdiger Reue getragen waren.

Herr Dr. Schneider, Sie haben erklärt, dass Sie sich zu Ihrem Fehlverhalten bekennen und die dafür erforderliche Bestrafung akzeptieren wollen. In solchen Fällen ist es üblich, den Verurteilten zu fragen, ob er das Urteil annehmen und auf Rechtsmittel verzichten will."

Jürgen Schneider: „Ich nehme das Urteil an!"

Die verlorene Ehre des Andreas Türck (Osthafen)

Der eine hatte eine verheißungsvolle Fernsehkarriere begonnen, war Teenie-Star, erst Nachmittagsplauderer, dann Moderator einer populären Musiksendung. Smart und umschwärmt. Doch dann wurde er mit einem Mal zum Vergewaltiger, zum überheblichen Aufreißer, zum Frauenverächter, zu einem, der es nötig hat, auf einer schäbigen Frankfurter Brücke, die bis dato kaum einer kannte, eine Club-Bekanntschaft zum Oralverkehr zu zwingen.

Die andere war Bankangestellte, eine von vielen, die regelmäßig in den Läden an der Hanauer Landstraße feierte. Tagsüber eher gelangweilt, abends dafür temperamentvoll, ausschweifend. Doch mit einem Mal wurde aus der unbekannten, biederen Bankmitarbeiterin eine geltungssüchtige, neurotische, essgestörte, psychisch labile, laszive junge Frau mit einem Hang zur B-Prominenz, zum schnellen Sex und zu Drogen. Ein Partyluder. Uneinsichtig, verrückt und naiv.

Von nun an einte beide eines: Über sie wurde kübelweise Schmutz ausgegossen. Ein Teil ihrer Würde wurde ihnen von nun an genommen. Und sie hatten über Monate hinweg im Schnitt zweimal pro Woche denselben Termin: vor dem Landgericht in Frankfurt. Sie als Opfer, er als Angeklagter. Andreas Türck, der Ex-Moderator, und Katharina, die Bankangestellte, waren nun unheilvoll miteinander verwoben. Keiner von ihnen wollte das. Aber das scherte niemanden.

Im März 2004 macht es ein Boulevardmagazin des hr-Fernsehens öffentlich: Exklusiv berichtet die Sendung, die Frankfurter Staatsanwaltschaft ermittele gegen den Fernseh-Moderator Andreas Türck wegen des Vorwurfs der Vergewaltigung.

Die Rechtsanwältin des mutmaßlichen Opfers, der jungen Bankangestellten, nennt vor laufenden Kameras vor dem Ende der Ermittlungen Details, spricht von Verletzungen an Stellen, die niemand gerne öffentlich diskutiert haben möchte. Die Juristin beschreibt einen möglichen Tatablauf und betont ungefragt, sie möchte nicht, dass ihre Mandantin in die „Promi-Luder-Ecke" gestellt werde. Katharina habe den smarten Fernsehplauderer gar nicht anzeigen wollen, lediglich einem Freund am Telefon von der angeblichen Vergewaltigung erzählt. Ungünstigerweise hörte die Polizei mit, denn sie belauschte den Bekannten. Er soll mit Drogen gehandelt haben. Und so, sagt die Anwältin, kam raus, was niemals rauskommen sollte. Und worüber sie nun ausführlich die Medienschaffenden informierte.

Es war der Tag, an dem sich der öffentliche Blick auf den TV-Moderator völlig veränderte. Türck, der von 1998 bis 2002 auf ProSieben den täglichen Nachmittagstalk mit dem wenig einfallsreichen Namen „Andreas Türck" moderiert hatte und danach auf demselben Sender durch die Chart-Show geführt hat. Im Jahr 2000 hatten ihn die Leserinnen des Frauenmagazins Amica noch zum „Erotischsten TV-Entertainer Deutschlands" gewählt. Sein guter Ruf war seither zerstört. Er wird ihn nie wieder richtig herstellen können.

Denn von nun an sprechen alle davon, dass er in der Nacht vom 24. auf den 25. August 2002 Katharina B., die junge Bankangestellte, auf der Frankfurter Honsell-Brücke mit Gewalt zum Oralverkehr gezwungen haben soll. Und viele pilgern zu der Brücke, wollen wissen, wo Türck mit der Frau intim geworden war. Wo er ihr angeblich den Kopf gegen das Brückengeländer geschlagen hat. Vor den Augen eines Freundes des Moderators und vor den Augen von Katharinas Freundin. Beide standen in Sichtweite. Kurz zuvor hatten sich die Vier auf der Dachterrasse eines Clubs kennengelernt und waren sich schon dort nähergekommen. Eine Dachterrasse, auf der sich plötzlich auffallend viele Journalisten Drinks servieren lassen. Immer auf den Spuren von Andreas Türck. Sie wissen längst, dass Türck, Katharina und ihre zwei Begleiter von der Dachterrassen-Bar auf dem Weg zu einem anderen Club auf der Brücke Zwischenstopp machten, dass sie nie in der anderen Bar ankamen, weil Türck Katharina nach den Intimitäten an der benachbarten Tankstelle einfach stehen ließ.

Die Freundin von ihr und der Freund von ihm werden später über den Abend erzählen, dass sie den Akt zwar beobachten konnten, aber keine Gewalttätigkeiten wahrgenommen hätten. Auch Katharinas Verhalten danach habe nicht auf eine Vergewaltigung hingedeutet. Im Gegenteil: Sie soll aufgekratzt gewirkt haben, Türck eher peinlich berührt.

Stunden vor den verhängnisvollen Minuten auf der Brücke hatten sich Türck und Katharina an der Bar bei Cocktails, die Namen tragen wie Orgasmus und aus Wodka, Amaretto, Cointreau, Creme de Cacao und Sahne bestehen, kennengelernt. Später, auf dem Weg ins nächste Etablissement, bog das Quartett dann auf die Brücke ab, die ins Industriegebiet am Frankfurter Osthafen führt. Angeblich, um den schönen Blick auf die Frankfurter Hochhaussilhouette zu genießen. Es war ein Vorschlag der Männer. Auf der Stahlfachwerk-Sichelbogenbrücke passierte dann, was sehr viel später ein Millionenpublikum erfahren würde.

Als Katharina noch in derselben Nacht ihrem Bekannten am Telefon von der angeblichen Vergewaltigung erzählt, glaubt er ihr nicht. Zwei Wochen zuvor habe sie schon mal von einer Vergewaltigung geredet. Da sollen es zwei Jugoslawen gewesen sein. Später habe sich herausgestellt, dass das gar nicht stimmte, wird er im Prozess den Richtern erzählen. Weil die Polizei, die das Telefonat mitgehört hatte, ihr Verfahren gegen Katharinas Bekannten nicht gefährden wollte, schwieg sie zunächst. Erst

Monate später tauchten Beamte an Katharinas Arbeitsplatz in der Bank auf. Sie sprachen mit ihr, legten ihr ans Herz, Anzeige zu erstatten. Aber sie wollte nicht. Später zeigte sie Andreas Türck doch an. Sie sei unter Druck gesetzt worden, wird sie später im Prozess dazu sagen. Sie habe sich nicht mehr wehren können.

Am 3. April 2003 endete das alte Leben von Andreas Türck. Morgens um halb acht stand die Polizei vor seiner Wohnung. Noch hatte die Presse nichts mitbekommen. Die Beamten stellten sein Haus auf den Kopf, auf der Suche nach Beweisen. Der Verdacht: Vergewaltigung in einem besonders schweren Fall. Türck beteuerte sofort, er habe Katharina zu nichts gezwungen, schon gar nicht mit Gewalt. Die Initiative sei im Gegenteil von Katharina ausgegangen. Ein Jahr lang wurde ermittelt, ohne dass es die Öffentlichkeit erfuhr. Die Staatsanwaltschaft beauftragte eine Sachverständige. Katharina erschien den Ermittlern irgendwie auffällig. Ihre Aussagezuverlässigkeit erschien ihnen „massiv eingeschränkt". Sie neige dazu, „sich sozial erwünscht zu präsentieren". Auch von Drogenkonsum, psychischer Labilität, Ess- und schweren Wahrnehmungsstörungen war da schon die Rede. Die Frankfurter Staatsanwaltschaft ermittelte weiter. Später wird ihr das heftig vorgeworfen. Doch sie hatte keine andere Wahl, Vergewaltigung ist ein Offizialdelikt, muss also verfolgt werden. Da können Ermittlungen nicht einfach eingestellt werden.

Dann kommt der 22. März 2004. Es ist der Tag, an dem eine mediale Lawine losgetreten wird, durch einen kaum mehr als zwei Minuten dauernden Beitrag. Zeitungen, Online-Plattformen, Radio- und Fernsehsender berichten nun flächendeckend vom mutmaßlichen Vergewaltiger Türck, der eine junge Frau, die er gerade kennengelernt hatte, brutal vergewaltigt haben soll. Türcks Haussender ProSieben lässt zwar verkünden, man sei von der Unschuld des Moderators überzeugt, aber noch am selben Tag wird er beurlaubt. Er muss runter vom Bildschirm und wird erst Jahre später wieder dort erscheinen. Zunächst ist die erfolgreiche Fernsehkarriere beendet, Türck fortan der Vergewaltiger von der Brücke.

Die Staatsanwaltschaft klagt ihn kurz danach an. Warum, wird sie oft gefragt und es wird ihr unterstellt, sie mache das nur, weil sie dem enormen öffentlichen Erwartungsdruck nicht standhalten könne. Nein, heißt es aus der Behörde. Grund sei, dass nur so die Wahrheit herausgefunden werden könne. Nur so werde klar, wer glaubwürdig ist: sie oder er. Auch die Staatsanwaltschaft weiß: Der Vorwurf gegen Türck ist schwer. Sehr schwer sogar. Aber sie muss anklagen, wenn sie eine Verurteilung zu 51 Prozent für wahrscheinlich hält. Das tut sie. Wissend, dass am Ende auch ein Freispruch herauskommen kann. Denn hier steht Aussage gegen Aussage. Und da kommt es vor allem auf eines an: eben auf Glaubwürdigkeit. Die ist nicht zu ermitteln, wenn man nur die Akten liest. Das geht nur in einer öffentlichen Hauptverhandlung, so belastend dies für alle Beteiligten auch sein mag. Der Frankfurter Staatsanwaltschaft ist klar: Hier steht ein halbwegs prominenter Mann vor Gericht, deshalb schaut die Öffentlichkeit genauer hin. Auch, ob Ankläger einem Prominenten einen Bonus geben. Oder ob er einen Malus hat. Den verpassen ihm vor allem die Journalisten.

Ein Argument der Staatsanwaltschaft: Ein Freispruch, ausgesprochen von Richtern, gilt nach außen mehr als die Einstellung des Verfahrens am Ende eines Ermittlungsverfahrens. Auch wenn dies rechtlich dasselbe sei und Andreas Türck als unschuldig gelte. Eine Einstellung würde ihm überdies zwar einen öffentlichen Auftritt in einem Prozess mit all den dort entstandenen Bildern ersparen. Nicht aber, dass an ihm etwas hängen bliebe. Und auch an der Staatsanwaltschaft, nämlich der Vorwurf, hier sei ein Verfahren gegen einen Prominenten einfach tot gemacht worden. Diesem Vorwurf wollte sie sich offensichtlich nicht aussetzen.

Andreas Türck aber sieht das anders. Er weiß, Freispruch hin oder her, was einmal in den Medien und den Archiven steht, lässt sich nicht mehr ungeschehen machen.

9. August 2005: Prozessbeginn vor dem Frankfurter Landgericht. Dutzende Journalisten. Viele Kameras. Noch mehr Fotoapparate. Und Schaulustige. Dann fliegen die Kameraleute und Fotografen raus, denn in deutschen Gerichtssälen darf nicht gefilmt werden. So steht es im Gesetz. Allen Beteiligten soll so viel Unbefangenheit wie möglich bleiben. Sie würde, sagt der Gesetzgeber, ihnen genommen, wenn ständig gefilmt würde. Außerdem sollen die Aussagen aller Prozessbeteiligter sowie der Zeugen so wenig wie möglich beeinflusst werden. Und dem Angeklagten soll die Prangerwirkung erspart bleiben, die entstünde, wenn ein Millionenpublikum vor den Bildschirmen zuschauen würde.

Andreas Türck nennt zu Beginn des Prozesses seinen Namen. Dann sagt er nur noch einen Satz, nämlich: „Ich bin unschuldig." Dafür reden seine Verteidiger. Vor allem an diesem ersten Tag. Stundenlang listen sie auf, warum sie Katharina, die einstige Club-Bekanntschaft des TV-Plauderers, für unglaubwürdig halten. Auf 57 Seiten geht es um ihr angeblich anrüchiges Leben, in dem Drogen, Partys und Alkohol die Hauptrollen spielten. Die Staatsanwaltschaft spricht von einer gezielten Kampagne, von der Absicht, das Opfer als lasziv, schwer gestörtes Partyluder darzustellen. Katharina selbst hört sich das im Gerichtssaal äußerlich regungslos an. Ungewöhnlich und ungeschickt. Denn Opfer, auch wenn sie als Nebenkläger im Prozess dabei sein dürfen, bleiben besser draußen. Das macht ihre Aussage glaubwürdiger, weil sie noch unbeeinflusst von dem Geschehen im Gerichtssaal ist. Aber Katharina will nicht raus. Die Staatsanwaltschaft betont noch einmal, dass sie trotz aller Zweifel das mutmaßliche Opfer für glaubwürdig, den Tatverdacht deshalb auch für hinreichend hält. Schließlich sei Katharina nicht selbst zur Staatsanwaltschaft gegangen. Ihre belastende Aussage war ein Zufallsfund. Für unglaubwürdig halten die beiden Staatsanwälte im Prozess dagegen Türcks früheren besten Freund. Der Mann stand nach eigenen Angaben zwanzig Meter von Türck und Katharina entfernt. Wenn er Gewalt wahrgenommen hätte, dann hätte er eingegriffen, sagt er. Und er ändert seine Aussage auch nicht, nachdem bekannt wird, dass sich die Wege der beiden Männer kurz nach dem Ausflug auf der Brücke trennten. Denn beide hatten sich für dieselbe Frau interessiert. Der Freund hat sie geheiratet.

Der zweite Verhandlungstag läuft gut für Türck. Ricardo sagt aus. Ricardo, das ist der Drogenhändler, dem Katharina von der angeblichen Vergewaltigung am Telefon erzählt hatte, als sie nicht ahnen konnte, dass die Polizei mithörte wie sie zu ihm sagte: „Dieses Mistschwein hat mich vergewaltigt." Ricardo erzählt, dass er ihr das nicht geglaubt habe. Dass sie häufig Geschichten erzählt habe. Und er berichtet von einem Brief, den er seinem Bruder aus dem Gefängnis heraus geschrieben hat. Darin bat er den Bruder, die Protokolle der Telefonüberwachung Türcks Verteidigern zu geben, damit sie die Unschuld des Fernsehmannes beweisen könnten. „Ich möchte nicht, dass Türck unschuldig in den Knast geht", hat er dem Bruder geschrieben. Er weiß, worüber er schreibt, er hat das Leben im Gefängnis kennengelernt. Als er das im Gerichtssaal sagt, lächelt Türck. Zum ersten Mal in diesem Prozess. Er wirkt entspannter als am ersten Verhandlungstag. Und er bleibt auch in den nächsten Stunden entspannt, als Katharinas Freundin, die in der Nacht mit auf der Brücke war, von der Essstörung ihrer Freundin berichtet und davon, dass sie viel getrunken habe in dieser Zeit. Eine Gewalttat oder Hilfeschreie habe auch sie nicht wahrgenommen. Wohl aber, dass Katharina auf dem

Heimweg zusammengebrochen sei. „Er hat mich vergewaltigt", habe sie zu ihrer Freundin gesagt.

Sie selbst, Katharina, ist am dritten Verhandlungstag dran. Es wird der Tag der Hauptbelastungszeugin, ein Tag, der beklommen macht. Am Ende glauben die meisten, dass Katharina eine gebrochene Person ist. Oder zumindest ein über lange Phasen sehr unglücklicher Mensch. Eine Frau, die schon als Jugendliche versucht hat, sich das Leben zu nehmen, sich häufig selbst verletzt und immer noch Suizidgedanken hat. Katharina ist sichtlich nervös, beißt sich nach jedem Satz auf die Lippen. Sie wird es noch ganz oft in diesem belastenden Prozess tun, von dem viele den Eindruck haben, keiner will ihn. Die Nacht, über die vor dem Landgericht verhandelt wird, bezeichnet sie als schockierend und demütigend. Zunächst, sagt sie, habe sie über die Tat nicht reden können und wollen. Sie habe Angst vor den Fragen gehabt, die sie jetzt beantworten muss und nie beantworten wollte. Sie nennt es den blanken Horror. Immer wieder bricht ihr die Stimme. Türck hört sich das alles, auch die Beschreibung der angeblichen Vergewaltigung, ohne sichtbare Regung an. Er schaut sie an. Sie aber nicht ihn. Diese Frau erregt vor allem Mitleid. Nur bei Türck wahrscheinlich Wut.

Dann sagt die Kripo-Beamtin aus, die sie als erste vernommen hat. Die Polizistin erzählt, dass ihr Katharina glaubwürdig erschien. Die junge Frau sei zittrig, aufgeregt und sehr verkrampft gewesen. Ihre extrem kalten Hände seien ihr aufgefallen, sagt die Beamtin. Und: „Katharina wirkte sehr labil." Andreas Türck wirkt dagegen an diesem vierten Verhandlungstag sehr angespannt. Vermutlich auch, weil das Medieninteresse nach wie vor sehr groß ist. Sex sells. Eigentlich, sagt die Polizistin, habe Katharina gar nicht aussagen wollen. Im Gegensatz zu Andreas Türck. Er habe zu Protokoll gegeben, ja, es sei zum Oralverkehr gekommen. Danach schwieg er. Wenn überhaupt, ließ er seine Anwälte für sich reden. Wie jetzt im Gerichtssaal.

Aber nur dort, Interviewanfragen werden allesamt abgelehnt. Das ziehen sie den ganzen Prozess über durch. Eine weise Entscheidung, zumal in einem Vergewaltigungsprozess jeder Halbsatz zum Bumerang werden kann. Der fünfte Verhandlungstag vergeht ohne viel Spektakuläres.

Der sechste Verhandlungstag aber wird verheerend für Katharina. Die erste Psychologin kommt zu Wort. Es geht um die Glaubwürdigkeit des mutmaßlichen Opfers. Die Fachfrau sagt über Katharina, sie habe nicht gelogen, aber die Wahrheit habe sie auch nicht gesagt. Eine unbewusste Falschaussage nennt sie das. Bewusst, hält sie Katharina zugute, habe sie Türck nicht schaden wollen, aber Menschen wie sie könnten Erlebtes und Eingebildetes nicht auseinanderhalten. Als Katharina das hört, schüttelt sie immer wieder den Kopf und schreibt zum ersten Mal in diesem Prozess mit. Sie macht sich an diesem Tag viele Notizen. Auch, als die Psychologin sagt, dass Personen wie Katharina häufig genau das antworten, wovon sie glauben, dass es ihr Gesprächspartner hören wolle. Bei Katharina seien das zunächst die vermeintlichen Erwartungen der Polizisten gewesen, dann die der Staatsanwälte und nun die der Richter. Anders als noch im Ermittlungsverfahren glaubt die Psychologin nun, dass Katharina eine Person ist, die sich im Grenzbereich zu einer psychischen Störung befinde und erhebliche Auffälligkeiten zeige. Auch die zweite Sachverständige attestiert ihr eine geringe Glaubhaftigkeit. Ihre Aussagen, sagt sie, seien in vielen Punkten nur Mutmaßungen. Entstanden durch den immensen Druck, unter dem die junge Frau gestanden habe und noch immer stehe. Auch sie spricht von eingebildeten Erinnerungen und erklärt damit die Aussage von Katharina für unzuverlässig. Das ist der Todesstoß für die Anklage. Entsprechend versteinert sind die Mienen der beiden Staatsanwälte. Denn geblieben ist nur noch das Bild einer verletzlichen, labilen Frau, einer tragischen Figur. Bemitleidenswert und vorgeführt. Eine Frau, die sich eine Vergewaltigung ausgedacht hat, um mit den Erlebnissen klarzukommen. Mit der Schmach einer Nacht, in der sie zunächst einen Prominenten aufgerissen hatte, der sie nicht viel später an der nächsten Tankstelle einfach abserviert hat.

Auch der dritte Gutachter, ein renommierter Berliner Psychologe, spricht von einer emotional labilen Frau. Er setzt sogar noch eins oben drauf: Katharina habe möglicherweise sogar bewusst gelogen. Jedenfalls sei die Wahrscheinlichkeit größer, dass sie wisse, sie hat falsch ausgesagt als die Wahrscheinlichkeit, dass sie unbewusst gelogen habe. Zum ersten Mal fragen nun auch die beiden Staatsanwälte nicht mehr nach. Anders als noch bei den ersten beiden Gutachten zur Glaubwürdigkeit der Person bzw. ihrer Aussage. Doch am Ende der dritten Sachverständigenexpertise geben auch sie offenbar ihren Vorwurf auf, Andreas Türck habe eine Frau zum Sex gezwungen. Und das mit roher Gewalt. Der dritte Gutachter stützt sich dabei vor allem auf Katharinas Aussage.

Katharinas Ruf ist da allerdings schon längst ruiniert. Ihre „Freunde" und Bekannten hatten den Prozess tagelang als Bühne für ein unwürdiges Schauspiel genutzt. Öffentlich haben sie die Nebenklägerin als unglaubwürdig dargestellt. Am Ende half auch der Satz der Vorsitzenden Richterin vom ersten Verhandlungstag nicht mehr weiter, als sie sagte: „Auch eine Frau, die schon tausend Beziehungen hatte, kann vergewaltigt worden sein." Das Argument der Staatsanwaltschaft konnte ebenfalls nichts mehr retten: „Auch wer schon mal gelogen hat, kann die Wahrheit sagen." Zurück bleibt eine zutiefst traurige Person, die selbst zusammenfasst, was sie vor Gericht erlebt hat: „den Horror".

6. September 2005: Tag der Plädoyers. „Der Vorwurf der Vergewaltigung ist so mit Sicherheit nicht zu halten." Mit diesem Satz endet der Schlussvortrag des Staatsanwaltes. Er folgt dem Gutachten des Berliner Fachmanns. Dessen erhebliche

Zweifel an Katharinas Aussage können nur ein Ergebnis haben: Auch die Staatsanwaltschaft beantragt einen Freispruch für Andreas Türck. Aber den Vorwurf, der Fernsehmann hätte niemals angeklagt werden dürfen, den teilt der Strafverfolger nicht. Erst in der Hauptverhandlung und insbesondere erst in dem dritten Gutachten hätten sich Zweifel an der Zuverlässigkeit von Katharinas Aussage ergeben. Davor sei zu Recht Anklage erhoben worden. Die im Übrigen ja vom Gericht nochmals geprüft und zugelassen worden sei. Anfangs, sagt der Staatsanwalt, sei das erste psychologische Gutachten zur Glaubwürdigkeit der Zeugin nicht eindeutig gewesen. Und er gibt zu bedenken: „Die Einschätzung, dass zu 51 Prozent eine Verurteilung wahrscheinlich ist, zwingt einen Staatsanwalt, Anklage zu erheben." Denn dies begründe einen hinreichenden Tatverdacht und somit die Anklage.

Katharinas Rechtsanwältin appelliert vergeblich an die Richter, den Gutachtern nicht zu folgen. Doch längst ist alles zu spät. Sie selbst hatte entgegen allen Gepflogenheiten nicht dafür gesorgt, dass die junge Frau zumindest bis zu ihrer eigenen Aussage nicht mit im Gerichtssaal sitzt und vorher alle Aussagen hört. Die Anwältin hatte auch nicht dafür gesorgt, dass die Öffentlichkeit ausgeschlossen wird, als es allzu privat und intim wurde und Katharina die Nacht so schilderte, wie sie die Stunden in Erinnerung hatte. Zumindest müsse Türck verurteilt werden, weil er Katharina in der schicksalhaften Nacht gewürgt habe, fordert deren Anwältin.

Dann sind Türcks Verteidiger dran. Sie nutzen die letzte Chance, in ihrem Plädoyer noch einmal öffentlich minutiös alle Ungeschicklichkeiten, Ungereimtheiten und Fehler aufzulisten, die sie Polizei und Staatsanwaltschaft vorwerfen. Die Staatsanwaltschaft habe ihre Pflicht versäumt, ergebnisoffen zu ermitteln. Keinem Hinweis, der den TV-Promi hätte entlasten können, sei sie nachgegangen. Am allerschlimmsten aber sei es, dass sie die zahlreichen Hinweise auf die mangelnde Glaubwürdigkeit des vermeintlichen Opfers ignoriert und auch ihren Drogenkonsum nicht überprüft habe.

Andreas Türck hat wie jeder Angeklagte das letzte Wort: „Ich habe nichts mehr zu sagen", lautet es. Es ist der zweite und letzte Satz von ihm in diesem Prozess. Ein Prozess, bei dem er in der Zeitung täglich mitverfolgen konnte, welch mieser und verachtenswerter Charakter er sein soll. Jedenfalls haben ihn vor allem die Boulevard-Medien so dargestellt. Als eitlen Ex-TV-Moderator, als ein verachtender und erniedrigender Mensch, der sich nachts auf einer Brücke von einer Frau befriedigen lasse. Eine Gefängnisstrafe gibt es dafür nicht, noch nicht einmal eine Verurteilung, aber eine viel schlimmere Sanktion: die gesellschaftliche Ächtung.

Andreas Türck trägt am Tag der Urteilsverkündung den gleichen dunklen Anzug und jene weinrote Krawatte, die er an den vielen Verhandlungstagen zuvor auch schon anhatte. Er lächelt, als die Vorsitzende Richterin den Freispruch verkündet. Kurz bevor der Prozess endgültig vorbei ist, sagt sie: „Manchmal sind es Nuancen, die darüber entscheiden, ob Menschen zu Liebespaaren oder zu Tätern und Opfern werden." Die Nuance, um die es während der vergangenen zehn Verhandlungstage ging, hat den Richtern nicht ausgereicht, um Andreas Türck schuldig zu sprechen. In der Verhandlung sei „nicht mit der zu einer Verurteilung erforderlichen Sicherheit" bewiesen worden, „ob der Oralverkehr gegen den Willen der Nebenklägerin stattgefunden hat", heißt es in der Urteilsbegründung.

Katharina wischt sich immer wieder Tränen aus den Augenwinkeln. Andreas Türck, der ihr zehn Tage lang gegenüber saß, lässt sich auch jetzt wie an den meisten anderen Tagen keine Gefühlsregung anmerken. Die Vorsitzende Richterin stellt nicht nur sich die Frage, warum Katharina während des gesamten Verfahrens die Kameras, die mitunter diffamierenden und sexistischen Zeugenaussagen, die neugierigen Blicke der Zuschauer und die ihr „kaum erträgliche" Anwesenheit des Angeklagten im selben Raum über sich ergehen ließ. Vom „Gang durchs Fegefeuer" spricht die Richterin. Kritik an der Staatsanwaltschaft weist sie zurück. Vor allem bei Sexualdelikten kläre sich vieles erst in der Hauptverhandlung, mit Schöffen und Öffentlichkeit als demokratischen Instanzen. Vor allem an die Boulevardjournalisten appelliert sie, sich ihrer gigantischen Macht gegenwärtig zu sein. Und sie bemüht dabei sogar Friedrich Schiller: „Des Menschen Würde ist in Eure Hand gegeben."

Auf die Frage, ob sich sein Mandant nach dem Freispruch als Sieger fühle, antwortet kurz danach einer von Türcks Verteidigern: „Es gibt nur Verlierer." Der Vergewaltigungsprozess gegen Andreas Türck hat nicht nur eine, sondern zwei Biografien gebrochen. Der Staatsanwalt hat das in seinem Plädoyer als den Preis der Gerechtigkeit bezeichnet. Wenn das erste Gutachten, in Auftrag gegeben von der Staatsanwaltschaft, eindeutig gewesen wäre, hätte das Gericht die Anklage nicht zugelassen. Es hätte nie einen Prozess gegen Andreas Türck gegeben. Erst als in der Hauptverhandlung die Zweifel an Katharinas Aussage stärker wurden, sind weitere Experten zu Rate gezogen worden. Der nachträgliche Vorwurf, hätte die Staatsanwaltschaft nur gleich den richtigen Experten um ein Gutachten gebeten, dann wäre allen dieser so nachhaltig wirkende Prozess erspart geblieben, macht es sich zu einfach. Wie soll ein Staatsanwalt antizipieren, dass er hier möglicherweise dem falschen Gutachten folgt. Dass Andreas Türck trotz des Freispruchs nicht mehr als unschuldig gilt, seine Karriere ruiniert ist, muss sich vor allem die Presse vorwerfen lassen. Sie folgte lange Zeit den bisweilen sehr hartnäckig kämpfenden Staatsanwälten. Die Unschuldsvermutung blieb dabei außer Acht mit Schlagzeilen wie diesen: „Wird er böse, wenn Frauen nicht wollen?", „Neue Sex-

Enthüllungen", „So hat Türck mich vergewaltigt", „Die Sex-Akte Türck".

Trotz seines Freispruchs schafft es Andreas Türck zunächst nicht mehr auf den Bildschirm zurück. Er zieht sich nach dem Prozess erst einmal aus der Öffentlichkeit zurück. Interviews zu seiner Zukunft lehnt er ab. Er schreibt keine Bücher. Er setzt sich in keine Talkshow. Er geht mit seiner eigenen Geschichte nicht hausieren. 2006 gründet er mit einer Medienagentur eine Firma, die „zielgruppengenaue Web-TV-Formate einschließlich der dazugehörigen Plattform" entwickeln und vermarkten will. Acht Jahre nach seinem unfreiwilligen Rückzug vom Bildschirm ist er endlich wieder da. Als Moderator der Wissenssendung „Abenteuer Leben". Nach der Ankündigung seiner Rückkehr durch ProSieben wird der Sender mit Interviewanfragen geflutet. Die Pressesprecherin erklärt, Türck sei durchaus zu Interviews bereit. Doch daraus wird nichts. Vermutlich, weil in der Zwischenzeit Jörg Kachelmann mit seiner Frau Miriam bei Günther Jauch in der Talkshow sitzt und das macht, was Türck acht Jahre lang vermieden hat: Er redet über sich, über seinen Freispruch vom Vorwurf der Vergewaltigung und führt öffentlich einen Rachefeldzug gegen die sogenannte „Falschbeschuldigerin", bei dem er alles vermissen lässt, was er für sich selbst reklamiert. Andreas Türck gebührt Respekt. Er hat sich in all den Jahren nicht dazu hinreißen lassen, seinen Fall medial und pekuniär auszuschlachten. Er hat nie nachgetreten. Und es acht Jahre lang ertragen, dass er in seinem Traumberuf als Fernsehmoderator nicht mehr arbeiten durfte.

Im Bett der Kommissarin (Bahnhofsviertel)

Schon in der Schule gab es Probleme. Einmal flog er, weil er ständig geschwänzt hatte. Das zweite Mal, weil er eine Toilette zerstörte. Gemeinsam mit vier Kumpels quälte er Mitschüler, setzte sie unter Druck. Zunächst redeten ihm die Lehrer gut zu. Appellierten an das Mitgefühl des Kindes. Doch schon sie erreichten ihn zu dieser Zeit kaum noch, obwohl er keine zehn Jahre alt war. Seine Eltern reagierten nicht. Warum, das wurden sie ganz oft gefragt. Geantwortet haben sie nie. Die Schule lud immer und immer wieder zum Gespräch ein. Im Ranzen lagen die Briefe und Aufrufe an die Eltern. Sie blieben unerwidert. Es interessierte sie offenbar nicht. Jedenfalls kamen sie nie zum Gespräch. Irgendwann gaben auch die Lehrer auf. Er war froh darüber. Es dauerte nicht lange, da ging er kaum noch in die Schule. Und wenn er da war, erpresste er weiter, schlug sofort zu, wenn es Ärger gab. Er hatte Muskeln, keine Hemmungen und war schon früh der Stärkste. Jedenfalls glaubten das seine Klassenkameraden. Sie fürchteten ihn, denn jeder wusste: Der fackelt nicht lange. Das flößte ihnen Respekt ein. Und prägte ihn. Dieses Muster sollte sich in seinen nächsten Lebensjahren nicht mehr verändern.

Nach der Schule, die er irgendwie mehr schlecht als recht, aber immerhin zu Ende gebracht hatte, arbeitete er als Fahrer für eine Druckerei. Doch das war ihm zu anstrengend. Schon das frühe Aufstehen nervte. Viel zu mühsam, um Geld zu verdienen. Bereits mit 17 Jahren hatte er eine bessere Methode entdeckt. Vom Geld seiner Eltern kaufte er eine Bar im Frankfurter Rotlichtviertel und eröffnete ein Sonnenstudio. Die Eltern hatten ihm dafür ihr Erspartes gegeben. Das verschaffte ihnen

Ruhe vor ihm. Wenigstens äußerlich Frieden. Das reichte ihnen. Sie waren genügsam. Dass sie ein Muster manifestierten, das hat ihnen nie jemand gesagt. Sie hätten es sowieso nicht wissen wollen. Die eigene Ehe zu führen, war schwierig genug. Irgendwann klappte auch das nicht mehr, die Partnerschaft zerbrach, wohl auch wegen des ständigen Ärgers mit dem renitenten Jungen.

Den zieht es früh weg von zu Hause. Hin zu den harten Jungs, hin zu den Frauen. Im Frühjahr 1982 lernt er Susanne kennen. Susanne ist Prostituierte, seit sie 16 Jahre alt ist. Ein Mädchen, vom Vater misshandelt, von der Mutter vernachlässigt, von der Gesellschaft fallen gelassen, das er für 25.000 Mark Ablöse von einem Zuhälter übernimmt. Geld, das ihm Macht über Susanne gibt. Eine Summe, die er zurückhaben will. Von Anfang an ist klar, ihren Dirnenlohn bekommt nicht sie, sondern er. Denn sie gehört nun ihm. Es dauert nicht lange, da haut er auch mal zu, wenn ihn etwas ärgert. Oder wenn er einfach schlecht gelaunt ist. Da ist sie ihm längst hörig und vollkommen abhängig von ihm geworden. Später wird ein Gutachter auf die Frage, warum Frauen immer wieder zu solch brutalen Männern gehen, sagen: Schläge, Unterdrückung, Ausnutzung seien immer noch besser als gar keine Aufmerksamkeit zu bekommen. Aber danach fragt zu dieser Zeit noch niemand. Schon gar nicht Susanne.

Sechs Monate, nachdem er sie kennengelernt und gekauft hat, ziehen sie zusammen. Als sie 18 Jahre alt ist, heiraten die beiden. Vorher wäre es zu schwierig geworden, denn die Erlaubnis ihrer Eltern wäre nötig gewesen. Susanne glaubt daran, dass er sie liebt und sie deshalb heiratet. Sie will das glauben. Die Sehnsucht danach ist so groß. Der jahrelange Verzicht hat sie ins Unendliche anwachsen lassen. Dass er sie schlägt und schlecht behandelt, darüber geht sie hinweg. Hauptsache Beachtung. Selbstwert kennt Susanne nicht. Selbstachtung auch nicht. Und die Schläge von ihm, redet sie sich ein, habe sie ja eigentlich auch verdient. Zu häufig enttäusche sie ihn. Sie wird nicht die einzige Frau in seinem Leben bleiben, die von ihm abhängig geworden ist.

Er schickt Susanne auf den Strich. Sie tut es für ihn. Das ist ihr Preis für seine abartige Form der Anerkennung. Sie will es so nicht sehen. Wohl aber die Polizei, die längst auf den muskulösen Mann aufmerksam geworden ist. Als er das erste Mal wegen Förderung der Prostitution und Sex mit einer Minderjährigen vor Gericht steht, hält Susanne zu ihm. Sie verweigert für ihn die Aussage. Als seine Ehefrau darf sie das. Sie muss nicht gegen ihn aussagen, sie soll in keinen Gewissenskonflikt geraten. So hat es sich der Gesetzgeber mal ausgedacht. Susanne hilft das nicht. Im Gegenteil. Ihre Loyalität zu dem brutalen Schläger und Vergewaltiger dankt dieser ihr nicht.

Immer häufiger ist er grundlos eifersüchtig und wird gewalttätig. Seine Brutalität steigert sich dabei rasant. Mit Fäusten und Baseballschlägern prügelt er auf Susanne ein. Brennende Zigaretten drückt er auf ihrem Körper aus. Das macht ihm Spaß.

Im Winter setzt er die junge Frau eine Stunde lang im Wald aus. Sie trägt nur einen Slip. Danach zwingt er sie, eine Flasche Wodka auszutrinken. Im Hundekörbchen muss Susanne schlafen. Das Gefühl von Macht genießt er. Sie leidet, bleibt aber. Lange Zeit. Dann bietet er ihr an, für 50.000 Mark Abstand könne sie gehen. Doch woher soll sie das Geld nehmen, um sich freizukaufen? Weil er sie loswerden will, den Spaß an ihr längst verloren hat, macht er sie heroinabhängig. Er besorgt die Droge günstig, sie geht anschaffen, um das Geld für ihre Sucht zusammenzubekommen und kauft bei ihm. Eine weitere Einnahmequelle für ihn. Damals sind auch beim Verkauf kleinerer Mengen die Gewinne groß. Schnell ist sie körperlich am Ende. Generös verzichtet er auf die Abfindung. Sie kann gehen. Die nächste ist längst da.

Er hört nie wieder was von Susanne. Es interessiert ihn auch nicht, was aus ihr wird. Mitgefühl kennt er nicht. Interesse für andere sowieso nicht. Er kreist nur um sich selbst. Und niemand hindert ihn ernsthaft daran.

Er, der aussieht, als wäre er Vorbild für Meister Proper gewesen, ist schon früh eine imposante Erscheinung. Aufgepumpt von den vielen Anabolika und aufgebaut mit Krafttraining, fackelt der skrupellose Muskelprotz nicht lange. Das hat sich längst rumgesprochen. Und bekommen nicht nur die Frauen zu spüren. 1984 wird er zum ersten Mal verurteilt: zu einer Geldstrafe wegen dreifacher Körperverletzung. Er war mit dem Baseballschläger im Streit auf drei Männer losgegangen. Es folgen diverse Verurteilungen wegen Drogenbesitzes, wegen Urkundenfälschung, wegen Trunkenheitsfahrten. Und immer wieder wegen Schlägereien. Eigentlich ist er schon verloren. Aber das will offenbar niemand sehen.

1986 eröffnet er einen Autohandel. Im Jahr darauf lernt er Angelika kennen. Er hat Schlag bei den Frauen. Auch sie verliebt sich sofort in den durchtrainierten Kerl. Auch sie zieht schnell bei ihm ein. Auch sie glaubt an Liebe. Auch sie bleibt, obwohl er bald dem alten Muster folgend eifersüchtig wird und zuschlägt. Auch sie schafft es nicht, sich zu wehren. Ihre Tränen erreichen ihn nicht. Wie auch, Empathie hat er nie empfunden. Er wird es auch nicht mehr lernen. Aber das erkennt sie nicht. Auch sie will seine Gefühlskälte offenbar nicht sehen.

Er schirmt Angelika von der Außenwelt völlig ab, sie wehrt sich nicht. Er bringt sie zur Arbeit und er holt sie dort auch wieder ab. Er schlägt sie häufig und heftig. Er bricht ihr das Nasenbein, sie erleidet Schädelprellungen und Platzwunden. Er schlägt gezielt auf ihren Kehlkopf. So heftig, dass sie keine Luft mehr bekommt. Sie überlebt und scheint endlich aufzuwachen. Er hat eine letzte Grenze überschritten. Sie ist so schockiert, dass sie zum ersten Mal an Flucht denkt. Der Gedanke lässt sie nicht mehr los. Sie nutzt schließlich einen unbewachten Moment und ist weg. Doch er sucht und findet sie. Wieder mit Erfolg. Ihre

Kraft reicht noch nicht, Angelika geht zu ihm zurück. Die Angst vor seiner Gewalt ist riesig. Viel größer als ihr Mut, sich Hilfe zu suchen. Sie bleibt. Er prügelt weiter und so schlimm, dass sie Anzeige erstattet. Doch die Polizisten nehmen sie nicht ernst. Das Verfahren gegen ihn wird, kaum dass es eingeleitet worden ist, auch schon wieder eingestellt. Sie soll es mal mit einer Privatklage versuchen, empfehlen ihr die Beamten. Schließlich gehe es um eine rein private Angelegenheit, meinen die Polizisten und sehen kein öffentliches Interesse an einer Strafverfolgung. Warum, fragt sie nicht. Erneut fehlt ihr die nötige Kraft. Sie hat keine Hoffnung darauf, dass irgendjemand sie versteht und ihr hilft.

Alle Energie, die ihr noch geblieben war, ging für die Trennung und die Anzeige drauf. Immerhin ist sie nun von ihm weg. Für immer. Was er ihr angetan hat, bleibt allerdings ungesühnt. Nirgendwo ist ein Staatsanwalt, der ihn zur Rechenschaft ziehen will. Das macht ihn noch stärker. Er fühlt sich unangreifbar. Und bleibt es zunächst auch.

Er treibt sich fast ausschließlich im Milieu rum. Er kennt nichts anderes mehr. Im Herbst 1992 lernt er die Prostituierte Ariane kennen. Sie ahnt nicht, dass ihr ein ähnliches Schicksal droht wie Angelika und Susanne zuvor. Nach einem halben Jahr schlägt er sie zum ersten Mal, weil er sie telefonisch nicht erreichen konnte. Sie erträgt es. Denn Schläge ist auch sie gewohnt. Es dauert nicht lange, da wirft er ihr ein Verhältnis mit einem Freier vor. Sie streiten. Nach dem Essen muss sie sich ausziehen. Sie tut es. Er ist erheblich stärker als sie. Nicht nur körperlich. Er schlägt ihr ins Gesicht. Sie hält still. Dann kokst er, holt Handschellen und ein Seil. Er führt das Seil über ein Heizungsrohr oberhalb eines Fensters. Sie hofft darauf, dass danach Ruhe einkehrt. Doch es geht noch weiter. Mit dem anderen Ende des Seiles fesselt er ihre Füße und zieht sie hoch. Sie hängt über dem Fenster und hat Angst, große Angst. Er fordert von ihr, sie solle zugeben, dass sie mit Freiern sexuelle Praktiken betreibe, die sie ihm verweigere. Sie verneint das. Er verprügelt sie und lässt sie eine Stunde lang dort hängen. Er führt ihr eine Spraydose und einen Baseballschläger ein, später vergewaltigt er sie. Es macht ihm Spaß, sie leiden zu sehen, sie schreien zu hören. Es erregt ihn. Ariane verliert das Bewusstsein.

Als sie wieder erwacht, muss sie auf 25 Seiten sexuelle Praktiken aufschreiben. Sie macht auch das, erträgt seine Demütigungen. Die gar nicht mehr aufhören wollen. Er fesselt sie erneut. Sie soll für ihre Lügen bestraft werden. Sie kennt dieses Muster nun und hält still. Er prügelt mit dem Baseballschläger auf ihre Beine ein, bis der Schläger zerbricht. Er versucht vergeblich, sie mit dem abgebrochenen Baseballschläger zu quälen und vergewaltigt sie erneut. Als er endlich einschläft, schleppt sie sich mit allerletzter Kraft in die Wohnung seiner Mutter. Die Mutter wohnt mittlerweile im selben Haus, gleich über ihm. Sie will aber immer noch nicht einsehen, was für ein Sadist aus ihrem Sohn geworden ist – wie ihr Leben lang schon. Ariane bricht zusammen. Immerhin holt die Mutter ärztliche Hilfe für die Misshandelte.

Ariane wird ärztlich versorgt – und kehrt zu ihm zurück. Sie weiß nicht, wo sie sonst hin soll. Sie hat niemanden. Keine Freundin. Keine Eltern, die sich um sie kümmern. Und keine Übung darin, auf sich selbst zu achten. Wegen ihrer schweren Verletzungen ist Sex nicht möglich. Er schickt sie deshalb in die Klinik. Sie soll dort auf gar keinen Fall erzählen, ihr Ehemann habe sie so zugerichtet. Sie hält sich daran. Die Angst vor ihm ist zu groß, die eigene Selbstachtung zu gering. Die Ärzte päppeln sie wieder auf. Auch sie schauen weg, rufen weder Polizei noch Staatsanwalt. Und Ariane kehrt erneut zu ihm zurück.

Friedlich bleibt es nicht lange. Kurz nach dem Krankenhausaufenthalt wirft er ihr im Streit einen Fernseher auf die verletzen Knöchel. Er schlägt mit einem Metallregal zu und tritt mit seinen Motorradstiefeln auf die alten Verletzungen. Ariane muss wieder ins Krankenhaus. Und unglaublicherweise fragt auch dieses Mal niemand genauer nach. Die körperlichen Wunden werden behandelt, die seelischen nicht. Nach ihrer Entlassung schickt er sie zurück auf den Strich. Bis Weihnachten bleibt es einigermaßen ruhig, immerhin einige Wochen lang. Dann aber schlägt er wieder zu. Sie verliert zwei Zähne. Er zwingt sie zu Sexualpraktiken, die sie nicht möchte. Seine Gewalt steigert sich ins Unvorstellbare. Er drückt Zigaretten auf ihr aus und verbrennt sie mit einem Feuerzeug am Oberschenkel. Mit einer Zange versucht er, ihr die Nägel herauszureißen. Schließlich schiebt er ihr Metallstückchen unter die Nägel und schließt einen 12-Volt-Transformator an. Ariane kann sich nicht dagegen wehren. Seine Mutter schaut weiter weg.

Über Weihnachten sperrt er sie in den Keller, während er mit einer Freundin im Hotel feiert. Im Keller kann sie sich wenigstens körperlich etwas erholen. Ein bisschen Mut ist ihr geblieben. Und Überlebenswille. Das reicht: Nach Neujahr gelingt Ariane die Flucht. Diesmal sucht er sie nicht mehr. Sie ist für immer von ihm weg. Doch sie zeigt ihn nicht an. Deshalb erfahren die Ermittler zunächst nichts davon.

Er lernt die nächste Prostituierte kennen. Sie heißt Regine. Nach altem, eingeübtem Muster misshandelt er auch sie. Er zertrümmert Bierflaschen auf ihr. Er zwingt die blutüberströmte Frau zum Sex. Er uriniert auf sie. Auch sie wird mit dem Baseballschläger gequält. Sie erleidet irreparable Gesichtsverletzungen. Regines Mutter sorgt sich um die misshandelte Tochter. Sie schaltet die Polizei ein. Die nimmt Regine aus der Wohnung ihres sadistischen Freundes mit. Doch sie will nicht weg. Sie liebt ihn, glaubt sie. Sie stellt die Mutter zur Rede. Lieber überwirft sie sich mit ihr, als ihn zu verlieren. Und natürlich kehrt auch sie zu ihm zurück. Sie fühlt sich von der Gesellschaft unverstanden und kapselt sich ab. Mit fatalen Folgen. Er schlägt erneut auf sie ein, bricht ihr drei Rippen, traktiert sie mit dem Baseballschläger, vergewaltigt die zeitweise Bewusstlose. Nachbarn bekommen das mit. Am nächsten Tag befreit die Polizei Regine und nimmt ihn fest. Er landet vor Gericht. Jetzt ist es offenbar kein Fall mehr für eine Privatklage.

Im Prozess bestreitet er alle Vorwürfe, spricht von harmlosen, gelegentlichen Auseinandersetzungen. Der zugezogene Gutachter bescheinigt ihm, er sei zwar sadistisch veranlagt, leide aber nicht unter einer krankhaften seelischen Störung. Ungeprüft übernehmen das die Richter. Sie ordnen deshalb am Ende des Prozesses keine Sicherungsverwahrung an und sperren ihn damit nicht auf unbestimmte Zeit weg. Dass er auf Dauer eine Gefahr für die Öffentlichkeit ist, entgeht ihnen offenbar. Zwar registrieren sie seinen Hang zu schweren Straftaten, was normalerweise reichen würde, um die Allgemeinheit und vor allem Frauen vor ihm zu schützen. Die Richter kommen zu dem Schluss, dass seine Auffälligkeiten wegen seines immer jungen Alters gut behandelbar seien. Und deshalb folgen sie der Einschätzung der Gerichtsgutachterin. Die Chance sei groß, dass von ihm bald keine Gefahr mehr ausgehen werde. Das bleibt unwidersprochen und wird sich als fataler Irrtum herausstellen. Unter anderem wegen Vergewaltigung, gefährlicher Körperverletzung, Freiheitsberaubung und Nötigung verhängt das Gericht im Dezember 1995 eine (nur) zehnjährige Freiheitsstrafe.

Er geht ins Gefängnis. Dort benimmt er sich gut. Respekt gewinnt er schnell – schon wegen seines dominanten Auftretens und der imposanten Erscheinung. Weil er sich gut führt, weil er in Therapien geht, weil er auch dort die Experten für sich einnimmt, weil er die Richter der zuständigen Strafvollstreckungskammer davon überzeugt, dass er geläutert ist, bekommt er nach acht Jahren Freigang. Er soll auf ein straffreies Leben draußen vorbereitet werden. Sich üben im Umgang mit der Freiheit, die ihm nun jahrelang entzogen war. Er übt sich. Und wie. Noch im Freigang lernt er Sybille kennen. In einem Hotel kommen sie sich näher. Es dauert nicht lange, dann ist er im offenen Vollzug. Er trifft Sybille nun regelmäßig. Sie will ihn auf eine Geburtstagsfeier mitnehmen, den neuen Freund vorstellen. Seine Vergangenheit schreckt sie nicht ab. Sie müsste vorgewarnt sein. Sie kennt seine Geschichte. Aber sie lässt sich weder warnen noch aufhalten.

Sybille ist in ihn verliebt. Dass schon er ausrastet, nur weil sie mit einem Bekannten ein Geschenk für das Geburtstagskind aussucht, erträgt sie deshalb. Da ist sie wieder, seine grundlose Eifersucht, die sich bis zu einem erneuten Gewaltexzess steigert. Aus nichtigem oder gar keinem Anlass. Er flippt komplett aus, schlägt Sybilles Kopf erst gegen ein Hoftor, dann gegen die Hauswand. Er bricht ihr das Nasenbein. Sybille verlässt ihn daraufhin. Aber auch sie kann ihn nicht vergessen, weiß nicht, was sie so in seinen Bann zieht.

Nach seiner Haftentlassung werden sie wieder ein Paar. Einige Monate lang sogar ein ganz normales. Doch dann entdeckt er eine unbekannte Rufnummer auf ihrem Handy, und die unbändige Wut ist wieder da. Er schlägt ihr ins Gesicht, setzt sich auf sie, quält sie. Eine Rippe bricht. Er droht, sie und ihre Familie umzubringen. Sie bleibt aus Angst wie all ihre Vorgängerinnen. Sie weiß, dass er keine Grenzen kennt. Nur so könne sie ihre Familie vor ihm schützen, glaubt sie.

Als nächstes unterstellt er ihr eine Beziehung mit einem Kollegen. Er stellt Fragen. Nach jeder Antwort setzt es Schläge, weil sie die Frage angeblich falsch beantwortet hat. Er lässt ihr keine Chance, will sie ihr auch gar nicht geben. Das Machtgefühl erregt ihn. Er zwingt sie zum Oralverkehr. Sie ekelt sich davor, entkommt ihm aber nicht. Sie übergibt sich, er vergewaltigt sie weiter. Er sperrt sie in den Keller, schlägt und beschimpft sie. Er hält ihr den Mund zu, bis sie fast erstickt. Erst als zufällig eine Freundin von Sybille vorbeischaut, fürchtet er die Konsequenzen und lässt von ihr ab. Öffentlichkeit will er nicht. Noch einmal Gefängnis auch nicht. Die Freundin nimmt Sybille mit, schafft es, dass sie sich Hilfe in einer psychiatrischen Klinik holt. Erst ambulant, dann lässt sie sich stationär behandeln. Doch den Kontakt zu ihm bricht sie trotzdem nicht ab. Sie erhält ihn heimlich aufrecht, hinter dem Rücken der Ärzte. In der Klinik hat er Hausverbot.

Dann darf Sybille die Klinik für ein Belastungswochenende verlassen. Sie soll ausprobieren, ob sie im normalen Leben zurechtkommen wird. Sie nutzt die Chance und geht zu ihm zurück – in die alten Strukturen. Zunächst bleibt es friedlich. In der Klinik wird niemand argwöhnisch. Sie darf erneut raus, für ein zweites Belastungswochenende. Auch das nutzt sie, um wieder zu ihm zu gehen. Diesmal kommt es zum Streit – natürlich aus Eifersucht. Er wirft sie auf den Boden, kniet sich auf sie und versucht, ihr das Genick zu brechen. Sybille, die an Osteoporose leidet, was er weiß, wimmert. Das beeindruckt ihn überhaupt nicht. Im Gegenteil, er flößt ihr sämtliche Medikamente ein, die sie aus der Klinik mitbekommen hat. Sybille schläft ein. Ihr Handy klingelt. Er kennt die Nummer nicht und dreht endgültig durch. Er schlägt auf ihren Kopf, auf den Oberkörper, auf die Hüfte ein. Er beißt zu. Er vergewaltigt sie stundenlang. Sie ist so schwer verletzt, dass er sie später in die Ambulanz fährt. Falls sie ihn belaste, bringe er ihre Familie um, droht er. Sie redet nicht. Zunächst jedenfalls. Dann aber bricht es aus ihr heraus. Er hat sie zum Krüppel geschlagen. Sybille ist ein körperliches Wrack, so stark verletzt, dass sie wohl für den Rest ihres Lebens auf den Rollstuhl angewiesen sein wird. Sie leidet massiv unter dem Erlebten, spricht aber nun endlich. Mit Journalisten, mit Ärzten, mit der Polizei, mit dem Staatsanwalt.

Er erkennt die Gefahr und taucht unter. Die Polizei sucht ihn mit Haftbefehl, findet ihn allerdings zunächst nicht. Er weiß, jetzt wird es eng. Überall hängen Fahndungsplakate. In der ZDF-Sendung „Aktenzeichen xy … ungelöst" wird über ihn berichtet. Mit Erfolg. Nach der Ausstrahlung kommt der entscheidende Hinweis. Kurz darauf kann die Polizei ihn lokalisieren. Beamte eines Spezial-Einsatz-Kommandos (SEK) dringen in eine Wohnung ein. Das wäre gar nicht nötig gewesen. Denn dort wohnt eine Kriminalkommissarin, mit der er im Bett liegt. Auch sie wird später sagen, sie habe sich in ihn verliebt. Aus Liebe zu ihm sei sie kriminell geworden. Strafvereitelung im Amt wird ihr deshalb die Staatsanwaltschaft vorwerfen.

Es ist 11 Uhr morgens, als sein Leben in Freiheit endet und die Gefahr für die Frauen gebannt ist. Er wird ohne Widerstand festgenommen, lässt sich ohne jede Gegenwehr die Handschellen anlegen und abführen.

Gut ein Jahr später steht er vor Gericht. Wieder bestreitet er alles. Spricht lediglich von ein paar Schlägen aus Eifersucht. Wegen der Drogen und wegen des Alkohols. Er sagt nicht viel. Schaut meistens nur vor sich hin. Unter dem T-Shirt zeichnen sich seine Muskeln ab. Die Tätowierungen fallen auf. Die paar Journalisten im Saal nimmt er nicht wahr. Er scheint zu spüren, dass es nun eng für ihn wird. Ungewöhnlich viele Wachtmeister passen auf, dass er nicht türmen kann. Die Richter lassen schon vor dem Urteil erkennen, wie erschreckend sie seine Taten finden, für wie gefährlich sie ihn halten. Wieder sitzt ein Gutachter mit im Gerichtssaal, der erklären soll, wieso die misshandelten Frauen zu diesem Sadisten zurückgekehrt sind. Wieso dieser Mann so empathielos ist und wieso ein Mensch überhaupt so roh sein kann. Und natürlich, ob er gefährlich ist.

Sybille sagt nicht aus. Sie kann nicht, sagen ihre Ärzte. Sie sei so schwer psychisch erkrankt, dass allein die Erinnerung an die Misshandlungen zum Suizid führen könnten. Ob sie wieder genesen wird, sei mehr als fraglich. Die Richter hören sie deshalb nicht als Zeugin. Anträge des Verteidigers bleiben erfolglos. Der Anwalt bietet an, dass der Angeklagte den Gerichtssaal verlässt, wenn sie vernommen wird, damit sie ihm nicht begegnen muss. Die Richter lehnen alles ab. Der Anwalt erinnert daran, dass Sybille doch schon einmal freimütig mit Journalisten über ihn und über die vielen Brutalitäten dieser Beziehung gesprochen hat. Dass sie kurz nach seiner Festnahme Interviews gab. Das zähle nicht, sagen die Richter. Was sie früher einmal der Polizei erzählt habe, reiche vollkommen aus, denn es decke sich mit den vielen Beweisen gegen ihn. Sein Verhalten ihr gegenüber passe zu seinen alten Taten. Es sei persönlichkeitstypisch.

Der Gutachter bescheinigt ihm nicht nur einen Hang zu schweren Straftaten. Anders als die Kollegin im ersten Prozess, hält er ihn seelisch für so schwer gestört, dass er eine Gefahr für die Allgemeinheit darstelle. Der Psychiater ist davon überzeugt, dass er ein gefährlicher Sadist ist. Wegen zweifacher Vergewaltigung, mehrfacher Körperverletzung, Bedrohung, Freiheitsberaubung und Nötigung verhängt das Gericht eine weitere zehnjährige Freiheitsstrafe und ordnet die anschließende Unterbringung in der Sicherungsverwahrung an. Diesmal bekommt er keine Chance mehr. Eine Besserung sei bei ihm nicht mehr möglich, glauben Richter und Gutachter. Deshalb wird er wohl für den Rest seines Lebens weggesperrt bleiben. Als er das hört, bleibt er äußerlich völlig regungslos. Nach der Urteilsbegründung lässt er sich widerstandslos in Handschellen ein letztes Mal aus dem Gerichtssaal führen. Sein Anwalt legt für ihn Revision gegen das Urteil ein. Vergeblich. Die Richter am Bundesgerichtshof können keine rechtlichen Fehler finden. Das Urteil wird damit rechtskräftig.

Im Gefängnis richtet er sich ein. Sechs Jahre nach seiner Verurteilung haben sich die Tätowierungen auf seinen Armen deutlich vermehrt. Und sie sind bunter. Klassische Knast-Tattoos. Sechs Jahre nach seiner Verurteilung lässt er sich von einem Zeitungsfotografen ablichten. Auf die Frage, wie Weihnachten im Gefängnis sei, sagt er: „Wie jeder andere hier bin ich froh, wenn es vorbei ist." Er ist dicker geworden im Gefängnis.

Hui Buh, das traurige Gespenst am Geldautomat (Sachsenhausen)

Mit fünf hält Nicki zum ersten Mal den Tennisschläger in der Hand. Die Mama ist stolz. Und nicht nur die. Die Oma, die ihren ersten Enkel wie viele Großmütter fest ins Herz geschlossen hat, spricht gar von ihrem Wunderenkel. Nur der Vater ist nie zufrieden. Immer ist es ihm zu wenig, auch wenn es mit Nicki flott bergauf geht. Der Bub tingelt schon mit 14 Jahren über Europas Tennisplätze und gilt als Ausnahmetalent. Nein, Vater Jochen ist ein strenger Herr. Ein fordernder und niemals zufriedener. Er, selbst Sohn eines Bauarbeiters, hat es geschafft: vom Proletariersohn zum Buchhändler. Das Leben daheim in Offenbach war ihm immer zuwider gewesen. Diese Enge, dieses Miefige. Immer dieselben Rituale. Immer nur Maloche. Immer die Angst, das Geld könnte nicht bis zum Ende des Monats reichen. Nie Freiheit. Nie Bildung. Es ging immer nur ums nackte Überleben.

Und dann auch noch Offenbach. Ständig im Clinch mit der erfolgreichen Nachbarstadt Frankfurt. Jeden Tag kam er an der Bronzeskulptur am Offenbacher Stadthof/Ecke Frankfurter Straße vorbei. Sie hieß „Krieh die Kränk, Offebach! Die Staa binne se an, die Hunde lasse se laafe". Die Skulptur soll an den angeblichen Ausruf eines Frankfurter Kaufmanns erinnern, der die Nachbarstadt im 19. Jahrhundert besuchte und wohl von freilaufenden Hunden angegriffen wurde. Die Steine, nach denen er sich bückte, waren am Boden festgefroren. Daraufhin wünschte er Offenbach eine Krankheit an den Hals. Das passte zur alten Rivalität zwischen der Reichsstadt Frankfurt und Offenbach, die schon im Mittelalter entstanden war. Als die Grafen von Isenburg die Ansiedlung von Manufakturen förderten, die im bürgerlichen Frankfurt nicht erwünscht waren. Frankfurt sah sich als reine Handelsstadt. Erst nach der Annektierung durch die Preußen zog auch Frankfurt mit der Industrialisierung nach – überflügelte natürlich schnell Offenbach. Auch sportlich pflegten zumindest die Fußballer der Kickers in Offenbach und Eintracht Frankfurt von jeher die Rivalität.

Nickis Vater träumte von mehr. Wollte lesen. Wollte lernen. Die trostlose Heimatstadt und eine dominante Mutter hinter sich lassen. Die so katholisch war, so enthaltsam, aber auch so arm. Die alleine fünf Kinder großziehen musste, nachdem der depressive Vater sich das Leben genommen hatte. Sie war putzen gegangen, damit die Buben zu essen hatten. Das rechnete er ihr hoch an. Aber er konnte auch nicht vergessen, dass er immer die Klamotten der Großen auftragen musste. Er war neidisch auf diejenigen, die viel mehr hatten als er. Nach dem Schulabschluss war er schnell weg. Brach aus, ging endlich in die Großstadt. Wo er immer hin wollte. Zu den vermeintlich besseren Leuten. Frankfurt bot das, wonach er suchte. Eine Weltstadt, wo der alte Geist der freien Reichsstadt noch immer spürbar war. Wo die Freiheit lockte. Hier traf er seine große Liebe. Hier sollte nun alles besser werden. Nie mehr Armut, nie mehr Enthaltsamkeit, nie mehr letztes Glied in der Kette sein. Nie mehr Verlierer.

Nicki sollte diese Erfahrung erspart bleiben. Nicki sollte mehr haben im Leben. Von Anfang an. Dass der Junge verspielt war, lieber träumte, das wollte der Vater nicht so recht wahrnehmen. Dass er kreativ war, ein weicher Junge, der häufig weinte, das trieb er ihm schon aus. „Nur der Kämpfer kommt oben an", sagte er gerne zu ihm. Oder Floskeln wie: „Harte Jungs weinen nicht." Dass Nicki gerade kein harter Junge war, übersah er geflissentlich. Nicki quälte sich durch die Schule. Hatte

Konzentrationsprobleme. War häufig müde, traurig und mit den Gedanken meistens woanders. Schon in der Grundschule gab es Probleme. Er wollte morgens nicht hin. Doch er musste. Wegträumen, abtauchen, das duldet der Vater nicht. Nicki lernt schnell: Zuwendung gibt es nur für Leistung. Und er brauchte sie doch so sehr, die Zuwendung, die Anerkennung. Schulische Leistungen allerdings gelingen ihm nur unter größter Anstrengung. Es war ihm halt nicht gegeben. Die Mutter setzte leider nichts dagegen. Sie schaute weg. Der Vater bestimmte. Sie wollte nicht mit ansehen, wie das sensible Kind litt. Wie es sich vergrub und gleichzeitig anstrengte, ein Siegertyp zu werden, um dem Vater zu gefallen.

Nicki packt – irgendwie und mit viel Mühe – den Realschulabschluss, immerhin. Aber da war schon klar, was er werden würde: Tennisprofi. Mit 17 ist das Talent bereits der deutsche Hoffnungsträger. Fünfmal die Woche ist Training. Den Übungsleiter hat der Vater ausgesucht. Ein harter Hund sollte es sein. Auch er will Erfolge sehen. Fordert Nicki und fördert ihn.

Nicki trainiert und trainiert. Und bringt es glatt bis zur Nummer 173 der Weltrangliste. Er ist angekommen, glaubt er. Doch der Vater lässt nicht nach. Es soll noch höher hinausgehen. Das reicht ihm noch nicht. Nicki schon. Denn er lernt die Welt der Reichen kennen, die ihm zum Verhängnis wird. Er lebt nun in teuren Hotels mit kostspieligen Versuchungen: Frauen, Kokain, Alkohol. Nicki erliegt ihnen allen. Er bestellt sich Damen aufs Zimmer. Er ist großzügig. Er spendiert gerne mal ein Näschen. Und Champagner satt. Er genießt sie, diese Welt. Nur seine Zahlungsmoral lässt etwas zu wünschen übrig. Aber noch klappt es mit dem Tennis. 1999 hat der Mann das Spiel seines Lebens vor sich. Er steht im Finale des Orange Bowl in Miami, der inoffiziellen Junioren-WM. Jährlich wird sie im Crandon Park in Key Biscayne ausgetragen. Nicht von irgendwem, sondern von der International Tennis Federation. Der Orange

Bowl gilt als das wichtigste Tennisturnier für Junioren in der Welt. Da ist Nicki nun angekommen. Bei jenem berühmten Turnier, das 1947 zum ersten Mal – seinerzeit noch am Flamingo-Tennis-Center in Miami Beach – ausgetragen wurde. Für tennisspielende Mädchen und Jungs, die das Zeug zu mehr haben und zwischen 16 und 18 Jahre alt sind, ist es das Traumziel überhaupt. Eddie Herr, ähnlich wie Jochen ein ehrgeiziger Vater, hatte sich das Turnier für seine Tochter Suzanne ausgedacht. Er wollte ein Winterturnier nach South Beach holen. Seine Glanzzeit hatte das Turnier 1983. Da wurde auch das Abel Holtz Stadion für 9.000 Zuschauer im Flamingo Park errichtet. In den 90ern verfiel die Anlage dann. Und so zog das Turnier nach Key Biscayne, wo das WTA-Turnier (World Tennis Association) der Damen und die Miami Masters der Herren ausgetragen werden.

1999 steht genau hier Nicki im Finale. Sein Gegner: Andy Roddick, später die Nummer eins der Tenniselite. Doch Nicki hat mal wieder ordentlich gefeiert am Abend zuvor. Mit allem, was halt so dazu gehört: Koks, Champagner und schönen Frauen. Er verschläft. Während der Physiotherapeut schon die Muskeln seines Gegners lockert, liegt er noch im Bett. Niemand hat ihm den Wecker gestellt und er offenbar vergessen, dass in Amerika die Uhren anders gehen. In letzter Minute schreckt er hoch, schlüpft in die Tennishose, springt ins Taxi. Er erreicht den Court gerade noch so, in der einen Hand den Schläger, in der anderen ein Croissant. Nicki ist nicht bei der Sache. Er ist müde, die letzte Nacht hängt ihm noch heftig nach. Er verliert den ersten Satz 1:6. Den zweiten gewinnt er im Tiebreak. Den letzten verliert er knapp mit 4:6. Roddick gewinnt das Spiel und einen Sponsorenvertrag über eine halbe Million Dollar. Seinem Gegner bleiben 20.000 Dollar.

Roddick steht noch Jahre später weit oben in der Weltrangliste. Nicki inzwischen vor Gericht. Die Anklage: gewerbsmäßiger Betrug und Computerbetrug, Diebstahl, Urkundenfälschung. Denn nach dem Spiel hatten sich die Wege der beiden Profis deutlich voneinander entfernt. Der von Roddick führte weiter aufwärts, der von Nicki steil abwärts. Zwar wird er 2003 noch einmal Deutscher Meister im Einzel und Doppel, aber dann sinkt sein Stern. Nicki hatte es ungewöhnlich rasch in den Orbit des internationalen Tenniszirkus' geschafft, wurde aber ebenso schnell wieder hinauskatapultiert aus der Glitzerwelt von Wimbledon, Paris oder Melbourne. Später werden viele über ihn sagen: Der sensible Junge ist mit seiner eigenen Erfolgsgeschichte nicht fertig geworden. Mit dem riesigen Erwartungsdruck des Vaters, des Trainers. Seiner Anhänger. Und dem eigenen. Er ist nicht der Einzige, der einen hohen Preis dafür bezahlt, Wunderkind zu sein.

Es gab schon einmal eines in Frankfurt: Marika Kilius. Doch die Hoffnung auf dem Eis bekam es besser hin als Nicki. Bei ihr war es die Mutter, die früh entschieden hatte: Dieses Kind wird ein Star. Und siehe da, auf dem Eis saß später jeder Schritt, jede Kombination, jede Geste. Marika Kilius und ihr Partner Hans-Jürgen Bäumler begeisterten Zuschauer und Kampfrichter. Angetrieben von ihren Müttern Leni Kilius und Anni Bäumler. Zweimal wurden sie Weltmeister, sechsmal Europameister. Bäumler wurde später Schauspieler und Fernsehmoderator. Und setzte sich mit der eigenen Eislaufkarriere und der ehrgeizigen Mutter sehr kritisch auseinander. Marika Kilius fing an zu singen. Und wurde noch mit 70 Modell.

Auch Britney Spears gilt als Wunderkind, das abstürzte. Auch sie war wie Nicki mit 17 berühmt. Allerdings anders als Nicki sogar ein Weltstar. Die Sängerin verkaufte mehr als 100 Millionen Alben. Doch hinter der Glamour-Fassade beherrschten Drogen und Depressionen ihr Leben. Ihr psychischer Abstieg bewegte anders als bei Nicki, wo es die Öffentlichkeit zunächst nicht mitbekam, die Welt. 1981 wurde Britney als Tochter eines Bauunternehmers und einer Lehrerin im Süden der USA geboren. Ihren ersten öffentlichen Auftritt hatte sie bereits im zarten Alter von vier Jahren. Mit elf moderierte sie die bekannteste Jugendshow im US-Fernsehen, den Mickey-Mouse-Club. Sie fing an zu singen. Und wurde zum Superstar. Schon die erste Single landete in 40 Ländern auf Platz eins der Hitparaden. Als erste Künstlerin überhaupt erreichte sie mit vier Alben die Nummer eins der Charts. Die erste Ehe annullierte sie nach 55 Stunden wieder. Die zweite mit dem Tänzer Kevin Federline hielt auch nur zwei Jahre. Mit 23 wurde sie zum ersten Mal Mutter. Kurz danach das zweite Mal. Drei Jahre lang dauerte ihr psychischer Verfall. Britney Spears brach Therapien ab, kam Anfang 2008 in eine geschlossene Anstalt für Psychiatrie. Und die Welt schaute zu. Sie verlor das Sorgerecht für ihre beiden Söhne, weil sie die Jungs vernachlässigte und sogar schlug. Zeitweise durfte sie die Kinder nicht einmal mehr besuchen. Mit 26 wurde Britney Spears entmündigt. Kurz danach gelang ihr mit „Gimme More" das Comeback. Eine Million Singles wurden davon verkauft. Sie ist hundertfache Millionärin, aber sie darf ihr eigenes Geld nicht verwalten. Bekommt 700 Euro Taschengeld pro Woche. Sechs Jahre später hat sie noch immer einen Vormund, steht aber wieder auf der Bühne: in Las Vegas mit ihrer eigenen Show – angeblich für 300.000 Dollar am Abend.

Amy Winehouse ist nur 27 Jahre alt geworden. Auch sie galt als Wunderkind. Sie starb im Sommer 2011. Ihr Bodyguard fand sie in ihrer Wohnung, ohne Puls, dafür mit vier Promille Alkohol im Blut. Amy Winehouse war ein Mädchen, das in behüteten Verhältnissen im Osten Londons groß geworden war. Als sie neun Jahre alt war, trennten sich ihre Eltern. Das war der erste Tiefpunkt in ihrem Leben. Es sollten noch viele weitere folgen. Sie fiel in der Schule auf. Mit 15 wechselte sie zum fünften Mal die Schule. Irgendwie kam sie durch – und wurde als Soul-Sängerin bekannt. Und erfolgreich. Aber nie glücklich.

Früh begann ihr Kampf mit Drogen und Alkohol, den sie am Ende verloren hat. Wie Shuggie Otis ist auch sie an ihrem eigenen Werk zugrunde gegangen. Otis gehört in eine Reihe mit Brian Wilson von den Beach Boys oder Syd Barrett von Pink Floyd. Sie alle galten als nicht mehr geschäftsfähig, weil sie verrückt geworden waren. Das lag weniger an ihnen, als vielmehr an ihrer Begabung für ein außergewöhnlich hartes Business: das Show-Geschäft. Und irgendwann gab ihnen niemand mehr eine Chance, geschweige denn einen Vertrag. Shuggie, Sohn eines großen Impresarios der Nachkriegszeit, eines griechischstämmigen Jazz-Schlagzeugers, der Talente förderte und natürlich auch ihn, den eigenen Sprößling. Schon mit zwei tauschten die Eltern die Spielsachen gegen eine Gitarre. Mit sechs stand Shuggie das erste Mal auf der Bühne. Als er 15 war, unterzeichnete sein Vater für ihn bei der Firma CBS einen Vertrag über die erste eigene Platte. Doch das vermeintliche Wunderkind stürzte ab. Und ist zur tragischen Figur geworden.

Auch Nicki wird zur tragischen Figuren. Der Absturz des hoffnungsvollen Tennisspielers, gesegnet mit Talent, aber nie mit Disziplin, nähert sich mit all seinen hässlichen Folgen. Platz 500 der Weltrangliste. Keine Sponsorengelder mehr. Keine bezahlten Flüge zu den Turnieren mehr. Und die Hotelzimmer gehen nun auch auf seine eigene Rechnung. Die dazugehörigen Damen, Drogen und der Alkohol selbstverständlich auch. Hilfe von zu Hause gibt es nicht mehr. Dafür Druck.

Nicki nimmt Kokain, manchmal betrinkt er sich am Vorabend eines Turniers. Seine Sucht nach Leben wird ihm zum Verhängnis. Denn Dopingkontrolleure testen ihn im September 2007 im französischen Metz positiv auf Kokain. Zwei Jahre wird er gesperrt. Im Sommer 2008 festgenommen. Mitten auf dem Tennisplatz.

Mit dem Misserfolg kann Nicki nicht umgehen. Er hat es nie gelernt. Was zählte, war immer nur Erfolg. Der Vater reagiert hartleibig. Er lässt den Sohn fallen. Nicki fühlt sich verraten und verstoßen. Zu Recht. Auf den Vater kann er nicht bauen. Der kommt nicht damit klar, dass sein Sohn alle Chancen verspielt hat. Chancen, die er nie hatte. Also sucht Nicki neben dem Sport das Vergnügen. Doch das ist teuer. Und Geld hat er kaum noch welches. Der Junge, der nur das Tennisspielen gelernt hat, der nur am Erfolg gemessen wird und Anerkennung nur für Leistung bekommt, wird zum stümperhaften, wenig professionellen Dieb und Kleinkriminellen. Vom Ausnahmespieler zum Hanswurst. Die Glamourwelt verstößt ihn. Sie ist unbarmherzig. Mit Verlierern will sie nichts zu tun haben. Nicki kennt aber nur diese Scheinwelt. Er ist kein normaler Mittzwanziger wie die anderen Jungs aus seiner Nachbarschaft in Frankfurt-Sachsenhausen. Er macht keine Ausbildung. Er kommt nicht mal auf die Idee. Stattdessen zimmert er sich mit kindlicher Einfalt und krimineller Energie ein Paralleluniversum, in dem alles doch noch so ist, wie es einmal war: Er ist Tennisspieler. Nur dass er kein Geld mehr dafür hat. Seine Stümperhaftigkeit rührt beinahe.

Wie ein Pennäler stiehlt er während des Trainings in der Umkleide den Kumpels die EC- und Kreditkarten. Und immer wieder hat er auch Glück: Im Turnbeutel, in der Sporttasche, in der Geldbörse findet er sogar den Zettel, auf dem die Geheimzahl steht. Nicki nimmt diese an sich. Und nachts zieht er los. Als Dilettanten-Gangster. Er holt mit den Karten anderer Leute Geld von deren Konten. Nicki, der bekannt ist, weiß, dass er sich tarnen muss. Das macht er – mithilfe eines Bettlakens. Er zieht es sich über den Kopf, wenn er zum Geldautomaten geht. Das fällt auch der Polizei auf. Die gibt ihm den spöttischen Spitznamen „Hui Buh", nach dem gleichnamigen Schlossgespenst auf den Kinderlangspielplatten.

Hui Buh hat aber nur den Falschspieler Ritter Balduin von Schloss Burgeck erschreckt und schafft es schließlich, das einzige behördlich zugelassene Gespenst auf Schloss Burgeck zu werden. Nicki indes schafft es nicht einmal, den Ortspolizisten zu erschrecken. Er macht sich zur Witzfigur. Zum Geächteten, zum Verfluchten, zum Kleinkriminellen. Mit den geklauten Kreditkarten bezahlt er die Edelhuren, an die er sich gewöhnt hat. Die er sich aber nicht mehr leisten kann. Später prellt er sie um ihren Dirnenlohn. Er zockt mit den gestohlenen Karten im Internet. Sportwetten sind sein Ding. Jedenfalls zu dieser Zeit. Er braucht viele Karten. Die Umkleide wird zu gefährlich. Er findet einen neuen Dreh. Nachts schleicht er sich vor die Häuser seiner Bekannten. Oft auch tagsüber, wenn er wieder auf den Postzusteller wartet. Er stiehlt Freunden und Bekannten die Karten aus den Briefkästen. Er fischt auch die Briefe aus den Kästen, in denen die neuen Geheimzahlen stecken. Er weiß ja, wer eine neue benötigt, weil ihm die alte gestohlen worden ist. Und dann stülpt er wieder das Laken über und geht zum Automaten.

Doch die Ermittler wissen längst, wo Hui Buh zuschlägt. Sie beobachten den Lakenmann. Und deponieren alsbald eine präparierte Karte in einem Briefkasten. Die Falle schnappt zu. Jetzt ist Schluss mit den alten Leidenschaften: Sportwetten im Internet, Prostituierte, Alkohol und Drogen. Und dem fremden Geld. Die Party ist aus.

Auf der Anklagebank ist nicht mehr viel übrig vom einst erfolgreichen Tennisspieler. Hier sitzt ein fantasievoller, aber einfältiger Ganove. Mit knabenhafter, leiser Fistelstimme erzählt Nicki, dass alle, die mal mit ihm anfingen, etwas geworden seien. Nur er nicht. Einen exzellenten Tennisspieler nennt ihn sein namhafter Verteidiger. Der Anwalt erzählt, wie Nicki in jungen Jahren in den Tenniszirkus eintrat, auf den großen Plätzen spielte, dann aber zu Alkohol und Drogen griff, weil er mit dem Zauber der Tenniswelt nicht zurechtkam. Der Verteidiger versteht sein Geschäft. Väterlich gibt er sich. Das rührt. Nicht nur die Laienrichter. Nicki wirkt verloren, fallen gelassen, erweckt Mitleid. Einer, der aus der erzwungenen Rolle ausgebrochen ist. Der abgeglitten, vom Wege abgekommen ist. Den niemand auffing. Dessen sensibles Wesen mit den Ansprüchen, mit den Erfolgen und noch viel weniger mit dem Absturz umgehen konnte.

Nicki ist ein bequemer Angeklagter. Für die Richter. Er antwortet artig. Er gesteht. Er windet sich nicht. Er ist höflich. „Beruf?", fragt ihn der Richter. „Tennisspieler", sagt Nicki mit diesem hellen, dünnen Stimmchen. Ja, Tennisspielen ist das, was er kann. Das ist es, was er gelernt hat. Das einzig Vernünftige. Er bricht in Tränen aus, als sein Anwalt berichtet, wie es ihm im Untersuchungsknast von Weiterstadt bei Darmstadt ergeht. Jeden Tag bekomme er dort Besuch von Mithäftlingen. Er sei doch Hui Buh, der ehemalige Tennisprofi, der müsse doch Geld haben, nix wie her damit. In der Knastrangliste ist er weit unten. Da zählt er nichts. Wie ein Schauspieler im falschen Stück fühlt er sich im Gefängnis. Druck, Drohungen und Schläge gehören zum Alltag. Damit kommt er nicht klar. Diejenigen, die gute Kontakte haben – drinnen und nach draußen – diejenigen, die sich ums Essen kümmern, sind oben. Ganz unten sind die Pädophilen und die Vergewaltiger. Und Nicki ist irgendwo im unteren Drittel. Das kennt er nicht. Er ist vollkommen überfordert. Verloren, allein.

Er will wieder Profi werden, sagt er den Richtern. Und fügt hinzu, er sei ja mittlerweile auch clean, wolle vielleicht einmal als Trainer arbeiten, Geld verdienen, den Schaden wiedergutmachen. „Ich habe immer Tennis gespielt und werde immer Tennis spielen. Das ist mein Traum", sagt er. Das ist alles, was er kann. Tennisspieler sein ist seine Identität. Einen Plan B gibt es im Leben des Deutschen Meisters von 2003 nicht. Was für ein Verhängnis.

Die Vorwürfe gibt Nicki umstandslos zu. Er habe dafür schon gebüßt, sagt sein Anwalt und meint damit die vielen Monate in der Untersuchungshaft. Das Amtsgericht verurteilt ihn zu einer Bewährungsstrafe, doch die hält nicht. Der Staatsanwaltschaft reicht sie nicht. Sie legt Berufung ein. Das Landgericht verhängt in der zweiten Instanz eine Gefängnisstrafe von drei Jahren! Der Vorsitzende Richter spricht von Rücksichtslosigkeit und Dreistigkeit. Er habe das Vertrauen seiner Bekannten und seiner Familienangehörigen ausgenutzt. Viel zu lange.

Nicki erträgt die Haft. Mit 30 kommt er zurück. Er steht wieder auf dem Tennisplatz. Heuert an bei einem Tennisclub in einer Kleinstadt am Rande Frankfurts. Er trainiert. Sich selbst, aber auch andere. Im Knast haben Psychologen geholfen. Der Vater und der unglaubliche Ehrgeiz, den er in den Sohn steckte und der so bitter enttäuscht wurde, scheinen überwunden. Der Teufelskreis vorüber. Er will wieder spielen. Er hat in den Jahren im Gefängnis viel nachgedacht, viel geredet. Sich mit Boris Becker auseinandergesetzt. Einer, der es auch mal geschafft hatte. Noch viel, viel weiter als er. Einer, der aber auch abgestürzt ist, nur weicher gelandet. Becker, dessen Frauengeschichten unrühmlich sind, der massive finanzielle Probleme hat, der körperlich zum Wrack geworden und dessen Gesicht aufgedunsen ist, der sich im Pokern beweisen will. Und der auch einen Vater hatte, der ehrgeizig an der Karriere des Sohnes schraubte. Genau wie Peter Graf. Nur der mit mehr Erfolg. Wohl auch, weil Tochter Steffi eines Tages den Absprung schaffte.

Schon als Kind stand das Mädchen täglich mit dem Vater auf dem Platz. Sie auf der einen Seite, er auf der anderen, umgeben von prall gefüllten Ballkörben. Nach seinen klaren Anweisungen trainierte sie. Und nach jedem Schlag folgte die harte Analyse. Mit 14 spielte Steffi Graf auf der Profitour der Frauen. Die Ausnahmegenehmigung hatte der Vater besorgt. Peter Graf, gelernter Versicherungskaufmann und Gebrauchtwagenhändler, war ehrgeizig und hatte den richtigen Instinkt. Er war penibel und stur und forderte von Steffi, immer ans Limit des

Machbaren zu gehen. In den 90er Jahren wurde er zum mächtigsten Mann in der Szene, bis zu seinem Steuervergehen. Lange war er das auch im Leben seiner Tochter. 1997 verurteilte das Landgericht Mannheim Peter Graf zu drei Jahren und 9 Monaten Haft. Er hatte insgesamt 12,3 Millionen Mark an Steuern hinterzogen. Kurz darauf zog Steffi Graf in die USA und begann dort ein neues Leben. Erst kurz vor seinem Tod, nach einer langen Phase des Schweigens, kamen sich Vater und Tochter wieder etwas näher.

Nicki jedoch – noch unter Bewährung – schlägt schnell wieder zu. Auf dem Tennisplatz zunächst erfolgreich. Da wird er wieder Hessenmeister – wie damals. Das Bender Open, das Ranglistenturnier der Herren vom Deutschen Tennisbund in Mittelhessen, gewinnt er. Gage: 1.250 Euro. Auch den Rheinland-Cup im Sportpark Simmern entscheidet er für sich. Preisgeld sind 500 Euro. „Das ist ein ganz netter Typ", sagt einer seiner Gegner dort über ihn. Und nicht nur das: Er sei ein kompletter Spieler, dessen taktisches Muster den Gegner ins Ungleichgewicht bringe. Bis in die Nacht hinein hatten sie sich gegenübergestanden. Dann zog Nicki in die Schlussrunde ein.

In der ATP-Rangliste steht er auch wieder: auf Platz 939. Allerdings auch wieder vor Gericht. Und wieder wegen Betruges. Ein bisschen erinnert die Ex-Tennishoffnung an die Ex-Boxhoffnung Wilhelm Fischer, besser bekannt unter seinem nom de guerre Willi „de Ox". Er hatte ähnliche Voraussetzungen wie Wladimir Klitschko, als der noch ausschließlich boxte. Auch dem Frankfurter Schwergewichtsboxer Fischer war das Talent in die Wiege gelegt worden. Eine solide Grundausbildung als Amateur erhielt er. Und feierte Erfolge: als Junioren-Europameister, im Viertelfinale bei den Olympischen Spielen 1992 in Barcelona – als 19-Jähriger. Er trainiert mit den Klitschkos. Dann aber wurde sein Lebenswandel unsolide. Der Titel als Deutscher Meister wird ihm aberkannt. Sein Doping-Test war positiv. Und gekifft hat er auch zu viel. Zwei Jahre ist er gesperrt. Fischer ist oft verletzt und macht Vitali Klitschko dafür verantwortlich. Der habe ihm den rechten Arm weiland in Tunis verdreht. Nach 14 Jahren ist die Karriere des Metzgerssohns beendet. Mit 38 Jahren. Vorbei die Zeit an der Seite seines einstigen Förderers, Managers und Promoters Ebby Thust, dem Frankfurter Rotlicht-König. Vorbei die Zeit, in der er im Wechsel Boxer, Türsteher, Chauffeur und Gelegenheitsjobber war und immer wieder in den Ring zurückkehrte.

Wie Nicki landete auch der Frankfurter Ausnahmeboxer vor Gericht. Weil er einen Kellner in die Mangel genommen hatte und der arme Mann panisch aus dem Fenster gesprungen war. „De Ox" war vom Chef des Kellners beauftragt worden, weil der Kellner gestohlen hatte. Der Ex-Boxer zahlte dem eingeschüchterten Mann schließlich Schmerzensgeld, das Verfahren wurde eingestellt. Die Karriere war ohnehin zu Ende.

Das Medieninteresse an ihm dagegen hoch. Wie bei Nicki. „Bin ich wirklich so wichtig", fragt der, als ihn vor Prozessbeginn die Presse erwartet. Die Zahl der Journalisten übertrifft die der Zuschauer um ein Vielfaches. Nicki ist wieder da. Diesmal, weil er den Konditionstrainer bestohlen hat. Wieder in der Umkleide. Da lag auf dem Tisch das Portemonnaie. Er hat die Kreditkarte rausgeholt. Und ist seinen alten Leidenschaften nachgegangen: käufliche Damen, geistreiche Getränke. Und: Glücksspiel. Wegen der schlechten Gesellschaft, in die er geraten ist, glaubt er. Deshalb hat er auch fremde Post in fremden Kästen durchwühlt und nach Mitteilungen von Geldinstituten gesucht. Ihm reichten Name, Kontonummer, Bankleitzahl, erzählt er wieder mit dieser hohen Stimme. Die Daten hat er auf Überweisungsträger geschrieben und sich die Unterschrift ausgedacht. Mit den gefälschten Überweisungen hat er versucht, Summen im unteren vierstelligen Bereich zu ergaunern. Viermal. Und viermal ging es schief. Wofür er das Geld brauchte, will der Richter wissen. „Für das Casino", sagt er. „Welches", fragt der Richter. „Bad Homburg?" „Nein", antwortet Nicki, „Automatencasino." Und sagt dann, dass es ihm leid tue und dass er in Therapie ist und die schlechten Freunde nicht mehr hat, und dass er Trainer werden will und dass er das nie wieder macht.

Der Richter verurteilt ihn zu einer Freiheitsstrafe von einem Jahr. Und gibt ihm Bewährung. 2.400 Euro bekommt die Selbsthilfe für Suchtkranke. Das ist die Auflage. Und die nächste Chance für ihn. Ob er sie nutzt, gilt als ungewiss. Wahrscheinlicher ist, dass er wiederkommt. Wie Hui Buh, das Schlossgespenst. Schließlich sterben Gespenster nicht.

Verbrecher aus Leidenschaft (Rödelheim)

Das Böse ist attraktiv. Deshalb kosten gefälschte Tagebücher von Adolf Hitler mehr als echte von Mutter Teresa. Deshalb stieg der Wert jeder neuen Fotografie und jeden neuen Bildes des Terrorfürsten Osama bin Laden seit dem 11. September 2001. Und deshalb zieht Rainer K. viele Zuschauer magisch an: ein Verbrecher aus Leidenschaft. Der Mann, der 78 Verhandlungstage lang nicht die geringste Spur an Anteilnahme zeigt. Sich mit ihm zu befassen, verlangt ein Bemühen um Objektivität in ungewöhnlichem Maß.

Zehn Monate Prozess sind vergangen, als Achim Mechler am 67. Verhandlungstag den Malermeister K. beschreibt. Sechsmal hat sich der Psychiater und Neurologe, den die Richter mit dem Gutachten zur Schuldfähigkeit beauftragt haben, mit ihm unterhalten. Einem Mann, der kriminelle Konzepte mit Umsicht und Sorgfalt umsetzt, ein Mensch von beachtlichem kriminellen Ehrgeiz, jemand, der Freiheit, Gesundheit und Leben anderer bedroht, ein Täter, der zu jedem Wagnis bereit ist, eben ein gefährlicher Schwerkrimineller oder kurz: ein Verbrecher aus Leidenschaft.

Die Expertise des Facharztes lässt wenige Fragen offen. Sie entspricht dem Bild, das sich die meisten im Gerichtssaal seit Oktober 1997 von Rainer K. gemacht haben. Ein Verbrecher, der hinter der Maske eines Biedermanns ein verlogener Egozentriker ist, fähig, sich auf Kosten anderer zu amüsieren, von ihnen zu leben, sie auszunutzen und sogar zu morden. Der hiesige Psychiater spricht von einer dissozialen Persönlichkeit, ein amerikanischer hätte ihn einen antisozialen Psychopathen genannt. Gemeint ist dasselbe: ein unbelehrbarer, nicht besserungsfähiger, bösartiger Charakter. Aggressiv, übersteigert narzisstisch und cholerisch. Wer sich wie K. trotz zahlreicher Verurteilungen niemals schuldig gefühlt hat, ist aus psychiatrischer Sicht für jeden bekannten Therapieansatz unerreichbar. K. ist selbstbewusst, rechthaberisch und versteht es, Boshaftigkeiten raffiniert durch Höflichkeitsfloskeln zu tarnen. Er hat sich gepanzert gegen Schuldgefühle, ein Abwehrsystem errichtet, das er mit hoher Intelligenz aufrechterhält. Ein Mann, der sich selbst für völlig normal und moralisch integer hält. Der bereit ist, den eigenen Sohn zu opfern, um zu morden und zu entführen. Eben ein gemeingefährlicher Täter mit steigender krimineller Energie. Gutachter Mechler sagt über Rainer K.: „Er ist in seinem Charakter ausgereift und nicht mehr entscheidend zu verändern." Und er bescheinigt ihm weiter: „Die kriminellen Eigenschaften des Angeklagten haben keinen Einfluss auf die Schuldfähigkeit und damit auf die strafrechtliche Verantwortung." K. ist voll schuldfähig. Er hat entführt und gemordet, aber nicht aufgrund einer triebhaften seelischen Erkrankung, sondern aus der ungebremsten Geldgier eines Berufsverbrechers.

Der 67. Verhandlungstag ist unversöhnlich. Es ist ein Tag voller düsterer Einblicke in einen kriminellen Charakter. Einblicke, die am Ende zum höchst möglichen Strafmaß führen werden: Lebenslang mit anschließender Sicherungsverwahrung. Die besondere Schwere der Schuld wird festgestellt. Rainer K. wird am Ende dieses Prozesses wegen erpresserischen Menschenraubs in zwei Fällen und Mordes verurteilt. Er wird also nicht nach 15 Jahren auf freien Fuß kommen. Und selbst, wenn seine Strafe eines Tages als verbüßt gelten sollte, wird er weiter eingesperrt bleiben, weil die Öffentlichkeit vor seiner Gewalttätigkeit zu schützen ist.

Seinen Sohn Sven werden die Richter zu zwölf Jahren wegen Beihilfe zum Mord und Beteiligung an den Entführungen verurteilen. Damit werden sie juristisch die Ermordung des wohlhabenden Frankfurter Geschäftsmannes Jakub Fiszman im Herbst 1996 und die Entführung seines kleinen Neffen und dessen Schulfreundin in Köln im Januar 1991 sühnen.

Drei Tage lang war der sechs Jahre alte Peter in der Gewalt von Entführern. Stunden, die das Leben seiner Familie verändert haben. Als der Junge vernommen wird, ist er 13 Jahre alt. Unter Ausschluss der Öffentlichkeit befragen ihn die Frankfurter Richter. Rainer und Sven K. erkennt er nicht als die Männer, die ihn und seine Schulfreundin Lisa Jahre zuvor auf dem Schulweg gekidnappt und drei Tage lang in Mainz-Kastel gefangen gehalten haben.

Peters Mutter erzählt als Zeugin im Prozess, dass der 13-Jährige für sein Alter sehr ernst ist. Bis zu seiner Entführung sei er ein unbeschwerter, lebhafter Junge gewesen. Sie schildert die qualvollen Stunden, die ihre Familie Mitte Januar 1991 durchlebt hat. Diese Qual habe auch in den Jahren danach nicht geendet. „Wir sind in eine unglaubliche Unruhe versetzt worden. Wir hatten das Gefühl, ständig beobachtet zu werden." Selbst nach der Freilassung ihres Sohnes Peter bekam die Familie immer wieder Briefe mit „vielen merkwürdigen Hinweisen". Schreiben, die offenbar von den Tätern stammten, in denen Details über die Familie standen und der Tod eines weiteren Mitglieds angekündigt wurde. Sie selbst hat ihren Beruf als Sozialarbeiterin aufgegeben und sich um die beiden Kinder gekümmert. „Wir haben sie nicht mehr alleine rausgelassen. Denn die Angst bleibt." Die Jungs hatten deutlich weniger Freiheit als andere Kinder gehabt.

Immer wieder, erzählt sie, hat Peter nach seiner Entführung von dem dunklen Raum gesprochen, von den Spinnen in seinem Gefängnis und davon, wie schlimm es war, dass er und Lisa nicht wussten, ob es Tag war oder Nacht. Die Kinder waren im Keller eines Hauses von Rainer K. gefangen gehalten worden. Dreimal erhielt die Familie Fiszman Erpresseranrufe. Ein „fremdsprachlicher Mann, der vorformulierte deutsche Sätze vorlas", rief an. Sven K. sagt, das war der ehemalige polnische Mitarbeiter seines Vaters. Er forderte für die Freilassung der Kinder 2,16 Millionen US-Dollar Lösegeld. Sie wurden nicht bezahlt, Peter und Lisa kamen trotzdem nach drei Tagen frei. Warum, wurde nie geklärt.

Während der Entführung hat Lisa ein Bild für ihre Mutter gemalt. Und einen Brief geschrieben: „Ich habe Dich lieb. Du brauchst Dir keine Sorgen zu machen. Mir geht es gut, aber manchmal ist es etwas langweilig. Ich werde nicht ohne Peter zurückkommen." Peters Mutter sagt: „Wir sind gezwungen worden, uns mit den Ereignissen von damals nochmal auseinanderzusetzen." Kurz bevor ihr Schwager Jakub Fiszman entführt und ermordet wurde, hat die Familie eigentlich geglaubt, nun sei endlich Ruhe eingekehrt.

Ein Jahr lang haben die Richter der Schwurgerichtskammer des Frankfurter Landgerichts mit schier endloser Langmut und grenzenloser Bereitschaft, Rainer K. alle Rechte, die einem Angeklagten zustehen, gewährt. Rainer K. hat sich gegen die Vorwürfe der Staatsanwaltschaft, wie es sein Recht ist, gewehrt. Doch er tat das in einer nahezu einmaligen Art und Weise. Hinter seiner Aggressivität erschien eine Gefährlichkeit, eine Rücksichtslosigkeit, die sich gegen jeden wendet, der sich nicht seinem Willen unterwirft. Sie machte Angst.

Rainer K. stammt aus kleinen Wiesbadener Verhältnissen. Sein Vater, ein harter Mann, der sich nichts gefallen ließ, betrieb früher eine Nebenerwerbslandwirtschaft. Auch der Großvater soll ein ziemlich rabiater Mensch gewesen sein. Während der 7. Klasse verließ K. ohne Abschluss die Schule und absolvierte anschließend eine Lehre als Maler, 1975 legte er die Meisterprüfung ab. Mit 18 heiratete er eine 17-Jährige, nicht aus Liebe, wie er sagt, sondern weil sie schwanger war. Mit der Tochter. 1969 kam dann Sven zur Welt. Weil seine Frau während der Schwangerschaft den Geschlechtsverkehr verweigerte, ging Rainer K. zu Prostituierten. 1971 bekam er Streit mit einem Zuhälter und erschoss ihn. Aus Notwehr, wie er sagte und wie ihm später ein Gericht glaubte.

Am 19. Februar 1977 ertrank seine Frau in der Badewanne. Vorausgegangen war eine böse Eifersuchtsszene. K. stellte es so dar, als sei die Frau, während er Sohn und Tochter von einer Fastnachtsfeier abholte, im verwüsteten Bad gestürzt und bewusstlos in die Wanne gefallen. Ihre zahlreichen schweren Verletzungen, sogar Würgemale am Hals, erklärte er mit der Ungeschicklichkeit des Notarztes bei Wiederbelebungsversuchen.

Die verängstigten Kinder benutzte K. als Zeugen für seine Aussage, dass er von dem Unglücksfall völlig überrascht worden sei. Vor Gericht konnten sich die medizinischen Gutachter nicht einigen. Die Justiz erkannte K.'s Gefährlichkeit nicht. Er fand nachgiebige Richter, konnte sich mit seiner Version der Wahrheit immer wieder durchsetzen. Es blieb bei einer Verurteilung wegen Körperverletzung mit Todesfolge. Er bekam elf Jahre, weil zahlreiche andere Delikte in die Strafe einbezogen wurden. Nach vier Jahren war er allerdings schon Freigänger.

Die Kinder kamen nach dem Tod der Mutter zunächst zu den Großeltern. Da hörten sie immer wieder: „Euer Vater ist ein guter Mensch." Der Umgang mit den Eltern der Mutter war verboten, denn dort hieß es: „Euer Vater ist ein Mörder, er hat eure Mutter umgebracht." Der kleine Sven wollte das nicht hören. „Bitte Oma, erzählt mir das nicht", sagte er. Er klammerte sich an die gute Version. Er wuchs auf in einer Umgebung, in der nicht nachgefragt, sondern hingenommen wurde, totgeschwiegen und verharmlost. Er hatte früh gelernt, Zweifel und Kritik nicht zuzulassen. Er glaubte: „Mein Vater ist der Beste, der Größte, der Stärkste, er ist meine Zuflucht, meine Existenz." Er hatte doch sonst niemanden.

Rainer K. heiratete wieder, wie gehabt nicht aus Liebe, sondern weil er eine Mutter für seine Kinder brauchte. Er betrog auch diese Frau, schlug sie, wenn es nicht nach seinem Willen ging. Svens Schwester, intelligenter und robuster als der Bruder, machte Abitur und wanderte nach Australien aus. Weit, weit weg. Sie ist nicht wieder zur Familie zurückgekehrt. Der Vater ließ sich scheiden, als er seine dritte Frau Renate kennenlernte. Sie arbeitete bei Jakub Fiszman.

Sven blieb immer beim Vater. Widerstrebend und voller Stolz zugleich. Als Meistersohn absolvierte er beim Vater eine Malerlehre und hoffte, das Geschäft übernehmen zu können. Aber er blieb immer nur sein Geselle. Als er 1990 von der Bundeswehr zurückkam, hatte der Vater das Geschäft schon wieder aufgegeben. Das Geschäft, das er so gerne übernommen hätte. Er stand da ohne Arbeit. Und klammerte sich nur noch mehr an den Vater.

Erst, als es längst zu spät ist, als er neben dem Vater auf der Anklagebank sitzt und sich sehr muskulöse Frankfurter Polizeibeamte wie ein Wall zwischen beiden aufbauen, schafft er es, sich von ihm ein wenig zu lösen. Bis zu seiner eigenen Festnahme aber blieb der Vater Respektsperson und Held zugleich.

Vor Gericht gesteht Sven. Im Gegensatz zum Vater. Sven gesteht die Entführung von Jakub Fiszman. Außerdem seine Beteiligung an den Entführungen des Dietzenbacher Fleischgroßhändlers Achim H. am 1. September 1993 und seine Hilfe 1991, als der Vater mit dem polnischen Handlanger in Köln die beiden Schulkinder gekidnappt hat. Bei der Entführung von Jakub Fiszman, sagt Sven, habe er dem Vater helfen müssen, weil der Pole ausgefallen sei. Er habe nicht geahnt, dass der Vater töten wollte. Er habe nur getan, was Rainer K. von ihm verlangte. Fiszman war längst tot, als seine Familie vier Millionen Mark Lösegeld zahlte. Vor dem Frankfurter Landgericht demontiert Sven K. schließlich das Bild seines Vaters. Der 28-Jährige wirkt wie ein Jugendlicher, ein Pubertierender. Buschige, pechschwarze Brauen über tiefliegenden Augen, die finster ein unsichtbares Ziel fixieren. Er spricht stockend, nervös und monoton zugleich. Erzählt, wie sie Jakub Fiszman entführt haben.

Rückblende: 13 Jahre lang war Renate K. Sachbearbeiterin bei Jakub Fiszman. Als auch gegen sie ermittelt wurde, verlor sie den Job – gegen eine Abfindung. Sie bekommt sie, obwohl die Fiszmans annehmen müssen, dass sie zwei Tage lang Wand an Wand mit ihrem entführten und vermutlich schwer verletzten Chef gelebt hat. Renate K. hat das Geld angenommen. Sie war im Privathaus von Jakub Fiszman ein- und ausgegangen, hatte einen Schlüssel, weil sie den Umbau organisiert und ihrem Mann Maleraufträge bei ihrem Chef beschafft hatte.

Anfangs hatte die Chemie zwischen ihr und Jakub Fiszman nicht unbedingt gestimmt. 1992 war sie tief gekränkt. Da musste sie bis in den Abend hinein arbeiten. Als sie nach Hause wollte, sagte er: „Wenn Sie eine Entschuldigung brauchen, schreibe ich Ihnen eine." Heulend war sie an diesem Abend nach Hause gekommen und hatte ihrem Mann erzählt, wie gedemütigt sie sich gefühlt hatte.

Irgendwann hat sich das Verhältnis zwischen Renate K. und Jakub Fiszman wieder eingerenkt. Es muss die Zeit gewesen sein, als Rainer K. seinen schrecklichen Plan schmiedete und Sohn Sven erklärte, es müsse mal wieder Geld ins Haus. In Oberroden stahlen Vater und Sohn einen weißen Lieferwagen, einen Fiat Ducato. In den nächsten Tagen stand das Auto häufig in der Nähe von Fiszmans Privathaus. Vier Wochen lang, mindestens einmal pro Woche, spähten die K.'s den wohlhabenden Geschäftsmann aus. Sven wusste nicht, wer der Mann war. Auch nicht, dass er der Arbeitgeber seiner Stiefmutter war.

1. Oktober 1996: Vater und Sohn fahren erneut zu Fiszmans Wohnhaus im Frankfurter Diplomatenviertel. Doch Jakub Fiszman ist nicht zu Hause. Es ist gegen 20 Uhr und es

regnet heftig. Die K.'s fahren weiter nach Frankfurt-Rödelheim. Auf dem Parkplatz vor Fiszmans Firma steht dessen BMW. Sie tauschen die Sitze, Sven setzt sich hinters Steuer, kurz danach befiehlt der Vater, er solle aussteigen, sich neben Fiszmans Wagen stellen. Gegen 23 Uhr verlässt Jakub Fiszman mit einer Frau an der Seite das Haus. Er bringt die Frau zum Auto, geht dann zu seinem eigenen Wagen. Als er aufschließt, schnappt Rainer K. den Elektroschocker, springt aus dem Ducato und stürzt sich auf Jakub Fiszman. Er drängt ihn in dessen Auto. Fiszman wehrt sich heftig, schreit laut um Hilfe. Er verliert seine Uhr. Diese wird später neben Blutspuren in seinem Auto gefunden. Während des Kampfes zieht Jakub Fiszman K. die Skimütze halb vom Kopf. Vermutlich erkennt er ihn. K. schlägt Fiszman halb bewusstlos, zerrt ihn in den Lieferwagen und fesselt ihm die Hände. Er zieht ihm eine Leinentasche über den Kopf und knebelt ihn. Sven fährt los. In Langen in seinem Wohnhaus angekommen, zieht Rainer K. den gefesselten Jakub Fiszman an den Füßen aus dem Auto und über den Boden in die Garage. „Mach dich weg", ruft er und Sven fährt nach Hause Richtung Wiesbaden. Den Ducato stellt er im Neubaugebiet von Langen ab. Dort steht sein Auto. Er steigt um und fährt heim.

Einen Tag später, am 2. Oktober, klingelte bei Jakub Fiszmans Freundin das Telefon. Es war Jakub Fiszman selbst. Der 40-Jährige rief von seinem Handy aus an und sagte mit schwacher Stimme, er sei entführt worden, werde in einem Versteck festgehalten. Die Täter forderten vier Millionen Mark Lösegeld. Es war sein letztes Lebenszeichen. Bei allen weiteren Kontakten kam die Stimme des Verschleppten nur noch vom Tonband. Die Freundin informierte sofort den Bruder. Der wandte sich an die Polizei.

Donnerstag, 4. Oktober 1996: Jakub Fiszman befand sich in einem abgetrennten Teil in der Garage von Rainer K. Dort war es eng, für das Entführungsopfer ein provisorisches Bett aufgebaut. K. schaute ab und zu vorbei und ließ den verletzten Fiszman ein Tonband besprechen. Er musste Einzelheiten für die Lösegeldübergabe nennen. Fiszmans Freundin sollte am Abend die vier Millionen übergeben. Nachdem sich Sven K. ein Handy gekauft hatte, fuhr er zurück nach Langen zum Vater. Auf dessen Geheiß rangierte er seinen Golf rückwärts in die Garage, wo Fiszman lag, und wartete draußen. Durch die Schlitze des Garagentors beobachtete er, wie Jakub Fiszman zum Auto lief. Als ihn der Vater erneut rief, lag der Geschäftsmann schon hinten im Golf, gefesselt und geknebelt unter einer Decke. Die Rücksitze hatte Rainer K. zurückgeklappt. Neben Fiszman lag ein Spaten. Am Steuer: Sven K. Über die Autobahn A3 fuhr er den Golf Richtung Taunus. Jakub Fiszman hatte wieder den Leinensack über dem Kopf. Immer wieder stöhnte er auf, wenn Sven über ein Schlagloch fuhr. In Bad Camberg verließen sie die Autobahn, fuhren Richtung Bad Schwalbach. Mehr als eine Stunde waren sie unterwegs. In der Nähe von Katzenelnbogen hielten sie an. Der Vater verließ mit Jakub Fiszman und dem Spaten das Auto. Eine Dreiviertelstunde später kehrte er mit dem Spaten zurück, legte ihn hinter die Sitze und sagte: „So schnell kann der nicht mehr weg." Vater und Sohn fuhren zurück nach Langen. Rainer K. holte Decke und Spaten aus dem Auto und sagte zu Sven, er solle die Reifen wechseln und das Auto sauber machen.

Anschließend fuhren Vater und Sohn gemeinsam nach Wiesbaden, holten das Handy ab, gingen zu Mittag essen. Gegen 18 Uhr fuhren sie nach Neu-Isenburg. An der Autobahn sollte die Freundin Fiszmans das Lösegeld übergeben. Sven sollte im Wald warten, etwa 200 Meter von einer Schallschutztür an der Autobahn entfernt. Gegen 20.30 Uhr rief der Vater auf dem Handy an, sagte „Abbruch" und wies den Sohn an, das Telefon sofort abzuschalten. Jakub Fiszmans Freundin hatte nur einen Zettel mit den Worten „Zahlung nur gegen ein aktuelles Lebenszeichen" deponiert. Der Vater war wütend. Sven K. fuhr nach Hause – zum Reifenwechseln, zum Autoputzen und vergaß auch die Unterbodenwäsche nicht.

Am nächsten Tag bestellt Rainer K. seinen Sohn an eine Schule in Wiesbaden. Sie fahren auf die Autobahn A3 Richtung Bad Camberg. An einer Raststätte halten sie an, Rainer K. telefoniert. Sie fahren weiter nach Idstein und von dort aus wieder zurück. Der Vater steigt aus. Sven fährt weiter, wechselt die Autoschilder, montiert polnische ans Auto. Dann ruft Rainer K. wieder an, Sven solle ihn abholen. Am Kilometerstand 140,5 auf der A3, zwischen Niedernhausen und Idstein, sammelt er den Vater ein. Der hat einen dicken Beutel unterm Pullover. Sie fahren die Autobahn weiter bis zur Anschlussstelle Limburg-Nord. Und von dort über Bad Camberg zurück nach Wiesbaden zum Haus von Rainer K.'s Eltern. Es ist etwa 21 Uhr. Vater und Sohn trennen sich. Noch hofft die Polizei, dass Jakub Fiszman lebt.

Als der Frankfurter Geschäftsmann zwei Tage später immer noch verschwunden ist, geht die Polizei an die Öffentlichkeit. Vier Tage danach stürmen Spezialeinheiten Wohnungen in Wiesbaden, Mainz und Langen. Fünf Personen, neben Rainer und Sven K. auch seine Ehefrau, seine Ex-Frau und der Schwager, werden festgenommen. Haftbefehl ergeht gegen Vater und Sohn. Alle anderen werden mangels dringenden Tatverdachts wieder freigelassen. Die Polizei gräbt den Garten von K.'s Elternhaus in Wiesbaden-Freudenberg um. Ein Nachbar hatte erzählt, dass Rainer K. nachts neben dem Komposthaufen ein Loch ausgehoben habe.

Wenige Tage später wird Jakub Fiszmans Leiche gefunden. Sven K. hat die Ermittler in die Nähe des Fundortes geführt. Auf die Frage, warum das Opfer sterben musste und nicht wie im Fall von Jan Philipp Reemtsma nach Zahlung des Lösegelds freikam, haben die Ermittler nur eine Antwort. Vermutlich wurde er erschlagen, weil er Widerstand geleistet hat, weil er anders als Reemtsma und Achim H. nicht stillgehalten hat.

Denn Jakub Fiszman ließ sich nie etwas gefallen. Der 40-Jährige war immer in Hektik. Getrieben und rastlos. Einer, der intensiv lebte. Einer, den man nicht festlegen konnte. 1994 hatte er die Immobilienfirma des Vaters übernommen, als der starb. Die Fiszmans, die einst vor den Nazis nach Russland geflohen waren und über Belgien nach Deutschland zurückgekommen waren, haben nie vergessen, wo sie herkamen. Sie lebten nicht neureich-protzig, sondern eher bescheiden. Jakub, der in Frankfurt groß geworden und dort aufs Gymnasium gegangen ist, treibt viel Sport. Als er nach der Entführung seines Neffen von Freunden gefragt wird, ob er nicht lieber einen Bodyguard wolle, lehnt er ab. Der Wunsch nach einem normalen Leben ist stark.

Sven K. setzt sich vor Gericht vom Vater ab. Die wohl einzige Chance, die eigene Haut zu retten. Er beschreibt sich als geprügeltes Kind. Geschlagen vom Großvater und vom Vater. Angezogen und abgestoßen davon. „Bis heute muss ich sagen, dass es immer wieder Momente gab, wo ich stolz war, dass ich an seiner Seite durchs Leben ziehen durfte", sagt er. Er beschreibt auch, wie der Vater ihn verwöhnt hat, wie er mit neun ein Rennrad bekam. Wie er surfen und Wasserski fahren durfte, wie der Vater ihm später insgesamt sechs Autos finanzierte. Und dass er sich nie fragt, wovon der Vater das eigentlich alles bezahlte. Er wusste längst: „Wenn man ihn als Freund hat, hat man den besten Freund. Aber wenn man ihn als Feind hat, hat man den schlimmsten Feind." Als sie beide gemeinsam vor Gericht stehen, ist der Vater längst zu seinem Feind geworden. Weil der Sohn ihn schwer belastet. Rainer K. redet am dritten Prozesstag. Stundenlang. „Ich habe den Herrn Fiszman nicht entführt und auch nicht wissentlich zu einer Entführung beigetragen", sagt er. Dann schildert er sich als einen Menschen, den stets die Umstände straffällig werden ließen. Der stiehlt, weil er sich betrogen fühlt. Der unter Mordverdacht an seiner Frau festgenommen wird, weil ihn der eigene Schwiegervater angezeigt hat. Und der lange vor dem Richterspruch von der Öffentlichkeit vorverurteilt worden sei. Er spricht auch von seinen Kindern. Seine Stimme bricht. Die Tränen fließen. Er sagt, er habe ihnen Amerika-Reisen finanziert, sie sollten etwas vom Vater haben.

Und über Sven sagt er: „Er sagt, er liebt mich, aber es muss eine Hassliebe sein." Die meiste Zeit hört der Sohn nur zu. Dann bricht es aus ihm heraus: „Dich hat doch nie interessiert, was ich gefühlt habe." Der Vater holt zum Gegenschlag aus. Er stellt den Sohn als dummen Jungen hin, charakterlich labil, als Lügner, der ständig Geschichten erfinde. Sven habe einmal behauptet, der Vater hätte einer jungen Ziege die Kehle durchgeschnitten. An den beiden Entführungen, sagt Rainer K., war der Sohn beteiligt. Er selbst habe nur Spuren beseitigt. Ein Vater, der alles riskiert, nur um dem Sohn zu helfen. Auf die entführten Kinder im eigenen Keller im Wiesbadener Stadtteil Mainz-Kastel will er nur zufällig gestoßen sein. Sein Sohn und ein ehemaliger Knastkumpel hätten die Kinder dort festgehalten. Rainer K. habe sie daraufhin gebeten, Hosen und Jacken auszuziehen, damit er verräterische Fasern davon abschütteln könne. Danach habe er den Kindern die Augen verbunden und sie zurückgefahren. Anschließend ließ er den Sohn einen zweiten Erpresserbrief schreiben und seinen Cocker Spaniel die Briefmarke anlecken. Erzählt er.

Von der Entführung Jakub Fiszmans habe er erst von Sven erfahren. Der hätte sich das Auto vom Vater geliehen, nachdem er mit einem Freund Jakub Fiszman verschleppte. Und wieder will Rainer K. nur Spuren beseitigt haben, um den Sohn vor Strafverfolgung zu schützen. Von Sven habe er erfahren, wo das Geld liegt. Das Lösegeld, das die Polizei später im Garten von K.'s Eltern gefunden hat.

Am 24. November 1997 fahren Richter, Staatsanwälte, Verteidiger und Angeklagte unter viel Polizeischutz nach Langen. Der Bungalow mit dem Messingschild „K." an der Südlichen Ringstraße ist im modernen Allerweltsstil errichtet. Links und rechts des flachen Hauses stehen Nadelbäume, der Garage rechts ist ein einfaches hölzernes Schutzdach vorgebaut. Hier wurde Jakub Fiszman vom späten Abend des 1. Oktober bis zum Morgen des 3. Oktober 1996 gefangen gehalten. Sein Gefängnis war ein 70 Zentimeter breiter Verschlag, der als Werkzeugraum am hinteren Ende der Garage mit einer Mauer, durch die eine verschließbare Tür führt, abgetrennt ist.

Dort, wo Rainer K. mit seiner Frau Renate wohnte, ist die Südliche Ringstraße ein stilles Wohngebiet, dessen Ruhe die vielen Polizisten stören. In der Luft kreist ein Hubschrauber. Polizeifahrzeuge und Absperrgitter trennen den Verhandlungsraum vom Zuschauerraum. Nur befindet sich dieser diesmal nicht im Gericht, sondern auf der Straße. Sven und Rainer K. sind gefesselt. Der Sohn zittert am ganzen Körper. Der Vater wirkt ungerührt.

Mit den Originalfahrzeugen wird nachgestellt, wie Jakub Fiszman zunächst verbracht wurde, wie er später dann in den Wald verschleppt wurde. Das Risiko muss hoch gewesen sein, beobachtet zu werden. Die Kaltblütigkeit von Rainer K. groß. Der Transporter war zu groß, um ihn in die Garage zu fahren, der gefesselte Mann musste über das Trottoir in die Remise gezogen werden. Warum hat Renate K. das nicht gesehen? Warum nicht die Nachbarn? „Hallo", rufen die Richter laut, als sie in dem abgeteilten Raum sind. Auch diese Schreie sind draußen gut zu hören.

Ähnlich gut einzusehen ist die Stelle im Taunus, wo Fiszman wohl starb. 80 Autominuten von Langen entfernt, wo Hessen auf Rheinland-Pfalz trifft. Auch hier kreist der Hubschrauber in der Luft. Auch hier wird jeder kontrolliert, der zuschauen möchte. Die Straße nach Reckenroth biegt von einer Landstraße zwischen Bad Schwalbach und Limburg links ab. Sven K. sagt, nach etwa 200 Metern mit seinem Vater als Beifahrer und Jakub Fiszman im Fond des Golfs sei er rückwärts etwa 50 Meter einen Waldweg mit mäßiger Steigung hinaufgefahren. Dort sei der Vater dann mit seinem Opfer ausgestiegen, den Weg weitergegangen. Jakub Fiszman soll gefesselt gewesen sein. Über den Kopf habe ihm Rainer K. einen Leinensack gestülpt. Die Polizei fand Schleifspuren. Sie sprechen für die Version von Sven, aber auch dafür, dass sich Jakub Fiszman entweder wehrte oder schon so schwer verletzt war, dass er nicht mehr gehen konnte. Rainer K. hatte einen Spaten bei sich, sagt der Sohn. Eine halbe oder Dreiviertelstunde später kam er allein zurück. Es sei alles in Ordnung, sagt er zum Sohn. Es war Ordnung nach Art von Rainer K. Nach den Spatenschlägen, so schließt es später das Gericht aus dem Bericht des Gerichtsmediziners, stürzte Fiszman zunächst ohnmächtig zu Boden. Die Hiebe ins Genick führten zur Trennung zweier Halswirbel und zu einer Überflutung des Rückenmarkskanals und des Gehirnraums mit Blut. Fiszman starb langsam, der Mörder hatte seinem Opfer einen grausamen Tod bereitet. Jakub Fiszman war zwar ohnmächtig, aber nicht gefühllos gewesen.

K. hat den Toten mit ein wenig Erde und ein paar dürren Fichtenstämmchen zugedeckt, bevor er zurück zu seinem Sohn geht und sich von ihm nach Hause fahren lässt. Eine für den nächsten Tag angesetzte Geldübergabe an der Autobahn bei Neu-Isenburg scheitert, am 10. Oktober aber kassieren die Verbrecher vier Millionen Mark Lösegeld vom Bruder des längst Ermordeten, dessen baldige Freilassung gegen Bezahlung die Täter brieflich angekündigt hatten. Am 16. Oktober 1996 sind Vater und Sohn K. verhaftet worden. Drei Tage später findet die Polizei den Leichnam. Sven K. hatte seine ungefähre Lage preisgegeben.

Der Polizist des Hessischen Landeskriminalamtes, der Jakub Fiszman fand, erläutert im Wald, der Fundort sei vom Weg aus wegen des dichten und voll belaubten Gesträuchs nicht zu sehen gewesen. Gleichwohl, Jakub Fiszman starb nicht im finsteren, unwegsamen Wald abseits aller Straßen, sondern keinen Steinwurf von einem Spazierweg entfernt. Rainer K. bittet genau an dieser Stelle die Beamten, mal austreten zu dürfen. Ansonsten betrachtet er mit halb geöffnetem Mund die Szenen im Wald, die ihn nach seiner eigenen Einlassung ja auch nichts angehen. Er hat sich darauf festgelegt, dass er weder an der Entführung noch an der Ermordung Fiszmans auch nur die geringste Schuld als Täter trägt. Moralisch, so sagt er einmal, fühle er sich allerdings verantwortlich, denn er müsse wohl annehmen, dass sein Sohn in die Entführung verwickelt sei.

Rainer K. hat Erfahrung als Angeklagter. Kein Indiz aus der Anklageschrift vergisst er im Laufe des einjährigen Prozesses zu erklären. Es hilft ihm am Ende nichts. Die Richter glauben ihm nicht. Das Urteil stützt sich auch auf genau diese Indizien, die er vergebens zu erklären sucht. Beispielsweise auf die Zigarettenkippe mit Speichelanhaftungen Rainer K.'s in dem gestohlenen Fiat Ducato, in dem Fiszman zu seinem Gefängnis in K.'s Garage verschleppt wurde. Die Verteidigung Rainer K.'s deutete unter anderem an, der Geschäftsmann sei möglicherweise in ein ganz anderes Auto gezerrt worden. Aber die Kippe!

Da sind außerdem die Blutspritzer: Eindeutig Fiszmans Blut in der Garage von Rainer K., winzigste Spuren, die eilig übertüncht und dank modernster Technik wieder sichtbar gemacht worden waren. Dort fand die Polizei auch eine Wasserflasche mit Fiszmans Speichel. Dem schwerverletzten Opfer war wenigstens etwas zu trinken gegeben worden.

Da ist außerdem K.'s Speichel an der Briefmarke eines Erpresserbriefs, der bei der Familie Fiszman einging. Und vor allem die Festplatte von K.'s Computer, die das Gericht monatelang beschäftigt hatte. Es ist der Gutachter Rainer-Lionel d'Arcy, den seine Verteidiger zunächst vorschlagen und später zu demontieren versuchen, dem gelingt, was den Experten des Hessischen Landeskriminalamtes nicht gelungen ist. Er macht auf der geschredderten Festplatte von Rainer K. die Erpresserbriefe, die er geschrieben hat, wieder sichtbar. Der Tag, an dem d'Arcy aussagt, wird für die Verteidigung und ihren Mandanten zum Desaster. Es ist der Tag, an dem der Angeklagte wie immer mit seinem hellbraunen Umschlag in den gefesselten Händen den Gerichtssaal betritt. Darin diesmal: etwa 300 Schreibmaschinenseiten mit Erklärungen. Doch Rainer K. muss schweigen. Rainer-Lionel d'Arcy redet. Ruhig, anschaulich und seriös demontiert er die Aussage K.'s. 532 Dateien auf dessen Computer-Festplatte hat er geprüft. In 80 Datensätzen entdeckte er Teile zweier Erpresserbriefe. Und ein Täterschreiben an die Familie Fiszman sogar mit dem kompletten Wortlaut. Für etwa drei Stunden verwandelt der Diplom-Ingenieur den Gerichtssaal in einen Hörsaal. Er erzählt, wie er die Daten der Festplatte untersuchte und die Täterschreiben schließlich gefunden hat. Rainer K. schweigt, schaut nach unten und schreibt mit.

D'Arcy hat das vollbracht, was dem Landeskriminalamt offenbar nicht gelungen war: Er suchte in den gelöschten Dateien nach einzelnen Worten aus den Erpresserschreiben: „Lilienthalallee", „Übergabe" und „grauer Fiat". Und so fand er die Briefe, während die LKA-Experten nur einen Halbsatz zutage gefördert hatten: „Wie Sie ja bereits wissen ..."

„Ich habe mit einem sehr viel mächtigeren und leistungsstärkeren Suchprogramm gearbeitet", sagt der freundliche Sachverständige, der nie um eine Antwort verlegen ist. Zwar seien die EDV-Leute des LKA kompetent und technisch gut ausgerüstet. Doch hätten sie mit den falschen Suchbegriffen nach den Schreiben gefahndet. D'Arcy beantwortet auch die Frage, warum gelöschte Dateien wieder sichtbar werden können. „Ein Computer arbeitet wie ein Bibliothekar. Er hält sich Schränke, in denen Daten abgelegt werden und merkt sich die Lagerräume. Werden die Daten gelöscht, werden zwar die Regalflächen wieder frei. Aber die Inhalte bleiben erhalten, bis sie mit neuen Daten überschrieben werden." D'Arcy schließt eine Manipulation aus.

Mit einer Unzahl von Beweisanträgen versucht K. das Gutachten eines erstklassigen Sachverständigen zu entkräften, der die komplett gelöschten Erpresserbriefe an die Familie Fiszman gefunden hat. K. spricht von gewollter Manipulation der Beamten, seine Verteidiger glauben auch Jahre später daran, dass Beamte versehentlich an dem Computer herumgespielt haben und so die Erpresserbriefe auf die Festplatte gekommen sind.

„Abwegig" nennen die Richter K.'s uferlose Einwände, seine Erklärungen und Anträge – 31 Hilfsbeweisanträge allein im letzten Wort. Er habe sich am Stand der Beweisaufnahme „entlanggelogen". Wenn auch Sven mit der Wahrheit bisweilen „leichtfertig" umgegangen sei, wenn er seine Beteiligung verkleinert und „sich an den Rand gelogen" habe, wenn es ernst wurde, so stütze sich das Gericht dennoch auf sein Geständnis.

Wie Vater und Sohn am 3. Oktober 1996 in den Wald bei Reckenroth im Hintertaunus fuhren, das Opfer im Kofferraum, wie der Vater einen Spaten nahm und mit Fiszman im Wald verschwand, wie der Vater nach einer Weile allein zurückkehrte – das nehme das Gericht dem Sohn ab. Wann der hilflose, geschundene Jakub Fiszman starb, konnten die Richter nicht aufklären. Er starb nicht gleich, es dauerte. So viel ist klar.

Die Verteidiger Sven K.'s haben erreicht, was für sie zu erreichen war: eine zeitlich begrenzte Strafe. Sven K. bleibt eine

Chance für die Zukunft. Seine Anwälte haben ihm aus der Umklammerung des Vaters herausgeholfen. Auf eine Revision verzichtet er. Im Herbst 1999 steht er wieder vor Gericht. Diesmal in Darmstadt. Diesmal wegen der Entführung des Dietzenbacher Fleischgroßhändlers Achim H. Sein Vater muss sich nicht mehr verantworten. Denn mehr als „Lebenslang mit besonderer Schwere der Schuld und anschließender Sicherungsverwahrung" gibt es im deutschen Rechtssystem nicht.

Achim H. berichtet, dass jahrelang der 1. September ein Freudentag für ihn und seine Frau war. Es war ihr Hochzeitstag. Doch das änderte sich schlagartig im Jahr 1993. Seither leidet das Paar. Denn an diesem Tag verschleppten um 5.30 Uhr zwei Männer den Juniorchef eines Fleischgroßhandels. Vor den Augen seiner Frau und seiner Kinder. Das waren Rainer K. und ein Pole, der sich längst in seine Heimat abgesetzt hat. Sie verfrachteten ihr Opfer ins Auto, fuhren es nach Wiesbaden-Nordenstadt, in ein Büro, das K. gemietet hatte. Achim H. musste in eine Holzkiste kriechen. Einen Meter hoch, einen Meter breit, drei Meter lang. Sie blieb für sieben Tage sein Gefängnis. Auch sechs Jahre später ist Achim H. immer noch gezeichnet von dem Erlebten und dessen Folgen. Sven K. spielte bei seiner Entführung den Boten. Als Achim H. schon mehrere Tage in seinem Gefängnis lag, bat ihn der Vater, bei der Lösegeldübergabe zu helfen. Ohne groß nachzufragen, tat der Sohn das, was sein Vater verlangte. Er markierte an der Schiersteiner Brücke, die in Wiesbaden über die Autobahn führt, mit einem roten Schal den Ort, an dem die Tasche mit den zwei Millionen Mark Lösegeld abgeworfen werden sollte. Er deponierte auch einen blauen Müllsack mit einem Brief, der als letzte Botschaft an die Geldboten gedacht war.

Falls Polizei auftauchen würde, sollte er einen Unfall bauen, um so die Verfolger zu blockieren. Dazu kam es nicht, denn sein Vater schnappte die zwei Millionen und verschwand als

Taucher mit der Beute unbehelligt von der Polizei im Rhein. Der Vater, erzählt Sven K., habe sich in ein Boot gelegt und den Morgen abgewartet. Den Taucheranzug habe er vom Oberkörper gestreift und sei dann wie ein Jogger zu einer Telefonzelle gelaufen. Von dort organisierte er seine Heimfahrt. Achim H. wurde unter der Brücke ausgesetzt. Handlanger Sven K. setzte sich nach getaner Arbeit ins Auto und fuhr nach Hause. Am nächsten Tag ging er wie gewöhnlich zur Arbeit. Als Dank für seine Hilfe schenkte ihm der Vater ein neues Auto, 30.000 Mark zur Hochzeit und weitere 15.000 Mark für eine Küche.

Die Richter verurteilen Sven K. zu sechs Jahren. Zusammen mit den zwölf Jahren, die er aus Frankfurt mitbringt, bilden die Richter eine Gesamtfreiheitsstrafe von 14 Jahren. Auch das akzeptiert er.

Rainer K. erklärt den plötzlichen Reichtum seinerzeit auf seine eigene Weise. Er habe in Monte Carlo gewonnen. Später erzählt er plötzlich, er habe Edelsteinschmuggel von Thailand aus betrieben. Mehr könne er aber nicht darüber sagen, denn sein Geschäftspartner sei Jude, Mitglied der Jüdischen Gemeinde in Frankfurt, ein Bekannter Fiszmans: „Die kennen sich ja alle." Er wolle den Mann keinesfalls bloßstellen.

Auch die beiden Ehefrauen K.'s müssen sich in Darmstadt verantworten. Im Januar 2000 stehen sie vor Gericht. Der Vorwurf: Sie halfen Rainer K., das Lösegeld aus dem Entführungsfall Achim H. in Frankreich zu waschen. Am 17. September 1993 war Rainer K. zum ersten Mal mit seiner damaligen Ehefrau, einer Mitarbeiterin bei der Mainzer Polizei, nach Frankreich gefahren und hatte 400.000 Mark des nummerierten und registrierten Lösegeldes bei verschiedenen Wechselstuben in Teilbeträgen von bis zu 20.000 Mark in Francs umgetauscht. Den ersten Versuch, das Geld bei einer Bank in Toulon unter dem Namen der Ehefrau zu wechseln, hatte K. abgebrochen, weil die Bank ihren Ausweis kopiert hatte. Bei einer zweiten

Fahrt nach Südfrankreich und Monaco waren auf die gleiche Weise noch einmal 400.000 Mark in Francs getauscht worden.

Am 29. September 1993 ließ sich die Verwaltungsangestellte aus Mainz bei der Deutschen Bank in Stuttgart 2,31 Millionen Francs in 650.000 Mark zurücktauschen. Sie legte dabei ihren Personalausweis vor. Von K. erhielt sie zum Dank ein Auto im Wert von 31.500 Mark. Mit einer eineinhalbjährigen Bewährungsstrafe ahnden die Richter ihre Hilfsbereitschaft.

Seiner damaligen Geliebten und letzten Ehefrau gab K. 400.000 Mark der Beute. Davon und mit weiteren 320.000 Mark, die er beisteuerte, kaufte und renovierte K. im Dezember 1993 den Bungalow in Langen. Das Haus schenkte er ihr zur Hochzeit. In diesem Haus wurde Jakub Fiszman nach seiner Entführung versteckt. Die Richter verurteilen die Frau zu einem Jahr auf Bewährung.

Am 10. Mai 2000, gut eineinhalb Jahre nach dem Frankfurter Urteil, wird der Richterspruch gegen Rainer K. rechtskräftig. Der Bundesgerichtshof verwirft seine Revision. Sie sei unbegründet. Der 52-Jährige beantragt beim Amtsgericht, diese Entscheidung aufzuheben. Auch damit scheitert er.

2006, nach zehn Jahren im Gefängnis, öffnen sich die Tore für Sven K. Zum ersten Mal in seinem Leben steht er auf eigenen Füßen. Er ist frei, der Rest der Strafe ist zur Bewährung ausgesetzt. Er zieht in eine Taunus-Gemeinde, heiratet und arbeitet als Maler. Sein Fall gilt als gelungene Resozialisierung. Doch dann gibt es Streit. Am 9. November 2010 verlässt er die Wohnung mit den Worten: „Wir sehen uns in einem anderen Leben wieder." Er geht in den Wald und erhängt sich. Wenige Tage vor seinem 42. Geburtstag.

Jenseits der Schmerzgrenze (Sachsenhausen)

Polizeivizepräsident   *Frankfurt, 1.10.2002*
Da/st   *App.: 80001*
Vermerk: *– (nur für die Handakte der Polizei/STA)*
Entführung des Kindes Jakob von Metzler, geb. 17.04.1991

Am 30.09.2002, gegen 22.45 Uhr teilte mir KOR E. mit, daß der Tatverdächtige Magnus Gäfken weiterhin keine Angaben zum Verbleib des vermißten Kindes gemacht habe. Für den Fall der weiteren Weigerung habe ich die Anwendung unmittelbaren Zwanges angeordnet. Nach Sachlage ist davon auszugehen, daß sich Jakob von Metzler, sofern er noch am Leben ist, in akuter Lebensgefahr befindet (Entzug von Nahrung und Flüssigkeit, Außentemperatur).

Am 27. September 2002 hat Elena eine Verabredung, bei der ihr kleiner Bruder nur stören würde. Jakob soll deshalb alleine nach Hause fahren. Ausnahmsweise, ansonsten fahren die Geschwister gerne zusammen. Mit dem Bus der Linie 53. Das wollen ihre Eltern so. Weil Jakob, Elena und ihr großer Bruder Franz aufwachsen sollen wie andere Kinder. Möglichst normal. Auch wenn sie aus einer der angesehensten Familien Frankfurts stammen. Einer Patrizierfamilie, die sich dem Wohle der Stadt verschrieben hat. Der gelungen ist, was keine andere in Deutschland geschafft hat: Sie konnte ihre Bank vollständig in Familienhand halten. In der elften Generation wird das Haus geführt. Aber auch die Frankfurter Kultur profitiert von der Bankiersfamilie.

Am 27. September 2002 ändert sich schlagartig das Leben der angesehenen Familie. An diesem Tag endet die Schule schon um halb elf, denn die Herbstferien beginnen. Da endet der Unterricht nach der dritten Stunde. Jakob freut sich auf die Ferien. Er hat viel vor. Er läuft gut gelaunt zur Bushaltestelle. Und sieht dort Magnus Gäfgen, 27 Jahre alt, Jurastudent. „Gut, dass wir uns sehen", sagt dieser zu dem Jungen. Jakob kennt ihn. Maggi nennen ihn alle. Er ist Vorsitzender des Fan-Clubs „South Force" der Frankfurter Eintracht. Maggi fragt ihn, ob er kurz mal mit in seine Wohnung kommen könne. Er wolle ihm Elenas Jacke mitgeben, die sie bei ihm vergessen habe. Er bietet Jakob an, ihn später nach Hause zu fahren.

Der Elfjährige ist nicht argwöhnisch und läuft mit. Auf dem Weg erzählt ihm der Junge von seinen Plänen für die Ferien. Jakob weiß nicht, dass seine Schwester Elena und deren Freunde Magnus Gäfgen gar nicht mögen. Weil er immer angibt. Weil sie merken, er möchte nur dazugehören, aber wissen, er gehört nicht dazu. Weil er sie schon bestohlen hat im gemeinsamen Urlaub. Weil sie ihm nicht glauben, dass er in einer großen Anwaltskanzlei arbeitet. Sie halten das für Aufschneiderei. All das weiß Jakob nicht. Er bemerkt auch nicht, dass Maggi ihm gar nicht zuhört, während er über die bevorstehenden Ferien plaudert.

Als sie in der Wohnung ankommen, hat Jakob nur noch wenige Minuten zu leben. Magnus Gäfgen tötet den Elfjährigen. Er erwürgt das Kind, schaut ihm beim Sterben zu, bleibt dicht an dem sich aufbäumenden Körper des Jungen, bis er sich nicht mehr bewegt. Anschließend drückt Gäfgen den Kopf von Jakob unter Wasser, um zu prüfen, ob er auch wirklich tot ist. Gäfgen wickelt den leblosen Körper in Tüten und in ein Bettlaken, legt Jakob in den Kofferraum seines Autos, fährt mit dem toten Kind im Auto zum Haus der Eltern und wirft den Erpresserbrief über die Mauer des Anwesens am Niederräder Waldrand. Dann bringt er den Leichnam nach Birstein, einer 6.400-Seelen-Gemeinde am nordöstlichen Rand der Wetterau und legt ihn unter einen Steg. Anschließend fährt Gäfgen zu seinen Eltern – wie jeden Freitag zum Mittagessen.

Um 12.40 Uhr findet der Hausmeister der Familie von Metzler vor der Einfahrt der Familienvilla in einer Plastiktüte ein Schreiben.

„Wir haben Ihren Sohn entführt. Es ist nicht unsere Absicht, das Leben Ihrer Familie oder das Ihres Sohnes zu zerstören: Es geht uns lediglich ums Geld. Daher bieten wir Ihnen folgenden Deal an: Bringen Sie in der Nacht von Sonntag auf Montag um 01.00 Uhr die Summe von einer Million Euro als Lösegeld. Das Geld in gebrauchten, nicht gekennzeichneten Scheinen (gemischt bis 500 Euro) in Aldi-Einkaufstüten. Verpacken und an der Haltestelle der Linie 14 Oberschweinstiege in Richtung Neu-Isenburg an das Schild der Haltestelle legen. Danach verlassen Sie den Ort und gehen auf direktem Weg nach Hause. Ihr Sohn wird dann am nächsten Morgen wohlauf nach Hause kommen. Es ist für Sie unter Mithilfe von Polizei o. Ä. sicher gut möglich, uns zu überführen. Wir haben jedoch nichts zu verlieren: Wir wollen Ihrem Sohn nichts tun und ihn fair behandeln, wir wollen nur das Geld. Und dies in einer Höhe, die Ihnen Ihr Sohn wert sein sollte. Lassen Sie uns mit dem Geld das Land verlassen und unternehmen sie keine Nachforschungen. Wenn wir mit sauberem Geld in Sicherheit sind, werden Sie Ihren Sohn wiedersehen: Das ist für alle Seiten das Beste. Sollte uns das nicht gelingen, wird Ihr Sohn auch nicht wieder auftauchen. Als Zeichen Ihres Einverständnisses damit parken Sie bitte in der Nacht auf Samstag ein Auto mit eingeschaltetem Standlicht vor Ihrer Einfahrt."

Hans Hermann Reschke ist ein enger Vertrauter von Friedrich von Metzler. Ihn ruft der Hausmeister an. Gegen 13 Uhr informiert Reschke Jakobs Vater Friedrich von Metzler über die Entführung des Jungen, über den Brief, über die Forderung. Reschke ruft auch den Staatssekretär im Hessischen Innenministerium an. Eine Stunde später sitzt er zum ersten Mal dem Frankfurter Polizei-Vizepräsidenten Wolfgang Daschner gegenüber. Der amtierende Polizeichef ist im Urlaub, deshalb ist

Daschner der Mann an der Spitze. Ein akribischer Mann, Typ Buchhalter. Einer, der angetrieben ist von einer großen moralischen Überzeugung. Ein Mensch, der für sich festgelegt hat, anständig zu sein, der mit aller Macht versucht, moralisch einwandfrei zu leben. Er ist beliebt bei seinen Mitarbeitern, weil er als fair gilt. Weil er einer ist, der nicht versucht, jedermanns Liebling zu sein. Der auch mal den unbequemen Weg wählt, wenn es seiner Überzeugung entspricht.

Bei ihm sitzt Reschke an diesem frühen Nachmittag. Von diesem Moment an übernimmt Daschner das Kommando. Er ordnet an: Einsatzkräfte alarmieren, die besondere Aufbauorganisation, die „BAO Louisa" einrichten. Um 15.20 Uhr wird die Staatsanwaltschaft über die Entführung unterrichtet. Jakob ist nun seit knapp fünf Stunden verschwunden. Zwei Kripo-Beamte verstecken sich in Reschkes Auto. Er bringt sie zur Villa der Familie von Metzler – nicht weit von dem Ort entfernt, an dem Jakob verschleppt worden ist. Die Männer sollen sich um die Familie kümmern. Die Stimmung im Präsidium ist angespannt. Als hochdramatisch werden später die Beamten die Lage der nun folgenden Tage beschreiben. Und erläutern: Diejenigen, die Entscheidungen treffen, müssen darauf achten, dass sie auch in einer so emotionalen Situation rational denken.

Die Polizei ist sich sofort sicher: Jakob kennt seinen Entführer. Nur so lässt sich erklären, dass der Junge auf dem Heimweg von der Schule verschleppt worden ist. Morgens an einem belebten Ort. Und sie ist sich auch schnell sicher: hier ist ein Dilettant am Werk. So jedenfalls liest sie sein Schreiben. Auch Wolfgang Daschner ist überzeugt, dass es sich bei dem Täter nicht um einen Profi handelt. „Es wirkt, als sei der Verfasser extrem auf den Erfolg der Entführung angewiesen", sagt ein Psychologe sofort. Möglicherweise sei der Täter längst aus Deutschland verschwunden. Der Fachmann fragt: „Wie soll ein Opfer freikommen, wenn der Täter im Ausland ist?"

29. September 2002: Jakob ist seit zwei Tagen verschwunden. Wie im Erpresserschreiben gefordert, steht ein Auto mit eingeschaltetem Standlicht in der Einfahrt zum Anwesen der Familie. Die Polizei hat das Auto von Friedrich von Metzler präpariert. Das Geld ist besorgt, die Scheine sind registriert. Stundenlang haben Beamte die Nummern abgeschrieben. Friedrich von Metzler schreibt auf einen Zettel: „Wir haben unseren Teil getan. Lassen Sie den Jungen frei!" Er klebt den Zettel auf eine der beiden Alditüten, in denen das Lösegeld steckt. Die Tüten werden in einem Papierkorb unweit der Straßenbahnhaltestelle Oberschweinstiege im Frankfurter Stadtwald abgelegt. So wie es in dem Erpresserbrief verlangt wird. Die Gegend wird observiert. Um 1.10 Uhr nähert sich ein Honda Civic. Magnus Gäfgen steigt aus, blickt sich kurz um, geht zum Papierkorb, nimmt die Tüten, steigt ein und fährt ohne Licht wieder los. Die Polizisten folgen ihm, erkennen das Kennzeichen und notieren: F-ST 3077. Kurz danach wissen sie, wem das Auto gehört und wo Gäfgen wohnt. Aber sie wissen nicht, ob er nur Bote ist oder ob er auch der Entführer ist. Sie hoffen, dass er sie zum Versteck von Jakob führt.

Elena, die wie ihr Bruder und die Eltern fieberhaft überlegte, wer Jakob verschleppt haben könnte, war auch schon auf Magnus gekommen. Weil er immer so angibt und ihm Geld so wichtig ist. Aber sie hat es nicht der Polizei gesagt. Sie wollte niemanden anschwärzen, wird sie den Beamten später sagen. Auch Gäfgen will sie nicht mit dieser ungeheuerlichen Verdächtigung in Schwierigkeiten bringen. Sie erinnert sich daran, wie er sie wenige Tage, bevor er Jakob tötete, noch um Rat gebeten hatte. Er suchte ein Geburtstagsgeschenk für seine Freundin Katharina. Sie half ihm.

Die Polizei nennt ihr den Namen. Und plötzlich wird der Verdacht genährt, der mutmaßliche Täter kennt sein Opfer. Allen ist klar: Die Gefahr, dass Jakob seine Entführung nicht überleben wird, ist groß. Doch die Polizei hofft noch immer, Jakob lebend zu finden. Gäfgen zahlt derweil an verschiedenen Banken Geld ein. Er bestellt in Aschaffenburg einen Mercedes für 30.700 Euro, geht mit seiner Freundin Eis essen. Vorher waren sie einkaufen. In verschiedenen Boutiquen. Und beim Friseur. Die Polizei beobachtet alles. Sie verliert Gäfgen nicht mehr aus den Augen. Er bemerkt die Ermittler auch nicht. Zu dem Kind, beobachten sie, scheint er nicht zu fahren. Der Junge ist inzwischen seit mehr als drei Tagen verschwunden. Und bis jetzt gibt es kein Zeichen von ihm. Als Gäfgen im Reisebüro einen Urlaub auf Fuerteventura bucht, wird Daschner nervös. Auch die Kollegen halten die Lage für brisant. Der Polizeiführer ordnet an: Festnahme. Und Daschner sagt: „Dabei darf nichts schiefgehen. Das wäre eine Katastrophe."

Bis zum nächsten Tag, so rechnet Daschner, müsse Jakob gefunden sein. Sonst könnte er tot sein. Denn sollte er unversorgt zurückgelassen worden sein, hätte er dann keine Überlebenschance mehr. Es erfolgt der Zugriff: In einer Tiefgarage des Frankfurter Flughafens nehmen die Polizisten Magnus Gäfgen fest. Und vorübergehend auch seine Freundin Katharina. Es ist 16.20 Uhr. Gäfgen kollabiert. Die erfahrenen Beamten brüllen ihn an: „Wo ist das Kind?" Sie hoffen, unter dem Eindruck der Festnahme wird er sprechen. Aber er sagt ihnen nichts. Er ist mit sich beschäftigt.

Nachdem sich Ärzte um ihn gekümmert haben, beginnen kurz danach im alten Frankfurter Polizeipräsidium, unweit der Messe, die Vernehmungen. Mit Gäfgen spricht ein erfahrener, einfühlsamer Beamter. Auch er fragt immer und immer wieder nach dem Verbleib des Jungen. Alles, was die Kriminalisten in den vergangenen Stunden beobachten konnten, spricht dafür, dass Gäfgen Einzeltäter ist. Nur der letzte Beweis fehlt noch. Doch trotz seiner sehr geschickten Vernehmungsführung bekommt der Kriminaloberkommissar nicht heraus, wo Jakob ist.

Polizisten durchsuchen in der Zwischenzeit die Wohnung Gäfgens und finden die Hälfte des Lösegeldes. Die Scheine stecken in zwei Koffern, Kuverts und Schubladen. Auch einen Zettel finden die Beamten. Auf ihm steht:
Weg abfahren
Ortstermin Steg
Rucksäcke
Brieftest
Brief O…
Briefeinwurf testen
Beil

Der erfahrene Kriminalbeamte fragt Gäfgen danach. Doch der weicht aus. Obwohl der Zettel darauf hinweist, dass er ein Einzeltäter ist und keine Mittäter hat, sagt er, ein Unbekannter habe ihm 20.000 Euro dafür geboten, dass er für ihn an der Haltestelle im Stadtwald die beiden Aldi-Einkaufstüten mit dem Lösegeld abholt. Der Polizist glaubt ihm nicht. Weist ihn darauf hin, dass es am Ende besser für ihn ist, wenn er redet. Wenn er alles gesteht. Das Kind sei in Gefahr, sagt ihm der Kriminalist. Gäfgen verschränkt die Arme, lehnt sich zurück und schweigt. Der Polizist will ihn weichkochen. Und schafft es nicht.

Daschner sitzt zu dieser Zeit in seinem Büro und rechnet die Stunden aus, die Jakob maximal noch bleiben, wenn er weder Essen noch Flüssigkeit gebracht bekommt. Es bleiben nur noch zwölf Stunden. Daschner fasst einen folgenschweren Entschluss: „Wenn Gäfgen bis zum Morgen immer noch schweigt, greifen wir zu anderen Maßnahmen." Zum ersten Mal spricht der Polizeivizepräsident von unmittelbarem Zwang, der angewendet werden müsse. Gegen 19.30 Uhr sagt er zum Polizeiführer: „Der unmittelbare Zwang ist freigegeben." Und fügt hinzu: „Wir drohen ihm Schmerzen an." Er halte das für gerechtfertigt.

Daschners oberster Vorgesetzter, der Hessische Landespolizeipräsident, ist zu dieser Zeit im Urlaub. Seinen Stellvertreter ruft er nicht an. Viele Monate später wird er sagen, er habe mit dem Präsidenten des Landeskriminalamtes gesprochen, nachdem monatelang gemunkelt wird, es sei der Staatssekretär gewesen. Den Mann, den Friedrich von Metzler zuerst angerufen hatte. Daschner erzählt an diesem Tag dem LKA-Chef, was er vorhat. Und der antwortet ihm: „Verstehe, Instrumente zeigen." Daschner kündigt an, wenn es zum Äußersten komme, werde er seine Drohung wahr machen.

Der Vernehmungsbeamte versucht derweil weiter, etwas aus Magnus Gäfgen herauszubekommen. Er fragt ihn immer wieder: Wo ist der Junge versteckt? Doch Gäfgen zieht sich innerlich zurück. Er überlegt, wägt ab und gibt Jakobs Versteck nicht preis. Er fordert einen Anwalt. Während Polizist und Beschuldigter auf den Anwalt warten, baut ihm der Beamte eine Brücke. Er schreibt auf einen Zettel drei Möglichkeiten. Gäfgen solle einfach die richtige ankreuzen, sagt er und schiebt ihm das Stück Papier rüber.

Befindet sich Jakob allein irgendwo?
Ist er unter Bewachung/Aufsicht?
Ist er nicht mehr am Leben?

Gäfgen schiebt den Zettel zurück. Er will nicht antworten. Der Kriminaloberkommissar dreht sich um, sagt, er schaue gar nicht hin. Dann sei es leichter für ihn. Gäfgen kreuzt Möglichkeit zwei an. Der Polizeipsychologe beobachtet Gäfgen dabei. Er bezeichnet ihn später als eiskalt und berechnend. „Gäfgen macht keine zielführenden Angaben. Er hält sich zurück und taktiert, um Zeit zu gewinnen", sagt er. Während der Polizeiführer einen Stufenplan erarbeitet hat, fordert Daschner, der Gäfgen bis zum Schluss nie persönlich sieht, die ultima ratio, nämlich die Androhung von Gewalt. Und das, obwohl es noch andere Möglichkeiten gibt, der Moment für das letzte Mittel noch gar nicht gekommen ist, wie der Polizeiführer glaubt und es später so auch im Prozess sagen wird. Doch Daschner rechnet anders: „Es bleiben Jakob noch elfeinhalb Stunden. Sorgen Sie dafür, dass schärfere Mittel in Reserve bleiben. Ich werde nicht zusehen, dass ein Kind stirbt, weil dieser Gäfgen das so will", ordnet er an. Die Strategie des erfahrenen Kriminalisten, an Gäfgen heranzukommen und ihn dort zu erwischen, wo er am schwächsten ist, nämlich in seiner Selbstverliebtheit und dem Wahn, allen gefallen zu wollen, die ist ihm zu lasch.

Der Polizeivizepräsident denkt dabei auch an den Gastwirtssohn Matthias Hintze aus Brandenburg, den zwei Russen 1997 entführt und in einem Erdloch versteckt hatten. Der 20-Jährige ist in dem Verschlag erstickt. Daschner denkt auch an die elfjährige Ursula Hermann, die 1981 in Eching entführt und lebendig in einer Holzkiste begraben worden ist. Der amtierende Behördenchef entscheidet: „Die Anwendung unmittelbaren Zwanges ist jetzt freigegeben."

Es ist 21.30 Uhr. Der Polizeiführer ordnet eine Besprechung an. Gäfgen hat immer noch nicht verraten, wo Jakob ist. Die Polizisten diskutieren alle Möglichkeiten. Der Polizeiführer berichtet von Daschners Anordnung. Die Idee des Polizeivizepräsidenten wird diskutiert. Der Psychologe hält nicht viel davon. „Gäfgen ist ein ausgebildeter Jurist. Es ist zu erwarten, dass er höchstens etwas sagen wird, das wieder nur Zeit kostet und uns nicht weiterbringt." Es sei überhaupt nicht klar, ob er unter Druck die Wahrheit sage. Der Fachmann gibt zu bedenken: „Wenn wir ihm Angst machen, provoziert ihn das nur." Gäfgen sei selbstverliebt, arrogant und nur am Geld interessiert. Der Psychologe schlägt vor, diesen ausgeprägten Charakterzug anzusprechen und ihn mit den Geschwistern von Jakob zu konfrontieren. Vor allem mit der Schwester. Das sei Erfolg versprechender, denn er himmele sie an, wolle sein wie sie. Der Psychologe sagt: „Wir wissen doch, dass er ihre Nähe gesucht hat, dass er sie bewundert und ihre Anerkennung will."

Der Polizeiführer weist die Kollegen an, zu klären, ob Elena und Franz zu einer Konfrontation mit dem mutmaßlichen Entführer ihres kleinen Bruders überhaupt bereit sind. Außerdem solle geklärt werden, ob sich Gäfgens Mutter eine Konfrontation mit ihrem unter Entführungsverdacht stehenden Sohn vorstellen könne. Doch dazu kommt es erst einmal nicht. Denn um 0.45 Uhr erzählt Gäfgen von einer Hütte am 15 Kilometer von Frankfurt entfernt liegenden Langener Waldsee. Dort sei Jakob. Allerdings kann er die Hütte nicht beschreiben. Auch eine Landkarte hilft nicht. Der Polizeiführer stoppt die Vorbereitungen für die Konfrontation. Und 100 Beamte durchkämmen zunächst mit 60 Suchhunden das Gebiet um den Langener Waldsee. Während sie das tun, nennt Gäfgen zwei 21 und 23 Jahre alte Brüder, die er von Kirchen-Freizeiten kennt, als Mittäter. Sie seien jetzt mit Jakob am See in der Hütte. Der Polizeipsychologe glaubt ihm nicht. Er spricht von „einem Lügengebäude". Als angehender Jurist wisse Gäfgen, dass er uns „einen Knochen hinwerfen muss, um Ruhe vor uns zu haben".

Um sechs Uhr morgens stürmen Beamte eines Spezialeinsatzkommandos trotzdem die Wohnungen der beschuldigten Brüder. Es soll nichts unversucht bleiben. Später stellt sich heraus, dass Gäfgen, ihr ehemaliger Jugendbetreuer in der Gemeinde, noch eine Rechnung mit den Jungs offen hatte. Denn deren Mutter hatte ihn seinerzeit wegen sexueller Übergriffe angezeigt.

Um 6.30 Uhr betritt Daschner das Polizeipräsidium. Es ist Tag vier der Entführung. „Es besteht für das Kind akute Lebensgefahr", sagt er zu den Beamten. Gäfgen müsse nachdrücklich veranlasst werden, den Aufenthaltsort preiszugeben. Daschner ordnet an, zu prüfen, ob ihm ein

Wahrheitsserum verabreicht werden könne. Außerdem solle Gäfgen nach „vorheriger Androhung unter ärztlicher Aufsicht, durch Zufügung von Schmerzen, ohne Verursachung von Verletzungen," erneut befragt werden. Wieder spricht der Vizepräsident der Frankfurter Polizei von einem übergesetzlichen Notstand. Er ist ungeduldig. Die Zeit drängt. Die Kollegen aber lehnen ab. Sie wissen, die lange Zeit der Entführung und Gäfgens Verhalten vor seiner Festnahme sprechen dafür, dass Jakob nicht mehr am Leben ist. Doch Gewissheit haben sie nicht. Daschners Idee wird in einer Krisensitzung besprochen. Ein älterer Beamter sagt, er trage die Anordnung innerlich mit. Die anderen Polizisten nicht. Daschner wird ungewöhnlich laut, als er davon erfährt. Er will keine Diskussionen mehr. Schon gar keine rechtlichen. Daumen und Handgelenk sollten überdreht werden, ordnet er an und fordert einen Spezialisten an, der mit dem Hubschrauber nach Frankfurt gebracht werden solle.

Auf die Idee, mit dem Staatsanwalt die Frage zu erörtern, ob unmittelbarer Zwang angewendet werden solle, ob das zulässig sei, kommt Daschner nicht. Obwohl der zuständige Jurist im Präsidium ist, um die geplante Konfrontation mit Jakobs Geschwistern zu besprechen und vorzubereiten.

Gäfgen wartet derweil im Vernehmungszimmer auf seine Mutter. Es ist 8 Uhr, als sie kommt. Seine Mutter ist verzweifelt, fragt, wo Jakob ist. „Ich kann das nicht sagen", antwortet ihr Magnus Gäfgen. Er stehe unter Druck, werde erpresst. Er gibt ihr die Breitling-Uhr mit, die er am Arm trägt. Er hatte sie kurze Zeit zuvor auf einer Party gestohlen. Sie solle ihm eine weniger wertvolle Uhr bringen, sagt er der gebrochenen Frau.

Daschner hat inzwischen entschieden, dass ein anderer Vernehmungsbeamter mit Gäfgen reden soll, einer, der ihn härter anpackt. Der Ermittlungsbeamte E. ist sein Mann. Auch er ist schon 24 Stunden ohne Pause im Einsatz. Bei den letzten Be-

sprechungen war er mit dabei. Um 8.30 Uhr bestellt Daschner ihn – vorbei an allen hierarchischen Strukturen, an denen gerade er sonst so festhält – in sein Büro. Das Gespräch dauert nur wenige Minuten. In diesen Minuten erklärt der Polizeivizepräsident dem Polizisten, er solle noch einmal dem Beschuldigten eindringlich ins Gewissen reden. Wenn der sich weiter weigere auszusagen, solle er ihm die Konsequenzen klar machen. „Sagen Sie ihm, dass er unter ärztlicher Aufsicht, durch Zufügen von Schmerzen, ohne Verursachen von Verletzungen, erneut befragt wird." Daschner ist erregt, weiß aber genau, was er tut. Später wird er sagen: „Es war für mich unvorstellbar, die Vollendung eines Mordes an einem entführten Kind unter staatlicher Aufsicht zuzulassen." In seinen Aktenvermerk wird er einen Tag später schreiben:
Die Befragung von Gäfken dient nicht der Aufklärung der Straftat, sondern ausschließlich der Rettung des Lebens des entführten Kindes.

Auf dem Weg zum Vernehmungsraum kommt dem Polizisten Gäfgens Mutter entgegen. Sie weint. Er geht zu dem Beschuldigten, schickt den Kollegen raus. Daschners Mann ist jetzt mit Gäfgen alleine. Der Polizist, der ihn bisher befragt hatte, ist zu Hause und ruht sich kurz aus. Daschners Vertrauensmann sagt dem Jurastudenten, dass an seiner Täterschaft keine Zweifel bestünden. Und er erklärt ihm, wenn er nicht reden wolle, werde ihm jetzt Gewalt angetan. „Dafür wird ein besonderer Beamter mit einem Hubschrauber herbeigeschafft. Der wird Ihnen Schmerzen zufügen, die Sie nicht vergessen werden." Der Beamte macht mit der rechten Hand kreisende Bewegungen. Sie sollen einen Rotor symbolisieren. Gäfgen sackt zusammen. Er hat Angst. Und redet. Jakob sei unter einem Steg bei Birstein versteckt. Es ist 8.40 Uhr. Er hätte auch ohne die Drohung gesprochen, glauben viele Kriminalisten. Denn er war mürbe. Auslöser hätte auch die Konfrontation mit Elena sein können. Gäfgen war am Ende.

Eine Stunde später wird unter dem Steg eines kleinen Fischweihers ein Plastiksack gefunden. In dem Sack liegt die Leiche von Jakob. Der Junge ist seit vier Tagen tot. Seit vier Tagen liegt er dort auch schon. Im Aktenvermerk Daschners heißt es:
Durch das inzwischen abgelegte Geständnis war die Maßnahme entbehrlich.

Vier Monate später erfährt die Öffentlichkeit von dem Aktenvermerk. Die Staatsanwaltschaft ermittelt. Gegen Gäfgen wegen Mordes und später auch gegen Daschner wegen des Verdachts der Nötigung oder Aussageerpressung. Vor dem Landgericht Frankfurt wird Magnus Gäfgen angeklagt. Im Prozess gesteht er in allen grauenvollen Einzelheiten, wie er Jakob entführt und getötet hat. Wegen Mordes wird er im Sommer 2003 zu einer lebenslangen Freiheitsstrafe verurteilt. Die Richter stellen außerdem die besondere Schwere seiner Schuld fest und verwehren ihm so, nach 15 Jahren aus dem Gefängnis frei zu kommen und den Rest seiner Strafe zur Bewährung ausgesetzt zu bekommen. In ihr Urteil schreiben sie: „Der Rechtsstaatlichkeit ist ein schwerer Schaden zugefügt worden." Gemeint ist die Folterandrohung bei der Vernehmung Gäfgens im Frankfurter Polizeipräsidium, ausgesprochen von einem Beamten, angeordnet vom Vizechef der Polizei.

Am 18. November 2004 beginnt der Prozess gegen Wolfgang Daschner. Einen Monat später verurteilt ihn das Landgericht wegen der Verleitung eines Untergebenen zu einer Nötigung im Amt. Daschner wird verwarnt. Eine Geldstrafe wird zur Bewährung ausgesetzt. An diesem Tag verliert er auch seinen Posten als Vizepräsident der Frankfurter Polizei. Er wird das nie verstehen. Weder das Urteil, noch die Empörung über sein Verhalten, noch seinen Ansehensverlust und seine Versetzung. Er lebt weiter in seiner eigenen Welt. Abgeschottet, unreflektiert und unzugänglich. Völlig uneinsichtig sieht er sich weiter in der Heldenrolle. Er hat kein Verständnis dafür, dass die Richter ihm ins Urteil geschrieben haben: *Ihm war klar, dass weder die Beweislage so eindeutig noch die Ermittlungsmöglichkeiten so ausgeschöpft waren, dass nur noch das Zwangsmittel als einzig denkbares, Erfolg versprechendes Mittel zur Verfügung gestanden hätte.*

Das hatte als erster Zeuge der damalige Polizeiführer ausgesagt. Schmerzen waren nicht die ultima ratio, für die Daschner sie hielt. Und selbst wenn, die Anwendung von Zwang oder auch nur die Androhung davon wäre unzulässig gewesen. Daschner versteht bis heute die Fragen nicht, die ihm die Richter und zuvor viele Polizisten gestellt haben: Was, wenn es Mittäter gegeben hätte? Was, wenn die Angaben der festgenommenen Brüder auf eine andere Spur geführt hätten? Was, wenn am Langener Waldsee Jakob gefunden worden wäre? Daschner glaubte, dass Gäfgen log. Sicher konnte er sich aber nicht sein. Auch konnte er nicht wissen, ob das Kind wirklich in Lebensgefahr schwebte. Sichere Anhaltspunkte gab es dafür nicht.

Es war nicht nur ein Rechtsbruch, den Daschner begangen hat, sagen die Richter. Es war auch ein Verfassungsbruch. Einer, der einem Mann wie Gäfgen Möglichkeiten eröffnet hat, die er sonst niemals gehabt hätte. Der dazu geführt hat, dass später ein Gericht dem Mörder von Jakob Schadenersatz zusprechen musste. Dass er diverse Prozesse als Bühne für sich nutzen konnte.

Die Schutzpflicht des Staates zur Rettung menschlichen Lebens hat Grenzen, halten die Richter Daschner vor. Und weiter: Gäfgen war in den Stunden und Tagen im Polizeipräsidium Beschuldigter. Er durfte lügen. Er durfte auch schweigen. Wie jeder andere Beschuldigte auch. Selbst, wenn das schwer erträglich ist. Das, was Daschner androhen ließ, waren verbotene Vernehmungsmethoden. Methoden, die gegen die Menschenwürde verstoßen, weil sie dem Menschen die Freiheit der Willensentschließung und Willensentscheidung nehmen. Festgehaltene Personen, sagt unsere Verfassung, dürfen weder seelisch noch körperlich misshandelt werden. Auch Nothilfe oder eine Notwehrlage rechtfertigen das nicht. In einer Notlage war Daschner nicht einmal. Es gab ja noch Möglichkeiten, etwa die Konfrontation mit Jakobs Geschwistern.

Wolfgang Daschner und der Polizist, den er verleitet hat, haben nach Überzeugung der Frankfurter Richter gegen Artikel 1 des Grundgesetzes verstoßen, nämlich gegen den fundamentalen Grundsatz: Die Würde des Menschen ist unantastbar. Im Urteil stellen die Richter unmissverständlich fest:

Keine Person darf durch staatliche Gewalt zum Objekt, zu einem Ausbund von Angst vor Schmerzen gemacht werden.

Und im Artikel 3 der Europäischen Menschenrechtskonvention heißt es, die Achtung der Menschenwürde ist die Grundlage eines Rechtsstaates. Ganz bewusst steht sie am Anfang unserer Verfassung. Das Recht auf Leben und körperliche Unversehrtheit kommt an der nächsten Stelle des Grundgesetzes. Grund dafür ist die Geschichte unseres Staates. Den Mitgliedern des Parlamentarischen Rates waren die Gräueltaten der Nationalsozialisten noch sehr deutlich vor Augen gestanden. Fundamentales Anliegen war es, dass so etwas nie wieder passieren dürfe. Das Grundgesetz soll jeder staatlichen Willkür einen deutlichen Riegel vorschieben. Der Mensch darf nicht als Träger von Wissen behandelt werden, das der Staat aus ihm herauspressen kann – auch nicht im Dienste der Gerechtigkeit. Wehret den Anfängen, das war die Idee der Verfassungsgeber. Und deshalb ist es ausnahmslos verboten, einem Beschuldigten Gewalt anzudrohen. Auch in der Strafprozessordnung ist das mit gutem Grund niedergeschrieben. So heißt es im dortigen ersten Absatz des Paragraphen 136a:

Die Freiheit der Willensentschließung und der Willensbetätigung des Beschuldigten darf nicht beeinträchtigt werden durch Misshandlung, durch

Ermüdung, durch körperlichen Eingriff, durch Verabreichung von Mitteln, durch Quälerei, durch Täuschung oder durch Hypnose. Zwang darf nur angewandt werden, soweit das Strafverfahrensrecht dies zulässt. Die Drohung mit einer nach seinen Vorschriften unzulässigen Maßnahme und das Versprechen eines gesetzlich nicht vorgesehenen Vorteils sind verboten.

Das ist einem jeden in einem Rechtsstaat garantiert. Und muss es auch sein. Denn würde diese Garantie wegfallen, dürfte ein Ermittler individuell entscheiden, wann sie gilt und wann nicht, wäre der Willkür Tür und Tor geöffnet. Ein faires Verfahren würde so unmöglich. Der Beschuldigte müsste zum Spielball staatlichen Gutdünkens werden, wäre abhängig von Launen und persönlichen Neigungen. Die Unschuldsvermutung, die bis zum rechtskräftigen Urteil auch für den schlimmsten Verbrecher gilt, sie wäre perdu. Deshalb müssen Mindestgarantien für Beschuldigte gelten. Im Übrigen lehrt die Geschichte, dass Verdächtige auch unter Zwang nicht die Wahrheit sagen. Denn Zwang garantiert keine verlässlichen Aussagen. Ein Rechtsstaat, der solche Verbote aufgibt, gibt sich selbst auf. Auch, wenn es darum geht, das Leben eines Kindes zu retten.

Die Strafe für Wolfgang Daschner war notwendig. Die Richter haben eine Sanktion gefunden, die Symbol, nicht aber wirkliche Strafe ist. Sie verdeutlicht jedoch, dass er im Unrecht war, als er Magnus Gäfgen mit starken Schmerzen drohen ließ, einen Spezialisten anforderte und einen Arzt. Sie honoriert aber auch sein Motiv, ein möglicherweise noch lebendes Kind vor dem Tod zu retten. Die milde Strafe hat zudem zur Beruhigung einer sehr aufgeheizten öffentlichen Debatte geführt.

Aneinander gefesselt (Gerbermühle)

Kevin und Steven liegen in einer orangefarbenen Plastikwanne. Die Jungs sind mit einem Nylongürtel aneinander gefesselt. Ganz eng. Feuerwehrleute haben die beiden geborgen. Sie sind nur vier und fünf Jahre alt geworden. In der Wohnung ihres Vaters hängt ein weißes Laken. In rot steht darauf geschrieben: 23 Uhr 50!

Nachdem er am 20. Juli 2002 im Frankfurter Südosten seine beiden Söhne ertränkt hat, inszeniert der Vater theatralisch den eigenen Abschied. In der Wohnung hängt er das Laken auf, legt ein weiteres Tuch über ein Bett und arrangiert es wie einen Altar. Er drapiert eine rote Plastikrose darauf. Er malt – wie für einen Grabstein – mit Filzstift die Geburts- und Sterbedaten der Buben unter ein christliches Kreuz. Nach Hindu-Ritus verbrennt der indisch-stämmige Deutsche Räucherstäbchen in einer Schale, die er unter das Kreuz gestellt hat. Es ist nur ein angedeutetes Ritual. Mehr geht nicht. Wegen der besonderen Situation.

Trauerrituale im Hinduismus sollen der Seele helfen, sich vom Körper zu lösen. Sie ebnen den Weg für die Wiedergeburt. Sie sind sehr wichtig für die Gläubigen. Denn im Hinduismus hat der Tod eine große Bedeutung. Viele glauben an die Reinkarnation. Der Tod öffnet nur die Tür in ein neues Leben. Außerdem bietet er die Chance, mit der Haupt-Gottheit Brahma eins zu werden. Wichtig ist das Feuerritual direkt nach dem Tod. Wassertöpfe und ein Tontopf werden gesegnet. Das macht derjenige, der am meisten trauert. Danach wird der Tote gesalbt und in schlichte, weiße Tücher gewickelt. Die Tücher sollen die Seele nicht ablenken, deshalb müssen sie schmucklos sein. Anschließend wird dieser dreimal um einen Holzstoß getragen. Bei jeder Runde wird ein Loch in den Tontopf gebohrt. Am Ende wird er zerschlagen. Und so zum Symbol für das Ende des Lebens. Dann wird der Tote auf den Holzstoß gelegt und dort verbrannt. Damit das Atman, das Selbst des Verstorbenen, nicht am Körper haften bleiben kann, muss der Körper vollständig verbrannt werden. Eine besondere Bedeutung hat das Aufbrechen des Schädels bei der Verbrennung. Denn es zeigt, dass die Seele den Körper verlässt und nun bereit zur Wiedergeburt ist. Die Asche wird in einem fließenden Gewässer beigesetzt. Vorzugsweise im Ganges, dem Heiligen Fluss. Bei diesem Ritual sind Frauen und Kinder ausgeschlossen.

Nach der Bestattung gelten die Angehörigen eine Zeit lang als unrein. Deshalb folgt anschließend eine weitere Zeremonie: das Waschen und Baden. Auch das Haus wird gemeinsam gereinigt. Spätestens einen Monat nach der Verbrennung folgt das Shraddha-Ritual. Bei dieser Totenfeier opfert einer der männlichen Nachkommen den Ahnen und den Totengeistern Klöße aus Reis. Dieses Ritual wird jedes Jahr wiederholt. Es soll die Wiedergeburt begünstigen.

Der Vater von Kevin und Steven aber zündet nur Räucherstäbchen an. Schließlich hat er niemanden, der mit ihm trauern könnte. Keine Freunde, keine Frau. Er sitzt unter der kleinen US-Flagge, die an der Wand in seiner Bude hängt. Neben der Flagge hängt das berühmte Foto von Marilyn Monroe, das sie mit wehendem Rock zeigt. Und ein Marienbild.

Dann geht er. Für immer, wie er glaubt. Gut gekleidet und lachend. Er hat ein Taxi gerufen. Es wartet schon unten auf der Straße. Mit dem Taxi fährt er Richtung Flughafen.

Dreieinhalb Tage nach der Tat werden die Kinder gefunden. Zufällig. Einer Spaziergängerin fiel die Leiche von Kevin auf. Als der Junge geborgen wird, ist sein Vater längst in Irland. Am Morgen nach dem Tod von Kevin und Steven ist er geflohen. In Dublin bittet er um Asyl.

Zu Hause hat er wirre Briefe an seine von ihm getrennt lebende Frau und an die Polizei hinterlassen. Mit Filzstift hat er eine Skizze vom Schauplatz des Verbrechens gekritzelt, mit „X" die Stelle markiert, wo die Buben bei Flusskilometer 38 vermutlich liegen müssten – allerdings verschweigt er, dass er es war, der sie ins Wasser gestoßen hat.

Kevin und Steven starben auf halber Strecke zwischen dem Wegweiser „Stadtmitte 3,0 km" und der Anlegestelle für Touristendampfer. Direkt bei der Gerbermühle, einem von Goethe besungenen Treffpunkt: „Von der Isar bis zum Rhein / Mahlen manche Mühlen / Doch die Gerbmühl' am Main / Ist's, wohin wir zielen." Die Gerbermühle, ursprünglich Wassermühle, dann Getreidemühle, wurde im 17. Jahrhundert zur Farb- und Schleifmühle. Kunigunde von Holzhausen verpachtete die Mühle 1688 an einen Gerber aus Lothringen, der hier bis 1723 seinem Beruf nachging. Und ihr den Namen gab. Nach dem Bau von Nebengebäuden und der Wiedereinrichtung eines Mühlteiches wurde das Gebäude erneut zur Getreidemühle. Doch der Name Gerbermühle blieb. 1755 zog der erste Gastwirt ein. Am 1. April 1785 pachtete der Bankier Johann Jakob Willemer das Anwesen, baute es um und nutzte die Gerbermühle als seinen Sommersitz. Johann Wolfgang von Goethe liebte diesen Platz. Im Sommer 1815 wohnte er einen Monat lang in der Gerbermühle und feierte dort seinen 66. Geburtstag, und zwar „schöner, als er es bisher erlebt hat". Wohl auch, weil er dem Zauber der lebensfrohen und anmutigen Frau seines Gastgebers, Marianne von Willemer, erlegen war. Abends sang sie zur Gitarre und Goethe las ihr Liebesgedichte vor.

In die Literaturgeschichte ging die Gerbermühle durch die Romanze zwischen eben diesen beiden und durch die Gedichte das „Westöstlichen Divan" ein. Nach dem Tod des Bankiers von Willemer wechselte die Gerbermühle häufig den Besitzer und verfiel zunehmend. Bis 1904. Da richtete der neue Pächter ein Goethe-Zimmer ein und machte die Gerbermühle zum beliebten Ausflugsziel. Dann kam der Zweite Weltkrieg und am Ende standen nur noch die Außenmauern. In den 50er Jahren wurde die Gerbermühle wieder aufgebaut. Eher provisorisch. Zum 31. Dezember 2001 schloss der damalige Chef der Henninger-Brauerei, die sie übernommen hatte, die mittlerweile baufällige Mühle. Wenige Jahre später öffnete eine provisorische Gartenwirtschaft. Dann wurde um- und ausgebaut. In der Gerbermühle entstanden ein großer Biergarten, ein Restaurant und ein Hotel im gehobenen Landhausstil. Seit Anfang 2011 ist die Gerbermühle im Besitz der Frankfurter S&K Gruppe, deren beide Chefs 2013 traurige Berühmtheit als Betrüger mit Hang zur Großmannssucht erlangten. Sie haben jahrelang Anleger um Hunderte von Millionen Euro gebracht.

Doch als Steven und Kevin in jener Sommernacht im Juli 2002 an der Gerbermühle vorbeikommen, da kommt dem Vater all das nicht in den Sinn. An ihrem letzten Tag im Leben, wird später festgestellt, sind die Söhne mit ihrem Vater auf dem Fahrrad unterwegs. Er ist besonders nett an diesem Tag. Und viel großzügiger als sonst. Den ganzen Tag über dürfen die Buben naschen. Viel mehr als sonst. Gegen zehn Uhr am Morgen hatte der Vater die Jungs bei seiner von ihm getrennt lebenden Frau abgeholt. Er kam mit einem Damenrad, auf dem Gepäckträger ein 50 Zentimeter langes, mit einem Tuch gepolstertes Holzbrett für die beiden Söhne. Und die orangefarbene Wanne. Den Tag verbringen sie in der Stadt. Es ist Christopher Street Day. Schon der zehnte in Frankfurt. Diese riesige schwul-lesbische Party soll zeigen, wie bunt und vielfältig das Leben ist. Eine Demonstration für mehr Toleranz. Aber auch eine Provokation für Männer wie den Vater von Kevin und Steven. An diesem Tag sieht er, wie die Regenbogenfahnen am Römerberg vor dem Rathaus wehen. Er und die Jungs schauen den schrillen Männern in rosa Schülerinnenuniformen zu, den Drag Queens im Tigeroverall, den küssenden

Frauen. Sie sehen Menschen mit Masken aus Lack und Leder, blanke Männerpopos und entblößte Frauenbrüste. 1969 wehrten sich in der New Yorker Christopher Street zum ersten Mal Homosexuelle gegen die Willkür der Polizei. Daran erinnern die Schwulen und Lesben seit 1992 auch in Frankfurt. Bunt, grell und laut. Kevin und Steven finden das lustig. Ihr Vater nicht. Aber er lässt es sich nicht anmerken.

Er lädt die Buben später zum Abschluss ihres kurzen Lebens zu McDonalds ein. Hühnchen und Pommes gibt es. Dazu Cola statt wie üblich Mineralwasser. Es wird die Henkersmahlzeit für Kevin und Steven. Sie haben Hunger. Seit den Cornflakes zum Frühstück hatte es nichts mehr gegeben. Nach dem ungewöhnlichen Abendessen dürfen sie noch auf den Spielplatz. Richtig tollen. Und viel länger als sonst. Bis kurz vor Mitternacht. Dann mahnt der Vater zum Aufbruch. Sie denken, er bringe sie nun heim. Tut er ja auch – jedenfalls in seiner kruden Vorstellung.

Von Süden her zieht ein Gewitter auf. Es wird Zeit, zu gehen. Sie setzen sich alle drei wieder aufs Fahrrad. Auf diese seltsame Konstruktion, die er gebastelt hat. Sie fragen nicht nach. Sie ahnen nicht, dass ihr Ende naht. Er radelt los, hält unvermittelt an. Höhe Gerbermühle. Es ist kühler geworden. Die Kinder sind nicht misstrauisch. Der Vater, das wissen sie, ist immer für eine Überraschung gut. Diesmal besteht sie unter anderem aus einem blauen Gürtel. Er umschlingt die Geschwister damit. Sie halten das für ein Spiel. Er bindet Kevin und Steven mit einem weiteren Strick an der Sattelstütze des Fahrrads fest. Sie wundern sich zwar, aber fragen nicht. Die Kinder, so wird es später im Urteil stehen, haben ihrem Vater blindlings vertraut, als er sie aufs Rad gebunden hat. Sie sind vollkommen arglos. Wehrlos sowieso. Sie warten gespannt, was nun passiert, was sich der Vater ausgedacht hat. Er stülpt ihnen Schlafbrillen über die Augen, wie es sie im Flugzeug auf Langstreckenflügen gibt. Das erhöht die Spannung. Glauben sie. Die Schlafbrille von Kevin ist beige.

Die von Steven ist dunkelblau. Wegen der Mücken murmelt er. Es ist mitten in der Nacht. Kalt ist es nicht. Ein leichter Stoß von der Kaimauer genügt ihm für zwei Morde: Die Kinder fallen unvermittelt drei Meter tief, schlagen auf dem Wasser auf, werden sofort vom Fahrrad in die Tiefe gezogen.

Am Tag, an dem sie sterben, tragen die beiden Jungen Capri-Hosen, Sandalen und bunte Bändchen am Handgelenk. Beide haben identische Jacken an. Darauf: Shir Khan, der Tiger aus dem Dschungelbuch. Shir Khan hält sich selbst für den uneingeschränkten Herrscher des Dschungels. Das einzige, was er fürchtet, sind Wasser und das Gewehr der Menschen. Deshalb hasst er die Menschen. Shir Khan ist ein Einzelkämpfer. Er geht den anderen Tieren aus dem Weg. Er braucht sie nicht. Er misstraut ihnen. Am Ende der Geschichte trifft er den kleinen Jungen Mowgli. Der Tiger zählt von zehn runter, will das Menschenkind verjagen, doch Balu, der Bär, verhindert das. Nach einer langen Verfolgungsjagd gelingt es Mowgli, Shir Khan einen brennenden Ast an den Schwanz zu binden. Der sonst so furchtlose Tiger flüchtet. Für Kevin und Steven ist er trotzdem der Held geblieben. Die Mutter hatte ihnen erst jüngst die Jacken gekauft. Sie waren so stolz darauf.

Als sie sterben, sind ihre Fuß- und Fingernägel nach heimatlicher Sitte rot lackiert. Schwimmen können sie noch nicht. Es hätte ihnen auch nichts geholfen, sie waren ja ans Rad gebunden. „Mehrere Minuten lang erlebten sie ihr Sterben", wird der Vorsitzende Richter in der Urteilsbegründung dazu sagen. Und: „Die dem Vater blindlings vertrauenden Opfer hatten keinen Angriff auf ihr Leben befürchtet. Sie hatten keine Chance gehabt, ihn in letzter Sekunde durch Weinen und Betteln von seinem Vorhaben abzubringen. Flüchten konnten sie auch nicht. Nur elendiglich ersaufen konnten sie."

26. Juni 2003. Im größten Gerichtssaal der Frankfurter Justiz, im Raum 165C, beginnt der Prozess, der klären soll, wie und

warum Kevin und Steven sterben mussten. In dem großen, schmucklosen Saal mit der schlechten Akustik sitzt ein in sich zusammengesunkener Mann. Schon am Abend zuvor war er mit dem Gefängnisbus aus der Untersuchungshaft in Weiterstadt bei Darmstadt nach Frankfurt gebracht worden. Umschub, wie das in der Knastsprache heißt. Am Morgen ist er mit den anderen zum Gericht gebracht worden. Stundenlang hat er im Keller in der Zelle gesessen. Er hätte Radio hören können, wollte das aber nicht. Um kurz vor halb zehn holen ihn zwei Wachtmeister ab. Er ist mit Handschellen gesichert, als er den getäfelten Gerichtssaal betritt. Die sieben Monate im Gefängnis haben Spuren in seinem Gesicht hinterlassen. Es sieht noch markanter aus. Die Geheimratsecken sind ausgeprägt. Der 44-Jährige trägt ein helles Polohemd und eine blaue Hose. Als die Richter den Saal betreten, schlägt er sich die Hände vors Gesicht, er zieht sein blaues Taschentuch aus der Hosentasche und schluchzt. Minutenlang dauert der Weinkrampf. Der Körper des Mannes zuckt. Er wehklagt. Er jammert. Weint er um sich? Um seine Söhne? Um sein verpfuschtes Leben? Es dauert, bis er sich beruhigt. Mit Verspätung beginnt der erste von vielen Verhandlungstagen. Ein Jahr lang wird es um das gehen, was der Staatsanwalt mit dem Satz „Der Angeklagte hatte beschlossen, die Kinder zu töten" zusammenfasst. Nach seiner Festnahme hatte er der Polizei noch etwas von einem Unfall erzählt. Vor Gericht aber will er sich zum Vorwurf nicht mehr äußern. Als Angeklagter darf er das. Er darf auch lügen. Ob es ihm hilft, ist eine ganz andere Frage. Der Vater von Kevin und Steven spricht ein bisschen und beteuert unter Tränen seine Unschuld. Er hat ein Schriftstück verfasst. Darin heißt es: „Eine Mücke ist mir ins Auge geflogen, am Fahrrad hatten Lebensmittel gehangen, ich habe deshalb nicht mehr die Rücktrittbremse schnell genug erwischen können. Möglicherweise war auch ein Fuß eines der Kinder dazwischen gekommen. Jedenfalls habe ich die Kontrolle übers Rad verloren, bin vom Pfad abgekommen, die Kinder sind in den Main gefallen. Angebunden waren die Kinder, weil Kevin eingeschlafen war. Der Bub sollte nicht herunterfallen. Ich selbst habe im Wasser nach dem Sturz immer wieder nach Luft schnappen müssen. Das Mainwasser hat meine Augen gereizt. 20 Minuten lang bin ich nach Kevin und Steven getaucht, dann habe ich aufgegeben."

Doch das nimmt ihm niemand ab. Denn in der Wohnung hatte der angeblich so fürsorgliche Vater noch die Stecker aus den Geräten gezogen, den Kühlschrank geleert und seine Kleidung unter der Dusche nass gemacht. Die Ermittler sollten glauben, er habe versucht, die Jungs aus dem Wasser zu ziehen. Aber die Wissenschaft lässt sich nicht so einfach austricksen. Ein biologisches Gutachten widerlegt diese Version. Hose und Hemd seien nie mit dem Fluss in Berührung gekommen. Sonst wären an ihnen Kieselalgen aus dem Main gefunden worden. Sind sie aber nicht.

Auch der Sachverständige für Fahrzeugtechnik stellt fest, mit einem Rad wie seinem wäre er niemals in diese Gefahr geraten. Auch nicht, wenn er tatsächlich die Kontrolle über das Vehikel verloren hätte. Und selbst wenn, im Main wären Vater und Söhne dann nicht gelandet. Der Weg, den der Angeklagte beschrieben hat, passe auch nicht zu seiner Version. Er wäre so gar nicht an der Gerbermühle vorbeigekommen.

Bekannte und Verwandte berichten im Prozess, wie er jahrelang seine Frau verprügelte und vergewaltigte, sie mit dem Geld kurz hielt und keinen Widerspruch duldete. Die Mutter von Steven und Kevin hatte er 1995 per Katalog über eine Vermittlung in Bombay ausgesucht. 1996 heirateten sie, als die Frau mit Kevin bereits hochschwanger war. Er schmähte sie, weil sie aus armen Verhältnissen stammte. Ihren Eltern schwindelte er vor, er habe einen guten Job am Frankfurter Flughafen. Tatsächlich war er arbeitslos, lebte von der Stütze. Über die Niederlande war er einst als Tourist nach Deutschland eingereist und geblieben. Illegal schaffte er auf dem Bau, in Kneipen, in Teppichläden. Er heiratete eine Deutsche, zwei Söhne wurden geboren, er wurde Deutscher. Dank ihr. Er verlor die Arbeit, die Familie lebte von Arbeitslosengeld und Sozialhilfe. Das Arbeitsamt zahlte viele Umschulungen, aber er fand trotzdem keinen neuen Job. Dann ging seine erste Frau, weil sie sein dominantes Verhalten nicht länger ertragen konnte. Seine vielen Gewalttätigkeiten. Er schwärzte sie an, bezeichnete sie bei den Behörden als alkohol- und drogenabhängig. Es half nichts. Die Mutter seiner ersten beiden Söhne ließ sich scheiden und bekam das alleinige Sorgerecht.

Egal, er hatte ja längst seine zweite Frau via Heiratsvermittlung kennengelernt. Die Frau, die er offenbar unterschätzte. Denn kaum waren die beiden gemeinsamen Jungs in den Kindergarten gekommen, emanzipierte sie sich immer mehr. Auch sie konnte die Schläge nicht mehr ertragen. Sie ließ sich von anderen Müttern helfen, lernte Deutsch. Als sie feststellte, dass ihr Mann fremdging, gab es Ärger. Sie flüchtete ins Frauenhaus, kam aber wieder zurück. Sie hatte Angst, sie würde sonst die Kinder verlieren. Doch seine Affären hielten an, auch seine Brutalität nahm zu. Er spürte, wie ihm die Frau mehr und mehr überlegen war. Wie sie – ganz im Gegensatz zu ihm – ein Beispiel gelungener Integration wurde. Er bekam mit, wie die anderen Mütter im Kindergarten ihre Not erkannten, ihr halfen. Sie erklärten ihr, welche Rechte sie hat. Sie unterstützten, sie hörten zu, sie wussten, wo es in Deutschland Rat und Hilfe für sie gibt. Und sie nahm all das an. Längst sprach sie fließend Deutsch. Im Gegensatz zu ihrem Mann. Und dann kam, was kommen musste: Sie ging. Und sie nahm die beiden Kinder mit. Ihm war nun endgültig klar: Sie hat sich von ihm gelöst, hatte neue Kontakte geknüpft, war unabhängig und bereit, mit den Jungs ein neues Leben zu beginnen. Ohne ihn. Sie brauchte ihn nicht mehr. Die Mutter seiner Söhne richtete sich ein Konto ein, war selbstbewusst – und vor allem endgültig weg. Mithilfe der Behörden. Denn die verfügten: Er muss ausziehen.

Anfangs bleibt er friedlich, sein Interesse, die Jungs zu sehen, war zunächst nicht sonderlich groß. Dann aber gingen die Auseinandersetzungen wieder los. Die Situation eskalierte im Streit um das Sorgerecht für die Söhne. Denn das bekam sie. Schon wieder seine Frau! Vermittelt vom Jugendamt durfte der Vater Kevin und Steven alle zwei Wochen abholen und mit ihnen das Wochenende verbringen. Doch jedes Mal gab es Streit. Aber auch da halfen die Frauen im Kindergarten wieder. Das machte ihn nur noch wütender. Fünf Wochen vor dem Tod von Kevin und Steven drohte er seiner Frau: „Du wirst noch blutige Tränen weinen!"

Er kann ihre Stärke, ihre Durchsetzungskraft nicht ertragen. Das passt nicht in sein tradiertes Frauenbild. Er, der aus einem Land kommt, wo Frauen noch immer nichts zählen, ein Land, wo erst kürzlich eine Studentin von fünf Männern so schwer vergewaltigt wird, dass sie an ihren Verletzungen stirbt. Ein Verbrechen, das in der ganzen Welt Erschrecken hervorrief. Und zu heftiger Selbstkritik führte. Als Reaktion darauf wurden binnen weniger Monate die Gesetze verschärft. Aber ändert das wirklich etwas? Die Zahl der angezeigten Vergewaltigungen vielleicht. Aber nicht die Gewalt gegen Frauen. Vor allem gegen Frauen aus der Unterklasse. Einer 16-jährigen Schülerin aus Kalkutta halfen die Gesetzesverschärfungen jedenfalls nichts. Sie wurde trotzdem von einer Bande Jugendlicher vergewaltigt. Als der Vater die Täter anzeigte, begannen die Bedrohungen. Die Schülerin und ihre Familie mussten die Gegend verlassen. Das Mädchen nahm sich schließlich das Leben. Die Todesurteile gegen die Vergewaltiger und Mörder der Studentin dokumentieren zwar ein politisches Umdenken, aber das indische Volk – zu einem großen Teil immer noch Analphabeten – erreicht die Botschaft noch lange nicht. Warum sonst werden Frauen in Indien nach wie vor verbrannt? Oder verstoßen?

Der Vater von Steven und Kevin hat dieses kulturelle Erbe offenbar mit nach Deutschland gebracht und nie abgelegt. Vermutlich aus mangelndem Selbstwertgefühl, aus Minderwertigkeitskomplexen entstand eine unbändige Wut auf die Mutter seiner Kinder, die so stark und unabhängig scheint. In dem reinen Indizienprozess erzählt der Vater stundenlang und stockend aus seinem Leben. „Ich bin Sohn reicher Bauern und kam nach Deutschland, um meine Zukunft zu verbessern", sagt er. Das hat aber nicht geklappt. Illegale Jobs am Bau, Arbeit als Küchenhilfe, die gescheiterten Ehen. Sein Auszug. Die Arbeitslosigkeit.

Das Frankfurter Landgericht verurteilt den Angeklagten Anfang August 2003, ein gutes Jahr nach dem Tod der Jungs, zu einer lebenslangen Freiheitsstrafe. Wegen heimtückischen Mordes, begangen aus niedrigen Beweggründen, denn er tötete aus Hass und Wut auf seine Frau. Die besondere Schwere der Schuld stellen die Richter ebenfalls fest, weil Tat und Täter so heftig von der Norm abweichen, dass auch bei guter Prognose eine Entlassung aus dem Gefängnis nach 15 Jahren für das Gericht undenkbar ist. Denn gleich zwei Mordmerkmale seien erfüllt und beide Kinder hätten minutenlang leiden müssen, bevor sie der Tod endlich von ihrem qualvollen Sterben erlöst habe. Die eigenen Kinder, sagen ihm die Richter bei der Urteilsverkündung, seien aus rachsüchtigen, egoistischen Motiven getötet worden. In seinem übersteigerten Egoismus habe er seine Söhne der Ehefrau nicht gönnen wollen. Wie selbstverliebt, wie roh und unfähig zu jeder Empathie muss ein Mensch sein, der seine eigenen Kinder tötet?

Mit der Tat hat er das Lebenszentrum seiner Frau vernichtet, weil sie viel stärker war als er. Dass er ein Versager geblieben ist und von seinem eigenen Versagen ablenken wollte, darüber hat er nie nachgedacht. Denn an seinem Versagen war nur eine schuld: seine Frau.

Zwei Tage nach dem Mord war beim Familiengericht der Vorschlag des Jugendamtes eingegangen, der Mutter das alleinige Sorgerecht für die Söhne zuzuweisen, da das väterliche Handeln sich nicht an ihrem Wohl ausrichte. Einen Tag später sind die Leichen von Kevin und Steven gefunden worden.

Wenn der Leuchtturm im Morast versinkt (Fechenheim)

Mirco Schwarz saß schon 210 Tage lang in türkischer Untersuchungshaft. Am Ende sollten es 247 Tage werden, die der 17-Jährige dort verbringen würde. Acht lange Monate, weil der Junge angeblich seinen Urlaubsflirt, die 13 Jahre alte Britin Charlotte, im Osterurlaub im türkischen Touristenort Side missbraucht haben soll. Die Mutter des Mädchens hatte Strafanzeige gestellt. Der Fall sorgte für viel Wirbel. Charlottes Familie ließ das Namensschild an ihrem Haus entfernen und das Mädchen an einen unbekannten Ort bringen. Denn der seelenlose Klinkerbau im Norden von Manchester war von Kamerateams und deutschen Journalisten belagert. Die Polizei musste es bewachen. Der Familie wurde viel Geld für Interviews in türkischen oder deutschen Medien angeboten. Sie hat kein einziges geführt. Wochenlang hielt der Belagerungszustand ausländischer Korrespondenten vor ihrem Haus an. Nur die Engländer nahmen kaum Notiz von dem Fall. Sie interessierten sich in diesen Tagen mehr für den Terroralarm, für den neuen Premierminister Gordon Brown und eine Mordserie unter Jugendlichen. Aber nicht für eine 13-jährige Engländerin, die angeblich von einem 17-jährigen Deutschen im Urlaub missbraucht worden war.

Charlotte hatte der türkischen Polizei erzählt, sie sei in der fraglichen Nacht auf dem Bett ihres Hotelzimmers eingeschlafen. Von Schmerzen im Unterleib sei sie wieder wach geworden. Mirco, ihr Ferienflirt, habe auf ihr gelegen. Laut Charlotte hat ihr der deutsche Junge daraufhin einen harten Schlag versetzt. Der 17-Jährige erzählt der Polizei, er und das Mädchen hätten zwar Zärtlichkeiten ausgetauscht. Aber einvernehmlich. Sie habe sich als 15-Jährige ausgegeben. Später bescheinigt ein Arzt dem Mädchen, dass sie noch Jungfrau ist.

Die türkischen Strafverfolger glauben Mirco hingegen nicht. Die Richter auch nicht. Sein Prozess und die lange Untersuchungshaft sorgen für heftige politische Spannungen zwischen Deutschland und der Türkei. Und für den Besuch des türkischen Ministerpräsidenten Erdogan beim deutschen Botschafter. Die beiden sprechen nicht nur über den Fall Mirco, sondern Erdogan sucht vor allem wegen eines ganz anderen Verfahrens den Kontakt zu dem deutschen Vertreter. Nämlich wegen eines Ermittlungsverfahrens gegen drei Türken, denen die Frankfurter Staatsanwaltschaft Untreue und Betrug vorwirft. Die mutmaßlichen Ganoven sitzen seinerzeit in deutscher Untersuchungshaft.

Mirco Schwarz wurde einen Monat nach dem Gespräch in Ankara aus der Untersuchungshaft entlassen und kehrte nach Deutschland zurück. Die drei Türken saßen immer noch ein. Die Gefahr, dass sie Deutschland verlassen, war den Ermittlern zu groß. Fast zwei Jahre später wurde Mirco zum ersten Mal verurteilt. In Abwesenheit verhängten die Richter zwei Jahre, zwei Monate und 20 Tage Haft. Auf Bewährung. Beim Kassationshof, der zweiten und letzten Instanz in der Türkei, legten die Verteidiger des Jungen Revision ein. Zeitgleich stellte die Lüneburger Staatsanwaltschaft das Ermittlungsverfahren gegen ihn ein. Sie wertete die Verhandlungsprotokolle und die türkischen Gutachten komplett anders als die dortigen Strafverfolger und Richter. Keine ausreichenden Beweise lägen vor, urteilten die deutschen Ermittler. Die Aussage von Charlotte alleine reiche nicht. Jahre später, im Januar 2014, bestätigten die obersten türkischen Richter das Urteil gegen Mirco. Seine Revision hatte keinen Erfolg. Doch das interessierte zu dem Zeitpunkt niemanden mehr.

Anders 2007, als Ministerpräsident Erdogan und der deutsche Botschafter in Ankara zusammensaßen und über die Vorwürfe der deutschen Strafverfolger unter anderem gegen den Vereinsvorsitzenden und Buchhalter des türkischen Vereins Deniz Feneri – zu deutsch: Leuchtturm – sprachen. Laut Frankfurter Staatsanwaltschaft waren über den regierungsnahen Fernsehsender Kanal 7 in der Türkei und dessen deutschen Ableger Kanal 7 Int. Spenden von türkischen Staatsangehörigen für Hilfsprojekte in der Türkei gesammelt worden. Ein gehöriger Teil davon wurde für private Zwecke abgezwackt.

Zufall, dass der türkische Ministerpräsident Erdogan genau zu dieser Zeit den deutschen Botschafter besuchte? Sollte es bei dem Treffen wirklich nur um Mirco gehen? Oder wollte Erdogan vielmehr Einfluss auf das deutsche Verfahren gegen seine Landsleute nehmen, wie viele vermuteten? Erdogan war nicht der Einzige, der den deutschen Botschafter in dieser Zeit aufsuchte. Auch sein damaliger Justizminister meldete sich an. Angeblich lediglich zum Informationsaustausch, wie einer der ermittelnde Kriminalbeamten später im Prozess aussagen wird.

Doch international negative Schlagzeilen machte nicht der Spendenskandal der Türken, sondern der Umgang mit dem deutschen Jugendlichen. Bundesweit gab es Solidaritätskundgebungen für Mirco, Außenminister Franz-Walter Steinmeier wandte sich an seinen türkischen Amtskollegen Abdullah Gül, der luxemburgische Premierminister Jean-Claude Juncker sprach öffentlich über die schlimmen Haftbedingungen in der Türkei und mahnte das Land, es solle sich endlich den europäischen Standards annähern. Brandenburgs Innenminister Jörg Schönbohm sorgte für Aufregung, weil er erklärte, an dem Fall Mirco sei zu erkennen, dass die Türkei für einen EU-Beitritt noch lange nicht reif sei. Der Generalstaatsanwalt von Antalya nannte die deutschen Politiker taktlos. EU-Erweiterungskommissar Olli Rehn empörte sich dagegen darüber, einen Minderjährigen so lange wegzusperren.

Das Frankfurter Verfahren gegen die Medienschaffenden und Vereinsmänner aus der Türkei löste eine innenpolitische Debatte in deren Heimat aus. Eine Schlammschlacht zwischen Regierungschef Erdogan und dem Unternehmer Dogan, dem Chef des mächtigsten Pressekonzerns des Landes. Denn angeblich landete ein Großteil des veruntreuten Geldes aus Deutschland im Dunstkreis der Regierungspartei AKP. Das berichteten jedenfalls sehr früh schon die türkischen Medien. Der regierungsnahe Sender Kanal 7, der sein europäisches Programm in Frankfurt am Main produzierte, soll damit finanziert worden sein.

Um die Veruntreuung von Spenden in Höhe von 17 Millionen Euro – vorwiegend aus Deutschland – ging es in dem Verfahren, das vor dem Landgericht Frankfurt schließlich verhandelt worden ist. Dort standen drei Männer im Mittelpunkt: Der eine studierte in der Türkei Betriebswirtschaft, wurde Journalist in Ankara, schrieb für die Zeitung Milli Gazete und schloss sich schnell der islamischen Bewegung Milli Görüs an. Die länderübergreifende islamische Bewegung, ein Moscheenverband, wird vom deutschen Verfassungsschutz als extremistisch eingestuft. Nordrhein-Westfalen und Baden-Württemberg sehen in der Bewegung antisemitische Charakterzüge. Milli Görüs, übersetzt „Die nationale Sicht", gilt als antidemokratisch. Der Journalist gehörte bis 1997 zu dem Moscheenverband und folgte dann seiner Frau nach Deutschland. Fortan arbeitete er für die Media 7 Fernseh GmbH und wurde dort ihr mächtigster Mann, nämlich ihr Geschäftsführer.

Der andere vor dem Landgericht Angeklagte war 1980 mit seiner Mutter nach Deutschland gekommen, wo der Vater bereits seit 13 Jahren arbeitete. Nach dem Abitur studierte er Volkswirtschaft, schloss das Studium aber nie ab. Denn er lernte den Geschäftsführer von Media 7 kennen, der ihn anstellte.

Der dritte Angeklagte hatte in der Türkei die Koranschule besucht, danach ein religiöses Internat. Nach dem Abitur studierte auch er Volkswirtschaft. Allerdings schloss er sein Studium ab, lernte dann Deutsch und Buchhaltung und landete ebenfalls aus Liebe in Deutschland. Er wurde Doktorand in Stuttgart. Da das Geld knapp war, jobbte er in wechselnden Branchen. Eines Tages las er, dass Media 7 einen Buchhalter suchte. Er bewarb sich und bekam die Stelle.

1990 wurde Kanal 7 in der Türkei gegründet. Die islamisch-konservativen Parteien begleiteten den neuen Fernsehsender mit Wohlwollen. Er stand ihnen nahe. Betrieben wurde er von der Gesellschaft Yeni Dünya Illetisim A. S. (Y.-Konzern). In Deutschland wurden die Programminhalte von Kanal 7 Int. ausgestrahlt, der von der M.-GmbH betrieben wurde. Auch sie gehörte zum Y.-Konzern. Als der wegen Betrugsvorwürfen in finanzielle Schwierigkeiten geriet, wurde die M.-GmbH zahlungsunfähig. Die Programmausstrahlung wurde von einer neu gegründeten E.-GmbH übernommen. Der Name und die Mutter hatten gewechselt, nicht aber die handelnden Personen. Und vor allem nicht die Verantwortlichen.

Zwei Jahre zuvor war in der Türkei der Verein Deniz Feneri entstanden. Gegründet von der Dachgesellschaft des Fernsehkanals, Yeni Dünya Illetisim A. S. Dieser Verein warb gerne im Kanal 7 in Deutschland für sich und vor allem um Spenden. Weil das so gut klappte, gründete der Geschäftsführer von Kanal 7 in Deutschland auch den deutschen Ableger von Deniz Feneri. Die Gründungsmitglieder rekrutierte er aus der eigenen Familie. Sitz war bei den Betreibergesellschaften. Und das Beste: Nur er alleine durfte über die Verwendung des eingenommenen Geldes entscheiden.

Von 2002 an waren die Spendenaufrufe von Deniz Feneri auch regelmäßig in den Werbeblöcken des deutschen Kanal 7 zu sehen. Geworben wurde um Spenden für hilfsbedürftige

Menschen und soziale Projekte. Die Trailer, die täglich im Fernsehen liefen, bewegten die Zuschauer sehr. Menschen mit erfrorenen Füßen, hungernde Kinder, Rentner auf Müllhalden, das Elend in Anatolien waren in den kurzen Filmen zu sehen. Dann ein Schnitt: Weiße Lastwagen mit dem Schriftzug des islamischen Wohltätigkeitsvereins Deniz Feneri fahren auf einer Straße. Dazu dynamische Musik. „Einige Männer, die nicht mehr wegsehen wollten, haben das Wohltätigkeitsprogramm des Jahrhunderts gegründet", sprach im Hintergrund eine Männerstimme. Dann waren wieder die Lastwagen zu sehen, die Pakete zu den Menschen bringen. Frauen lernen nähen, zufriedene Schulkinder und alte Menschen werden in dem Spot medizinisch versorgt. „Mit Ihrer Spende haben wir bis heute Tausende Menschen erreicht", sagt die Stimme dann. Und: „Wir machen weiter, bis wir den letzten Bedürftigen auf dieser Erde erreicht haben." Pause. Dann kommt die Stimme wieder: „Machen Sie mit?"

Der Film und das eingeblendete Spendenkonto wurden jahrelang regelmäßig gezeigt. Das lohnte sich. Viele Türken in Deutschland fühlten sich angesprochen.

Die Spendenbereitschaft hat in der osmanischen Kultur Tradition. Manchmal mit fatalen Folgen wie zu Zeiten, als die mittlerweile verbotene kurdische Arbeiterpartei PKK noch sehr aktiv war. So auch Anfang der 90er Jahre, als sie das türkische Neujahrsfest Newroz missbraucht hatte. Newroz wird immer am 21. März gefeiert. Ein Fest, bei dem die Wiedergeburt gefeiert wird. Von Kurden, Afghanen, Persern, Belutschen und Tadschiken. Für die Kurden ist es das älteste Fest überhaupt. 612 vor Christus soll es erstmals gefeiert worden sein. An Newroz endet der Winter. Denn der ist in den kurdischen Bergdörfern hart und bedeutet für die Bewohner schwere Zeiten. An Newroz erblühen die Blumen wieder, die Landschaften werden paradiesisch. Die Menschen fühlen sich wie neu geboren und schöpfen neue Kraft für das entbehrungsreiche Leben in abgeschiedenen Bergprovinzen.

Newroz ist allerdings für die kurdische Bevölkerung in erster Linie auch das Symbol für Freiheit und Unabhängigkeit. Dem Mythos nach geht das Fest auf die Sage von Kawa zurück, der den Tyrannen Dehak oder Zohak getötet und damit das Volk befreit hat. Deshalb wird traditionell an diesem Tag das Haus mit Frühlingsblumen geschmückt. Das wichtigste Symbol aber ist das Feuer. Es soll der Sonne huldigen. Die Kurden kommen am Feuer zusammen, feiern, singen und tanzen. Denn Kawa hatte als Zeichen des Sieges über den Tyrannen auf dem Berg ein Feuer angezündet und es zum Symbol der Freiheit gemacht.

In den 90er Jahren wurde dieser Brauch in Deutschland auf perverse Weise benutzt. Da wurden Menschen zu lebenden Fackeln, es gab Mordanschläge auf Polizisten. Auf den Autobahnen brannten Reifen. Die türkischen Botschaften standen unter Polizeischutz. Mehr als 50.000 Kurden gingen an Newroz auf die Straßen, vor allem im Rhein-Main-Gebiet. Rund um Frankfurt war der blutige Bürgerkrieg zwischen Kurden und Türken nun auch in Deutschland angekommen. Der damalige Bundesinnenminister Manfred Kanther ließ Hundertschaften des Bundesgrenzschutzes in Bereitschaft versetzen, kündigte den Einsatz der Anti-Terror-Einheit GSG9 an.

Zum ersten Mal war es am 24. Juni 1993 zu Gewaltaktionen gekommen. PKK-Anhänger hatten das türkische Generalkonsulat in München überfallen und 20 Geiseln genommen. Ihre Forderung: eine öffentliche Erklärung von Bundeskanzler Kohl für die „kurdische Sache". Auch in mehr als 20 anderen deutschen Städten kam es an diesem Tag zu Ausschreitungen. Kurdische Extremisten zerstörten türkische diplomatische Vertretungen, Reisebüros und Banken. Im November 1993 randalierten sie erneut, 59 Brandanschläge wurden nahezu gleichzeitig verübt. In einer türkischen Gaststätte in Wiesbaden starb dabei ein Mann. Drei Wochen später verbot Bundesinnenminister Kanther die PKK. Trotz einer Gewaltverzichtserklärung von PKK-Chef Öcalan wurde die Partei 1998 in Deutschland zur kriminellen Vereinigung erklärt. Das aber stoppte die Verantwortlichen nur mäßig. Mit brachialen Mitteln sammelten sie Spenden für die Fortführung der PKK.

Die Verantwortlichen von Kanal 7 gingen ganz anders mit der traditionellen Spendenbereitschaft der Türken um. Sie hatten subtilere Mittel gewählt: herzzerreißende Bilder, die dazu führten, dass 21.000 Spenden binnen weniger Jahre eingingen, insgesamt 41,5 Millionen Euro sammelten die Verantwortlichen – angeblich für die Hilfsbedürftigen.

Ein Großteil des Geldes floss aber weder an Menschen mit erfrorenen Füßen noch an hungernde Kinder oder Rentner, die auf Müllhalden lebten. Ein Teil wurde zur Anschubfinanzierung von Privatunternehmen verwendet, die ihr Geld in Immobilien steckten. Der Geschäftsführer des Fernsehkanals war hier Gesellschafter. Der Buchhalter erfasste für ihn alle Spenden mit deutscher Gründlichkeit. Nur beim Verwendungszweck schummelte er. Dafür hatte er aber eine Nebenbuchhaltung eingerichtet. Fast 14 Millionen Euro, so stand es dort geschrieben, sollten für Bargeldzahlungen an Hilfsbedürftige verwendet worden sein. Hilfsbedürftig waren aber offenbar vor allem die Angeklagten. Die hoben gerne große Summen in bar ab. Allein acht Millionen Euro, so ermittelten die Staatsanwälte, flossen an den türkischen Dachverband des Vereins und an andere türkische Gesellschaften, die mit dem Konzern eng verbunden waren. Das nannte der Buchhalter dann in seiner Auflistung „Sachleistungen für Hilfsbedürftige".

Im April 2007 war Schluss. Polizisten mit großen Kisten kamen und durchsuchten Büros und Privatwohnungen der Männer. Sie beschlagnahmten die gesamte Buchhaltung und stellten

2,7 von einstmals 14,5 Millionen Euro sicher, mehr Geld fanden sie nicht mehr. Aus den Unterlagen konnten die Ermittler entnehmen, dass Kuriere das Geld der Spender regelmäßig in die Türkei brachten und im Gebäude von Kanal 7 an den Vorsitzenden des Rundfunkrates übergaben. Er und seine Leute entschieden dann, wofür das Geld verwendet wurde. Dann allerdings verliert sich die Spur. Die deutschen Ermittler haben keine Empfangsbelege gefunden oder Unterlagen mit dem Verwendungszweck. Nur Hinweise darauf, dass mit dem Spendengeld eine Reihe von Kapitalgesellschaften in Deutschland gegründet, das Stammkapital erhöht und Immobilien gekauft worden waren. Ein Fährschiff in Lettland wurde ebenfalls angeschafft. Kosten: 1,3 Millionen Euro. Auch der Schwager des Geschäftsführers profitierte von der Spendenbereitschaft der Fernsehzuschauer. Er bekam ein Taxiunternehmen.

Am 29. August 2008 begann der Betrugsprozess vor dem Frankfurter Landgericht. Das brachte den Direktor des türkischen Fernseh- und Rundfunkrates in erhebliche Schwierigkeiten. Der einstige Geschäftsführer von Kanal 7 begann nämlich zu plaudern. Und so erzählte er vor Gericht, dass der Chef des Rundfunkrates selbst einer der Geldkuriere gewesen sein soll. Der mächtige Mann habe die Spendengelder in die Türkei geschafft. Das bestätigten auch türkische Medienberichte. Die Frankfurter Staatsanwaltschaft leitete unmittelbar nach der Aussage im Prozess ein weiteres Ermittlungsverfahren gegen ihn und ein zweites Verfahren gegen einen anderen angeblichen Drahtzieher des Spendenskandals ein. Auch ihn hatte der Ex-Geschäftsführer von Kanal 7 im Prozess namentlich genannt. Gegen beide Männer wurden in der Türkei Haftbefehle erlassen. Zwei türkische Staatsanwälte reisten daraufhin nach Frankfurt, weil sie die Beweise der deutschen Kollegen einsehen wollten. Die Frankfurter Strafverfolger gewährten ihnen großzügig Einblick in ihre Unterlagen, erlaubten sogar, dass die türkischen

Staatsanwälte Kopien der Akten mitnehmen durften. Doch kurz nach ihrer Heimkehr wurden die türkischen Staatsanwälte plötzlich von dem Fall abgezogen. Die Haftbefehle gegen den Chef des Rundfunkrats und den mutmaßlichen zweiten Drahtzieher wurden überraschend aufgehoben. Sie wurden freigelassen. Stattdessen wurde nun gegen die beiden türkischen Staatsanwälte wegen Urkundenfälschung ermittelt.

Die Frankfurter Strafverfolger waren jedoch nicht so leicht kleinzukriegen. Sie klagten die beiden mutmaßlichen Drahtzieher des Millionen-Spendenskandals wegen Betruges in Frankfurt an. Allerdings in deren Abwesenheit. Später behaupteten Offizielle in der Türkei, der ehemalige Geschäftsführer von Kanal 7 und der Buchhalter seien von den Frankfurter Richtern im Prozess unter Druck gesetzt worden, damit sie die angeblichen Drahtzieher nennen. Nur deshalb hätten sie die zwei Männer in ihrer Heimat beschuldigt.

Vor dem Frankfurter Landgericht haben alle drei Beklagten ihre Beteiligung an dem Spendenskandal gestanden. Der ehemalige Geschäftsführer und sein Angestellter wurden am Ende wegen Betruges verurteilt, der Buchhalter wegen Beihilfe dazu. Der Grund: Der Geschäftsführer hatte ihn nach Überzeugung der Richter angewiesen, seine Unterlagen zu fälschen. Eigeninitiative habe der Buchhalter nicht entwickelt. Auch keinen Einfluss auf die Spendenakquisition genommen. Er habe auch nicht mitreden dürfen, als es um die Verwendung des Geldes ging. Im Ergebnis hieß das: fünf Jahre und zehn Monate für den Geschäftsführer, zwei Jahre und neun Monate für seinen Angestellten und für den Buchhalter ein Jahr und zehn Monate auf Bewährung.

Das meiste Geld, so stellte sich am Ende des Prozesses heraus, ist tatsächlich an Hilfsbedürftige geflossen. Für die islamischen Spender in Deutschland mag das ein Trost sein. Ein bitterer Nachgeschmack aber ist geblieben, weil viele Millionen versickert sind.

Trotz seiner Milde vermochte der Frankfurter Richterspruch die zwischenstaatlichen Irritationen nicht zu beenden. In der Türkei hatte die in Frankfurt koordinierte Spendensammlung zu einem riesigen politischen Skandal geführt: Ministerpräsident Recep Tayyip Erdogan war heftig unter Druck geraten, weil die veruntreuten Deniz-Feneri-Spenden im Umfeld seiner islamisch-konservativen Regierungspartei AKP gelandet waren. Etwa in Medien, die ihr nahe stehen. Das haben vor allem die Blätter und Sender der Dogan Holding, des größten Medienkonzerns der Türkei, verbreitet. In Tageszeitungen wie „Hürriyet" und diversen Fernsehkanälen des Hauses wurde aus einem Buch zitiert, in dem ein ehemaliger Mitarbeiter des islamischen Fernsehkanals Kanal 7 auspackte. „Hürriyet" berichtete über familiäre Verbindungen Erdogans zum Gründungsvorstand von Kanal 7.

Außerdem, so hieß es, soll Erdogan persönlich am Aufbau des islamischen Senders beteiligt gewesen sein, wie bereits zuvor sein politischer Ziehvater Necmettin Erbakan, der als Islamist aus der Politik verbannt worden war. Die Medien veröffentlichen ein Foto von Erdogan und dem Vorsitzenden des dubiosen Wohltätigkeitsvereins Deniz Feneri. Sie machten damit klar, warum sich Erdogan persönlich beim deutschen Botschafter über den Stand des Verfahrens informiert hatte.

Deutschland ist wichtig für Erdogan, denn hier leben 3,5 Millionen Türken. 19 Prozent der türkischen Bevölkerung haben einen Migrationshintergrund. Eine für Erdogan wirtschaftlich wichtige Gruppe, die künftig auch politisch wichtiger werden könnte, falls der türkische Regierungschef sich tatsächlich auch von seinen in Deutschland lebenden Landsleuten wählen lassen will.

Erdogan hat immer eine Verwicklung seiner Partei in den Fall bestritten. Den Verein kenne er überhaupt nicht, betonte er häufig. Die Mediengruppe Dogan kritisierte er scharf für ihre

Berichte über den Spendenskandal und angebliche Verbindungen der Hauptakteure zur AKP. Die negative Berichterstattung sei nur eine Reaktion auf Entscheidungen seiner Regierung, die wirtschaftliche Interessen der Dogan-Gruppe störten. Auch die oppositionelle Republikanische Volkspartei (CHP) und ihr Parteichef Deniz Baykal würden versuchen, den Fall für sich zu nutzen. Baykal wurde in vielen Zeitungen mit der Äußerung zitiert, dass Erdogan dem Medienmogul Aydin Dogan „gedroht" habe. „Wenn ihr weiterhin ärgerliche Berichte über mich bringt, werdet ihr noch sehen, was ich mit euch mache", soll er gesagt haben.

Doch trotz aller negativer Schlagzeilen im Zusammenhang mit dem Betrug an Spendern ist es nicht gelungen, den Ministerpräsidenten zu stürzen.

In die Haut gebrannt
(Nieder-Eschbach)

Was normal ist, ist oft Ansichtssache. Für Andreas etwa ist es normal, „dass der Mann die Frau schlägt und nicht umgekehrt". Das sagt er so als Zeuge vor dem Frankfurter Landgericht, als jedenfalls eines schon feststeht: Bei ihm daheim ging es nicht normal zu. Denn eigentlich ist an seinem Fall überhaupt gar nichts normal.

Die Staatsanwaltschaft hat seine Ehefrau angeklagt. Seine Ehefrau, das ist Gabi, 26 Jahre alt, Werbedekorateurin, eine resolute, äußerst durchsetzungsfähige Person mit Hang zu radikalen Züchtigungsmethoden. Im Jahr 2004, sagt der Staatsanwalt nüchtern, habe sie ihren Mann über längere Zeit schwer misshandelt. Sehr schwer sogar, sagen die Prozessbeobachter. An Pfingsten zum Beispiel soll Andreas mal eine gebrochene Nase gehabt haben, weil Gabi ihm die Faust darauf gedonnert hatte. Auch zum Gürtel habe sie gerne gegriffen. „Außerdem hat die Angeklagte ihm mit einer Kerze Bauch-, Brust- und Schambehaarung versengt", liest der Staatsanwalt aus seiner Anklageschrift vor. Aber das war alles noch beinahe harmlos. Denn schlimm wurde es erst, als Gabi begann, zur Heißklebepistole zu greifen. Und das tat sie dann leider offenbar sehr gerne und jedenfalls häufiger als zu Gürtel oder Kerze zu greifen. Im besten Fall, aber den gab es nur einmal, brannte sie dann mit der mindestens 60 Grad heißen Pistole ihrem Mann Andreas ein Herz auf die Schulter.

Im Regelfall aber bevorzugte sie Merksätze. Und zwar solche wie diese: „Nie mehr lügen" oder „Nie mehr verweigern" oder „Nie mehr Zweideutigkeiten" oder auch „Es wird nie mehr passieren". Und die brannte sie ihm dann von Zeit zu

Zeit mit der Heißklebepistole auf Arme, Beine und vor allem auf seinen Rücken. Wenn er mal wieder nicht spurte. Und das kam offenbar nicht selten vor. Jedenfalls nach ihrer Überzeugung.

Glaubt man den Angaben von Andreas, dann war seine Ehe mit Gabi kurz und heftig. Im Dezember 2003 hatten die beiden sich kennengelernt. Auf einem Volksfest in Bad Homburg, ganz in der Nähe von Frankfurt war das. Gabi, das erkannte er gleich, war seine „Traumfrau". Das war genau die, auf die er schon so lange gewartet hatte. Denn Andreas hatte vorher noch nie eine Freundin, was daran lag, dass ihm bis dahin keine gefallen hatte, sagt er. Seine Kumpels sagen: „Er hat sich nicht getraut, denn Andreas ist ein ganz besonders schüchterner Kerl." Nun aber hatte er Gabi getroffen und sich sofort in sie verliebt. Mehr noch als das. Er vergötterte die Werbedekorateurin mit dem ansteckenden Lachen und der etwas bestimmenden Art. Sie nannte ihn fortan „Engelchen" oder „Bärchen" und er war glücklich darüber. Jedenfalls für kurze Zeit. Beide träumten schnell von einer Familie, von Kindern, von einem heimeligen Zuhause. „Sie war so lieb und lustig und immer gut drauf", erinnert er sich.

Doch dann endete das Glück jäh. Nicht lange nach der Heirat wurde Gabi beständig dicker und gewalttätiger. Das mit der Körperfülle störte ihn nicht. Jedenfalls nicht sehr. Aber das mit den Handgreiflichkeiten machte ihm Angst. Aus nichtigen Anlässen geriet das Paar immer wieder in Streit. „Sie wollte mich bestrafen, wenn ich angeblich anderen Frauen nachschaute oder unpünktlich war", sagt er. Er hielt zunächst dagegen, aber nicht lange ihrer resoluten Art Stand. Dann zog er sich zurück und litt im Stillen. „Irgendwann fühlte ich mich schuldig", sagt er weiter.

An Pfingsten 2004 passierte schließlich die Sache mit der Nase. Die erste Gewalttätigkeit, die später aktenkundig wurde.

Es gab noch viele mehr, berichten die Kumpels. Aber nicht Andreas. Es ist ihm unangenehm, darüber zu sprechen, wie die eigene Frau ihn züchtigte. Für seine Verhältnisse hat er schon ziemlich viel preisgegeben. Zum Beispiel, dass seine Frau ihm im September 2004 erstmals den Gürtel aus der Hose genommen und ihm befohlen hatte, sich komplett auszuziehen und aufs Bett zu legen. Er tat das, ging wie ihm befohlen ins Schlafzimmer. Und dann hat sie gut 20 Mal zugeschlagen. Andreas hielt still, hat sich nicht gewehrt. Auch nicht, als seine Frau zum ersten Mal im Dezember 2004 zur Heißklebepistole griff.

„Was haben Sie denn für Hobbys?", fragt ihn der Vorsitzende Richter, der ähnlich ungläubig bei diesen bizarren Beschreibungen wirkt wie alle anderen im Saal. Gebannt blicken Prozessbeteiligte und Publikum auf die dicke Gabi auf der Anklagebank und den großen, 15 Jahre älteren Andreas im Zeugenstand. Andreas nennt seine Hobbys: „Kerb, Stammtisch, Feuerwehr und Modelleisenbahn", zählt er auf und fügt hinzu: „Alles in Nieder-Eschbach." Das ist der Stadtteil, in dem er glaubte, mit Gabi glücklich werden zu können. Und dann mustert ihn der Richter, und stellt fest, was alle sehen: Er, Andreas, ist doch seiner Frau körperlich deutlich überlegen. Etwa 80 Kilo bringt er auf die Waage, antwortet Andreas. Aber gewehrt habe er sich nicht gegen die rabiate Frau. Er habe alles mit sich geschehen lassen. „Was hätte ich denn machen sollen?", fragt er das Gericht. Und fügt hinzu: „Ich bin kein aggressiver Mensch." Einmal habe er sich sogar getraut, sich zu wehren: „Ich habe ihr eine Ohrfeige gegeben. Aber sie hörte nicht auf. Da hab ich mich in mein Schicksal ergeben. Ich wollte es nicht noch schlimmer machen." Denn er ist sich sicher: Hätte er sich gewehrt, hätte es wahrscheinlich noch mehr Schläge gesetzt.

Dann beschreibt Andreas den üblichen Ablauf: „Sie sagte, ‚zieh dich aus, geh ins Schlafzimmer!'. Dort nahm sie die Heißklebepistole."

Mindestens sieben Mal soll Gabi ihren Mann so misshandelt haben, glaubt der Staatsanwalt. Andreas: „Ich hab immer gehofft, dass es gleich aufhört. Gabi sagte dann nur, dass sie es mir vorliest, wenn sie fertig ist." Aber hinterher, nach jeder der „Sitzungen", nachdem sie den neuen Spruch vorgelesen hatte, war sie völlig fertig gewesen und hatte hemmungslos geweint. „Süß" und „anschmiegsam" sei sie dann auf einmal wieder gewesen, nach Schutz und Trost suchend. Das hat ihm so leid getan. Dennoch blieb sie bedrohlich. Wenn er mit ihr über ihre Ausbrüche sprechen wollte, sagte sie, sie tue sich etwas an, wenn er mit jemandem darüber sprechen sollte oder gar weggehe. Davor hatte er Angst. Und immer habe sie auch geklagt: „Du bist schuld, dass ich so geworden bin." Irgendwann glaubte Andreas das selbst. Er ist ein zurückhaltender Mann. Er hatte Angst um seine Ehe, wollte sie retten. Vor Gericht sagt er: „Ich habe sie geliebt." Und ganz leise fügt er hinzu: „Offenbar war ich ihr hörig."

In der Silvesternacht 2004 kam es zum letzten Einsatz der Klebepistole. Seine Frau versprach ihm, dass nun endgültig Schluss sei. Doch als es kurz darauf wieder zum Streit kam und sie andeutete, sich vielleicht doch nicht an ihr Versprechen halten zu wollen, die Angst vor der Heißklebepistole wieder in ihn kroch, da flüchtete Andreas nach München. Die Kumpels von der Feuerwehr hatten beim Umziehen die vielen Wunden und Narben gesehen. Hatten mit ihm viel geredet. Vor allem aber sein Bruder, der ihn schon lange aus dieser Ehe-Hölle herausholen wollte. Der ihn oft weinen sah. Der mitbekam, wie verzweifelt Andreas war, wie hilf- und mutlos. Wochenlang hat er geredet, bis Andreas sich endlich traute und durch seine Hilfe türmte. Aus München rief er seine Frau an. Da hatte sie bereits eine Vermisstenanzeige erstattet. Er wolle die Trennung, ließ er sie wissen. Später ging er auf Drängen der Kumpels und vor allem des Bruders auch zum Arzt. Und zur Polizei und zeigte sie an. Leicht sei ihm das nicht gefallen, sagt er. Aber insbesondere der Bruder war ihm eine Stütze. Er war nicht nur besorgt um Andreas, er hatte auch einen eigenen guten Grund dafür, warum er Gabi aus der Familie haben wollte: Sie hatte immer versucht, den Kontakt der Geschwister zu unterbinden. Sie war so eifersüchtig auf ihn, dass sie die Treffen der Brüder verhinderte. Er nennt Gabi brutal und menschenverachtend. Aber er weiß auch, wie wichtig sie für Andreas war, denn sie war die erste und letzte feste Beziehung in seinem Leben. Nie wieder hat er sich danach mit einer Frau eingelassen.

Die Staatsanwaltschaft ließ ein Gutachten über die Verletzungen von Andreas erstellen. Und der erfahrene Gerichtsmediziner, der schon seit Jahrzehnten sieht, was Menschen einander antun und seit Jahrzehnten einschätzt, wie es zu Verletzungen gekommen ist, sagt vor Gericht: So etwas habe er in seiner langjährigen Karriere noch nie gesehen. Er ist sich sicher, dass Andreas dauerhaft entstellt bleiben wird: „Die Narben durch die Verbrennungen sind zu tief." Der geschundene Mann trägt seither einen Schutzanzug auf der verbrannten Haut. Und im Sommer immer lange Hosen und Hemden mit langen Ärmeln. Er will nicht, dass jemand seinen vernarbten Körper sieht. Noch jahrelang wird Andreas regelmäßig in die Klinik gehen müssen, um sich behandeln zu lassen. Er ist gezeichnet. Nicht alles kann wegoperiert werden.

Den Richtern erzählt er, er habe Gabi zu keinem Zeitpunkt den Eindruck vermittelt, dass er an den bizarren Quälereien Gefallen gefunden habe, sie ihm gar Lust bereitet hätten. Und auf die Frage, was er denn gemacht habe, wenn sie ihn wieder misshandelte, antwortet er: „Ich habe mir oft das Kissen vors Gesicht gehalten und hineingeweint." Gabi hätte schon mitbekommen können, wie schmerzhaft ihre Strafaktionen waren. Davon ist er überzeugt und weiß jetzt auch: „Sie wollte mich quälen, vielleicht sogar foltern."

Gabi, die mittlerweile von Andreas geschieden ist, erzählt dem Gericht eine ganz andere Geschichte. Sie habe sich schon immer über die Brandverletzungen ihres Mannes gewundert, aber zuerst geglaubt, es handele sich um Arbeitsunfälle. Doch als sie die ersten Buchstaben auf seinem Körper erkannt hätte, sei ihr plötzlich klar geworden, warum immer Geld fehle und sie habe gewusst: Das mit den Arbeitsunfällen sei eine Lüge. Später, sagt sie, habe er ihr gebeichtet, dass er in Domina-Studios gehe, um sich dort quälen zu lassen. Andreas habe eine masochistische Ader. Das habe sie gewusst, denn er habe auch von ihr verlangt, ihn zu quälen. „Ich habe das abgelehnt. Daraufhin hat er mich regelmäßig verprügelt." Gabi beschreibt sich als liebende und verständnisvolle Gattin, die Andreas angeboten habe: „Lass uns gemeinsam eine Therapie machen." Doch wie erwartet habe er abgelehnt, und sie nun keine Wahl mehr gehabt: „Ich habe auf eine Trennung gedrängt. Doch mein Mann hat mir daraufhin gedroht, dass er mich fertig macht". Also habe sie aus Angst vor ihm weiter seine Wunden versorgt, ihn gesalbt und verbunden, wenn er wieder mal aus dem Domina-Studio gekommen sei. Das sei schlimm gewesen. „Die Strafanzeige gegen mich war nichts weiter als ein Racheakt, nachdem ich die Beziehung dann doch beendet habe", sagt Gabi.

Es glaubt ihr fast niemand. Nicht die Richter, nicht der Staatsanwalt, nicht das Publikum, das zuhauf gekommen ist, um diesen ungewöhnlichen Fall zu verfolgen. Nur ihr Verteidiger glaubt ihr, aber das schon von Berufs wegen. Und der neue Freund, der an jedem Sitzungstag im Publikum den Prozess verfolgt und ihr Beistand leistet.

Wegen schwerer Körperverletzung in vier Fällen sowie „einfacher und gefährlicher Körperverletzung in je einem Fall" verurteilt das Gericht Gabi zu drei Jahren Haft und bleibt damit immerhin zehn Monate unter der Forderung der Staatsanwaltschaft. Die Verteidigung hatte auf Freispruch plädiert. Der

Vorsitzende Richter sagt zu Gabi in der mündlichen Urteilsbegründung: „Sie haben die Tatsache ausgenutzt, dass ihr Mann devot, zurückhaltend und glücklich war, endlich eine Frau gefunden zu haben." Andreas habe die Folter ertragen, weil er seine Frau geliebt habe und fürchtete, sie ansonsten zu verlieren. Geschwiegen habe er, weil ihm die Angelegenheit „hochnotpeinlich" gewesen sei.

Gabi hat ihren Freund mittlerweile geheiratet. Kurz nach dem Urteil. Ihre Haft hat sie verbüßt. Andreas hat sie nie wiedergesehen. Und sich nie wieder auf eine Frau eingelassen.

Danksagung

Ohne sie wäre dieses Buch nicht möglich gewesen: die Frankfurter Staatsanwaltschaft, die mit Fakten, Freundlichkeit und Fachwissen geholfen hat, unsere Freunde, die mit allerlei Lebenserfahrung, Wissen und Können zur Stelle waren und nicht zuletzt unsere Familien, die mit viel Geduld durchhielten, wenn die Nerven blank lagen und die gemeinsame Zeit rar wurde. Ihnen wollen wir herzlich danken.

Die Autoren

Heike Borufka, Jahrgang 1965, langjährige Gerichtsreporterin des Hessischen Rundfunks. Begonnen hat alles mit dem Prozess gegen Dr. Jürgen Schneider, einst gefeierter Frankfurter Baulöwe, am Ende Milliarden-Pleitier und Betrüger. Im Prozess gegen ihn entdeckte sie 1997 ihre Vorliebe für Justizthemen. Seither hat sie über viele Prozesse berichtet, darunter über die Hauptverhandlung gegen den Kannibalen von Rothenburg und den Kindsmörder Magnus Gäfgen. Zurzeit verfolgt sie den NSU-Prozess in München. Privat ist sie leidenschaftliche Läuferin und Köchin. Sie ist verheiratet, hat eine Tochter und zwei Hunde.

Udo Scheu, ehemaliger Leiter der Staatsanwaltschaft Frankfurt und früherer Präsident der Hessischen Landespolizei, entführt die Leser auch in seinem neuen Krimi wieder an Frankfurter Tatorte. Seite für Seite verstrickt er uns tiefer in die Unter- und Nebenwelten der Mainmetropole, stets begleitet durch die Beobachtungsgabe und feinsinnige Ironie des jahrzehntelangen Ermittlungsprofis.